皇室与大国丛书

西班牙皇室
大国无疆

XIBANYAHUANGSHI
DAGUOWUJIANG

秦海波／著

中国青年出版社

目录

第一章　统一王朝的建立　/001

一、开天辟地　/002
二、四分五裂的中世纪　/005
三、女王在战火中登基　/009
四、是女王,不是王后　/014
五、“光复统一”最后一战　/017
六、“天主教双王”　/019

第二章　大国崛起　/021

一、游戏规则　/022
二、大航海　/024
三、“谈婚论嫁”　/032
四、“日不落”帝国　/038

第三章　潮起潮落　/043

一、“上帝的旗手”　/044
二、德意志宗教改革:皇帝骑墙　/060
三、尼德兰革命:后院起火　/071
四、“三十年战争”:霸权旁落　/082

第四章　改朝换代　/091

一、最后岁月　/092

二、王位继承战争　/095

三、波旁王朝　/100

第五章　民族独立　/107

一、父与子　/108

二、独立战争　/116

三、复辟与革命　/125

第六章　风雨飘摇　/133

一、卡洛斯战争　/134

二、孤儿寡母　/138

三、第一共和国　/146

四、世纪之末　/152

第七章　内战与流亡　/163

一、第二共和国　/164

二、漂泊海外　/169

三、血战　/172

第八章　佛朗哥　/181

一、无冕国王　/182

二、与佛朗哥周旋　/187

三、《国家元首继承法》　/196

第九章　胡安·卡洛斯国王　/199

一、王子归国　/200

二、《我的学校:最初印象》　/204

三、军校和大学　/207

四、萨尔苏埃拉宫　/211

五、六年的等待　/217

六、全体西班牙人的国王　/221

第十章　改革,走向新时代　/227

一、改革初启　/228

二、关键步骤　/230

三、“2.23 政变”　/239

四、探望我们的国王　/242

附录一　1492 年统一以来的西班牙历代国王　/243

附录二　参考文献　/247

第一章
统一王朝的建立

一、开天辟地

二、四分五裂的中世纪

三、女王在战火中登基

四、是女王，不是王后

五、“光复统一”最后一战

六、“天主教双王”

一、开天辟地

古希腊人把他们所知道的世界最西端那片土地称作西班牙(Hesperia或Hispania),就是现在欧洲的伊比利亚半岛。它曾是当时人们眼中的天涯海角,是一片荒芜的未开化土地,大家都可以去拓荒垦殖。希腊人和腓尼基人曾在西班牙建立殖民地,将他们的先进文化部分地融入了当地土著文明。

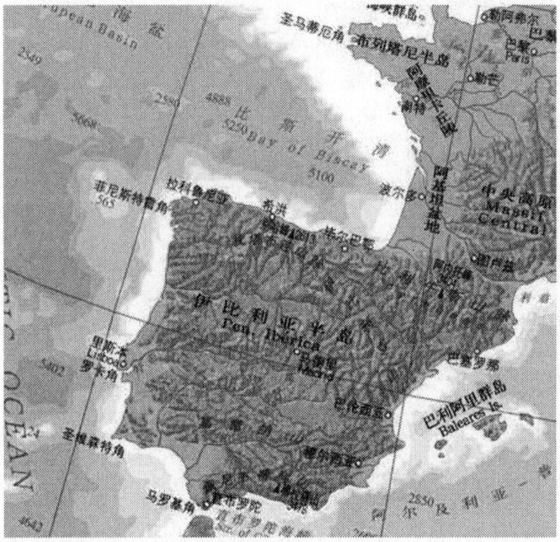

伊比利亚半岛

伊比利亚半岛位于欧洲南部,由今天西班牙和葡萄牙的领土组成。葡萄牙仅占半岛西南部狭长的1/6土地,其余的归西班牙,面积约50万平方千米(西班牙大陆面积约49.2万平方千米)。半岛整体上像一块盾牌,悬挂在欧洲的身边或脚下。它三面是海,只有北面东半边与欧洲大陆(法国)相连:北面比斯开湾,西面大西洋,南面直布罗陀海峡,东面地中海。高耸的比利牛斯山脉东西约长430千米(半岛东西总长约1000千米),在西班牙与法国之间竖起了一道天然的屏障,在古代很难逾越。这道屏障使得伊比利亚半岛与欧洲其他地方在地理、地貌和气候方面有着明显的区别。而南方的直布罗陀海峡让半岛与北非之间仅“一线之隔”(海峡最窄处约14千米)。有一种说法,认为伊比利亚半岛曾经是非洲大陆的一部分,可能到了地质历史的第四纪才与非洲分开。

公元前264—前241年、前218—前201年、前149—前146年,古罗马和迦太基为了争夺西西里和对整个地中海的控制权,进行了3次大规模战争,史称“布匿战争”。

公元前221年，汉尼拔成为迦太基统帅。他决定避开罗马的海上优势，在西班牙建立根据地，并把它当作进攻罗马的前进基地，取道西班牙便可由陆路进攻罗马。这至少可以对罗马形成海陆夹攻之势。迦太基军队很快占领了西班牙。巴塞罗那和卡塔赫纳这两座名城就是他们当初的主要据点。于是，公元前218年，罗马大军也开进西班牙，经过多年激战，终于在公元前206年，罗马大军将迦太基人赶出了半岛。西班牙从此成为罗马帝国的几个行省，逐步融入了罗马的版图和历史。

卢浮宫的汉尼拔雕像

西班牙面积在欧洲排名第三，但那么大的地方却很少有大片的平原，比较广阔的只有北方的埃布罗河谷和南方的安达卢西亚平原。西班牙多山，境内最高的是南方的内华达山，其主峰穆拉森山海拔3478米。夏季能见到雪峰的高山在西班牙不很为奇。西班牙也不乏大河，最重要的就是埃布罗河（全长910千米），其次是安达卢西亚的瓜达尔基维尔河（全长657千米），最长的则是塔霍河（全长1007千米），还有杜罗河及瓜迪亚纳河也都十分著名。可是，能够通航的只有瓜达尔基维尔河下游靠近大海的那部分河段。西班牙地形复杂，天然条

科尔多瓦地区留存的罗马时期的桥梁

件对交通非常不利。幸而古罗马人注重交通，擅长修路搭桥，正所谓条条大路通罗马。伊比利亚半岛的开发似乎注定离不开罗马帝国。

在罗马人来到之前，西班牙还没有产生文字。文字产生前的历史，在史学界被称作“史前史”，有了文字以后才可称为历史。所以西班牙历史的正式开端是从罗马时代开始的。

古罗马时期，西班牙不仅有了历史和文化，而且还出了不少“状元”。当然西班牙这么边远的小舞台是不够“状元”们发挥的，所以他们的“好戏”总是唱在罗马城。也就是说，不少古罗马的名人是出生在西班牙的，就连很多后世罗马史家津津乐道的“五贤帝”有3位属于这种情况，他们是：图拉真(98—117年在位)、哈德良(117—138年在位)和马可·奥勒留(161—180年在位)。

图拉真

哈德良

马可·奥勒留

假如罗马帝国一直延续，很难想象作为其行省的西班牙会产生独立王朝。可是，395年罗马帝国一分为二。再往后，西罗马灭亡了；东罗马渐渐东方化，并最终落入土耳其人之手。

罗马帝国倾覆后，“蛮族”西哥特人在半岛上建立起自己的王国。西哥特的王位并非世袭，所以在他们统治的大约300年间争夺王权的斗争异常激烈，不少国王死于非命。8世纪初，一位国王试图把王位传给自己的儿子，结果再次引发战争。国王死后，他的儿子在与南方贵族拥戴的罗德里克公爵间的战争中渐处下风，情急之下便采取了向北非阿拉伯人求助这样一个下下之策。那时阿拉伯的倭马亚王朝正在崛起。他们刚刚侵占北非(698年)，逐步站稳脚跟。

711年，阿拉伯北非总督穆萨派遣大将塔里克率领军队进入西班牙。这支军队中，一多半是新近融入阿拉伯的北非土著柏柏尔人。塔里克利用西哥特人的内部矛盾，迅速占领了西哥特王国首都托莱多，并且仅用半年左右的时间就控制了西班牙一大半土地。穆萨随后也亲率大军侵入西班牙,坐镇塞维利亚。很快,阿拉伯人便基本完成了对伊比利亚半岛的征服,所剩只有西北部的加利西亚以及北部巴斯克和阿斯图里亚斯山区。

二、四分五裂的中世纪

自从阿拉伯人来到以后,西班牙便进入了中世纪。

中世纪西班牙最主要的特点就是四分五裂,政权多种多样,信仰也多种多样。大小政权并存,所谓封建割据,整个欧洲都一样。但多种信仰并存,在欧洲其他地方就非常罕见了。中世纪的欧洲是基督教一统天下,而西班牙则是三种宗教文化共存共荣,这三种宗教文化就是伊斯兰教、基督教和犹太教。

托莱多太阳门。太阳门建于13世纪,具有典型的阿拉伯风格。托莱多是西班牙最负盛名的古城之一

多种信仰并存为西班牙增添了色彩,使得西班牙不像欧洲其他地方那样由基督教会一家垄断所有的文化和科学领域。西班牙产生了相对繁荣而发达的科技与文化。15、16世纪意大利文艺复兴学者正是凭借西班牙阿拉伯人的翻译和介绍才得以了解古希腊的。传统史学中常常提到,多种文化交相辉映下的西班牙是欧洲黑暗的中世纪夜空中独一无二的璀璨明星。

但是,多政权、多信仰也有其负面的作用,那就是战争频仍,战火绵延,人民生命、财产不断遭受严重威胁。中世纪的西班牙,繁荣所带来的财富全都被战火吞噬殆尽。所以,中世纪的西班牙是既繁荣又贫穷的。

747年,阿拉伯发生阿拔斯派起义。

750年,倭马亚王朝被推翻,倭马亚家族几乎被杀尽,只有王子阿卜杜勒·拉赫曼幸免于难,逃亡到西班牙。

756年，阿卜杜勒·拉赫曼以科尔多瓦为首都，建立了后倭马亚王朝。

929年,阿卜杜勒·拉赫曼三世宣布建立哈里发国(929—1031年)。西班牙从此脱离阿拉伯帝国而独立，或者说阿拉伯帝国也如当初的罗马一样一分为二了。

我国史书称阿拔斯王朝为“东大食”或“黑衣大食”,称后倭马亚王朝为“西大食”或“白衣大食”。后者正是穆斯林统治下的西班牙。

来到西班牙的阿拉伯人和北非土著的后裔以及与他们混血并信仰伊斯兰教的人,后来被统称为“摩尔人”。他们的科尔多瓦哈里发国(即后倭马亚王朝)维持到1031年便解体了,取而代之的是数不胜数的穆斯林小邦国。摩尔人在半岛上的优势一共维持了5个多世纪(8—12世纪),到13世纪以后便不复存在了，取而代之的是发轫于北方山区的基督教诸国。

早在8世纪初,坚持抵抗的西班牙基督徒推选唐·佩拉约为王,在北部一片不大的地区建立了阿斯图里亚斯王国。佩拉约是原先一位西哥特公爵的儿子,曾参加罗德里克与摩尔人的决战。佩拉约的特点是不屈不挠。在他的率领下,基督徒终于通过在科瓦东加的一场胜仗阻止了摩尔人的进攻(722—732年)。当地巴斯克人和他们站在一起，是抵抗的重要力量。占领西班牙的穆斯林很快发生分裂与内讧，这给了基督教徒以喘息的机会。佩拉约的继任者阿方索一世(739—757年在位)使王国向东西两个方向大为扩张，尤其是占领了西面的加利西亚。

佩拉约的纪念碑，矗立于他著名的胜利战场科瓦东加

阿斯图里亚斯王国不断壮大,直至910年阿方索三世国王(866—910年在位)去世,将国土分给3个儿子:弗鲁

埃拉为阿斯图里亚斯国王；加西亚为莱昂国王；奥尔多尼奥为加西利亚国王。在其中的莱昂王国治下有一块伯爵领地，11世纪初独立成为卡斯蒂利亚王国。这个王国不断壮大，最后反而成了莱昂王国的主宰，形成了卡斯蒂利亚-莱昂王国，占据了西班牙约1/4的土地，成为摩尔人最强大的对手。

与卡斯蒂利亚-莱昂王国并驾齐驱的基督教王国还有纳瓦拉和阿拉贡，以及半岛西部的葡萄牙。

纳瓦拉古代居民大多是巴斯克人。罗马帝国灭亡后，他们一直坚持抵抗所有的外来势力，包括西哥特人、阿拉伯人和法兰克人。778年他们甚至打败了查理曼大帝的军队。810年，伊涅戈·阿里斯塔称王，领土一部分在现今法国境内。9世纪后期，纳瓦拉国势渐强，逐步向埃布罗河南岸扩张。到桑乔三世(1000—1035年在位)统治时期，纳瓦拉一度成为半岛上最强大的基督教国家，曾经建立起自己的霸权。但桑乔三世死后王国分裂。1076—1134年与阿拉贡合并，之后又独立。1237年后几代国王均由法国国王兼任，从而臣属于法国。1512年，阿拉贡的费尔南多二世兼并了纳瓦拉在比利牛斯山以南的土地。1589年，纳瓦拉国王恩里克三世成为法国国王(亨利四世)，比利牛斯山以北部分从此并入法国。

阿拉贡王国出现在1035年。阿拉贡王国第一位国王拉米罗一世是纳瓦拉国王桑乔三世的私生子。父亲去世后，他的领地成为独立王国。独立后，拉米罗又从摩尔人手中夺得不少领土。1150年前后，阿拉贡合并了加泰罗尼亚，成为半岛上一个强国。13—14世纪，阿拉贡还控制了现今意大利的萨丁尼亚、西西里和那不勒斯。15世纪，阿拉贡势力鼎盛，陆上与卡斯蒂利亚-莱昂王国并驾齐驱，海中则握有西地中海霸权。

葡萄牙国王阿方索一世

葡萄牙起源于11世纪末叶卡斯蒂利亚-莱昂王国属下的一个偏远的伯爵领地，至1143年取得独立，第一代国王阿方索一世(1139—1185年在位)从摩尔人手中夺回了不少土地，包括里斯本。他以下共9代国王都属于勃艮第王族，因而被称为葡萄牙的勃艮第王朝；至1383年费尔南多一世国王(1367—1383年在位)逝世，出现王室危机和一连串战争，王位转归阿维什骑士团首领若昂一世(1385—1433年在位)，从而开始阿维什王朝的统治。

勃艮第王朝时期，葡萄牙须面对比自己强大许多倍的卡斯蒂利亚-莱昂王国和摩尔人政权，苦撑其独立。而从阿维什王朝开始他们却有能力全力以赴地走向海外，成为地理大发现的急先锋，并成为让不可一世的西班牙乖乖坐到谈判桌前与它签订平分世界协议的海上强者。

阿维什王朝历经8代国王，维持到1580年恩里克将王位让给西班牙的菲利普二世；菲利普二世在葡萄牙称菲利普一世国王，此后至1640年葡萄牙由西班牙的哈布斯堡王朝统治；1640年，通过起义，葡萄牙重获独立，建立布拉甘萨王朝。

在中世纪的西班牙出现了许多政权并存的局面。这些政权分成基督教国和伊斯兰教国两大阵营。两大阵营之间的斗争被西班牙历史学界称为“光复”运动。这“光复”指的是光复基督教的土地。战火绵延了几个世纪，到13世纪末，只剩了格拉纳达、马拉加、加的斯以及阿尔梅里亚的部分地区仍在摩尔人手中。然而，基督教诸国间和王公贵族间的相互倾轧与争斗又使西班牙的统一一再推迟。

德皇亨利四世

中世纪欧洲，谈不上国家主权，所通行的是宗主权和领主权，前者约束人身，后者划分土地。同时又分世俗权力和宗教神权，前者低于后者，后者为罗马教廷统领的教会所专有。不听话的国王会被革除教籍，于是他只好屈服。

1076年，德皇亨利四世试图废黜教皇格里哥利，结果被宣布剥夺皇权并开除教籍。1077年，他只好携妻前往意大利向教皇“负荆请罪”，恭候3天，才得到教皇的接见和赦免，教籍得以恢复，但从此失去了德意志王位。可见，中世纪欧洲是由罗马教廷一统天下的,不存在民族国家,伊比利亚半岛上的基督教诸国也不例外,它们之间的关系显得十分复杂。

对于掌握世俗权力的君主们而言，为教会做出多大贡献并不很重要,增强家族权势、扩大王室领地才是他们“天赋的”和首要的使命。所以,从国的角度来讲,它们都属于欧洲基督教政权,而从家的角度来说,它们间的利益冲突就再明显不过了。从异教徒手中夺取土地固然是好,可是夺来的土地是否属于我家才最关键。假如不属于我家,那夺不夺其实也都无所谓。结果不但基督教王公们不能团结一致地尽快赶走异教政权,而且他们还常常求助穆斯林军队与其他基督教国作战,甚至帮助或保护摩尔人不被其他基督教国吞并。

三、女王在战火中登基

1.女王的婚姻自己做主

1451年,卡斯蒂利亚-莱昂国王胡安二世的第二任王后葡萄牙的伊莎贝尔生下了日后统一西班牙的伊莎贝尔一世。

胡安二世先后结过两次婚。第一任王后为阿拉贡的玛丽娅,仅生一子,起名恩里克;第二任王后生有一子一女,即伊莎贝尔和她的弟弟阿方索。1454年,胡安二世去世。他生前已经确定了王位继承顺序：第一继承人是恩里克及其子女；第二继承人是阿方索及其子女；两位男性继承人都有问题时,第三继承人是伊莎贝尔。这符合西班牙的传统，王室没有男性继承人时则由女性继承,她的丈夫可以成为共治国王,帮她治理王国,但立储之事须由女王决定。

卡斯蒂利亚国王恩里克四世

胡安二世去世后,长子恩里克继承王位,称卡斯蒂利亚恩里克四世国王。表面一切正常，但恩里克四世结婚十余年，前后两任妻子，直至1462年他37岁时才有了一个女儿胡安娜。于是，有关王位继承问题又成为贵族们私下议论的话题。

胡安二世统治卡斯蒂利亚近50年，其间贵族中的派系斗争已很严重。而恩里克四世有时刚愎自用，有时又朝三暮四。他的统治引起许多人不满，何况胡安二世统治后期就已经开始尝试抑制大贵族们的权势。那时胡安二世所依靠的主要是宠臣卢纳，尽管后世的历史学家都评论卢纳是当时最杰出的政治家，但卢纳的政策严重损害大贵族们的利益是很明显的事实。如今轮到恩里克四世，他也学着父亲日益倚重宠臣。这位宠臣名叫贝尔特兰。于是，大贵族们便开始筹谋，要以年幼体弱的阿方索来取代恩里克四世，那样或可削弱王权，而对他们有利。

某天忽然流言四起，传说恩里克四世没有生育能力，是“无能者”，胡安娜不是他的亲生女儿，而是王后与贝尔特兰在安达卢西亚幽会后的私生女，还送给胡安娜一个绰号，叫作“贝尔特兰内哈”，字形颇似“贝尔特兰女儿”的连写。宫廷内外一片哗然。恩里克四世反复强调这是谣言，坚称胡安娜绝对是自己的亲生女儿，但大贵族们仍然要求取消她的继承权，甚至要求恩里克四世本人退位。恩里克四世与大贵族们的矛盾迅速激化。

1464年9月28日，反对派贵族发表声明，要求恩里克四世让位，并开始以武力要挟。恩里克四世无奈，被迫于当年11月30日宣布废除胡安娜的继承权，立自己同父异母的弟弟阿方索为王储。但是，1465年6月，反对派贵族们还是在阿维拉召集会议，宣布废黜恩里克四世，而立阿方索为卡斯蒂利亚国王。因此爆发了内战。但不久，阿方索暴卒，贵族们又以伊莎贝尔取而代之。

1468年9月，双方妥协，达成“托罗斯·德·吉桑多协定”，伊莎贝尔承认恩里克四世为国王，恩里克四世立伊莎贝尔为王储。

这时，伊莎贝尔芳龄17岁，她的婚姻成了最令人瞩目的事情。恩里克四世强调，这件事必须由他本人亲自决定和安排。可是，伊莎贝尔心里明白，恩里克四世始终坚持胡安娜是他的亲生女儿，私下里他不会甘心将来把王位交到自己手上，事拖日久必然生变。她必须主动出击，绝不能坐以待毙。一旦她结婚生子，继承权便会稳固得多，而且丈夫的国家和家族的势力将更加壮大自己一方的实力。何况她的竞争对手胡安娜也可以通过结婚来改变形势，造成伊莎贝尔不愿看到的局面。其实，这真的是恩里克四世的心思，尽管女儿胡安娜还太小，但他已经开始谋划一个“双料婚姻”，计划将伊莎贝尔嫁给葡萄牙国王阿方索五世(1438—1481年在位)，而将胡安娜嫁给阿方索的儿子和继承人若昂，即之后于1481—1495年在位的葡萄牙国王若昂二世。那样，卡斯蒂利亚王冠最终仍可归于胡安娜。

事实上，伊莎贝尔的婚事还有更重要的政治意义。伊比利亚半岛当时最强大的三个政权，自西而东是：葡萄牙、卡斯蒂利亚、阿拉贡。卡斯蒂利亚王位面临没有男性继承人的问题，作为王储的伊莎贝尔公主嫁到葡萄牙则可能会使卡斯蒂利亚将来与葡萄牙合并，嫁到阿拉贡，她的国家则可能会与阿拉贡合并。她的婚姻很可能极大地改变半岛的政治格局。

伊莎贝尔小小年纪已经颇具政治才能，她看到卡斯蒂利亚有两大强邻——葡萄牙和阿拉贡。西邻的葡萄牙，是大西洋国家，土地贫瘠，靠海为生，因地势险要而独立无忧。东邻的阿拉贡是地中海强国，它在半岛上的国土虽不及卡斯蒂利亚面积大，但军事实力不容小视，而且它已经占据了那不勒斯、西西里、科西嘉岛和撒丁岛等地，成为地中海的海上霸主之一。

当时一位意大利人曾经写道：“地中海的鱼儿不插上阿拉贡的标签，都不敢浮出水面。”

伊莎贝尔觉得从政治上考虑应选阿拉贡，但阿拉贡太子能否让自己心仪呢？至少他不能是一个太糟糕的家伙，否则政治上的得票也将打水漂。于是，她偷偷地微服私访阿拉贡，见到了费尔南多王子。王子不但帅气十足，而且神闲气定，谈吐不凡，从头到脚都流露着信心与力量。伊莎贝尔和费尔南多立即成了恋人。恩里克四世闻讯十分恼怒。他立即强

伊莎贝尔是继承卡斯蒂利亚王位的候选人，又是欧洲最富有的女子，因此许多王子都向她求爱

调，作为王储的妹妹，她的婚姻必须由他本人作为国王来亲自做出安排，否则就将取消她的继承权。

但是，伊莎贝尔还是自主婚姻，于1469年10月19日与阿拉贡王储费尔南多结成了夫妻。震怒之下，恩里克四世废除了她的继承权，宣布胡安娜是自己的亲生女儿，恢复为王储，并要求伊莎贝尔嫁给法国路易十一的兄弟。伊莎贝尔则向全国发出文告，谴责恩里克四世背弃“托罗斯·德·吉桑多协定”，声言决不屈服。贵族们立即分成两派，内战一触即发。紧张局势持续到1473年，恩里克四世来到塞戈维亚与妹妹言和。但是他并未宣布恢复伊莎贝尔的继承权。1474年12月11日，问题尚未解决，恩里克四世却早早地辞世了。

阿拉贡费尔南多王子

2.女王的婚姻要用武力保卫

恩里克四世一死，伊莎贝尔立即在塞戈维亚抢先登基，宣布为卡斯蒂利亚国王伊莎贝尔一世(下文统称伊莎贝尔一世)，宣布她的丈夫为共治国王，号称卡斯蒂利亚国王费尔南多五世(他在阿拉贡称费尔南多二世)。很多大贵族不服，站到胡安娜一方反对伊莎贝尔一世，其中还包括一些曾经支持伊莎贝尔一世的人。他们知道女王有她丈夫的阿拉贡撑腰，便迅速将胡安娜许配给了葡萄牙国王阿方索五世，并请葡萄牙出兵干预。葡萄牙大军跨过边界，与反对派贵族一起，向伊莎贝尔夫妇开战。

不愿看到伊莎贝尔一世继承王位的还有法国。它原本与卡斯蒂利亚交好，而与阿拉贡利益有冲突。当伊莎贝尔一世宣布与阿拉贡王储订婚时，法国曾派遣特使提出抗议，但两人还是结了婚。幸而恩里克四世废除了伊莎贝尔一世的继承权,法国才安下心来。没想到恩里克四世去世后,继位的竟然还是伊莎贝尔一世。1475年9月,法国与葡萄牙结盟。

战争主要在葡萄牙的阿方索五世和阿拉贡的费尔南多之间进行。最初几个月，葡萄牙军迅速占领了邻近的埃斯特雷马杜拉和加利西亚的很大一部分地区,进而占领了托罗和萨莫拉。此外,布尔戈斯等地控制在反对派手中;法军则开始进犯北部边境。伊莎贝尔一世毫不示弱,迅速扩充自己的卡斯蒂利亚王国军队，女王的王牌军阿维拉骑士团闻名遐迩。

1476年3月,爆发了最重要的战役——托罗战役,费尔南多取胜,葡萄牙军士气大挫,局势渐渐转而对卡斯蒂利亚有利。双方随后展开拉拢法国的外交战。阿拉贡宣布放弃对它与法国存有严重争议的罗塞永管辖权的要求,法军停下脚步。伊莎贝尔一世将宫廷迁到古都托莱多,举行王国会议,而后奔赴南方,整饬那些地区的封臣关系,北方战事交由丈夫全权指挥。

1477年,伊莎贝尔一世对南部的统治得到了巩固。

1478年，伊莎贝尔一世和费尔南多共同签署了一份正式的与法王路易十一间的和平协议,从而完全解除了来自北方的军事威胁。

1479年，费尔南多通过阿尔布埃拉战役歼灭了卡斯蒂利亚国内反对派贵族的主要军事力量。同年,他从病逝的父亲手中继承了阿拉贡的王位(下文统称费尔南多二世),并且宣布伊莎贝尔一世为他在阿拉贡的共治国王，就如同他在卡斯蒂利亚一样。夫妇俩的统治地位日益巩固,葡萄牙眼见大势已去不得不坐回到谈判桌前。

这年9月4日,双方签署《阿尔卡科瓦斯条约》,宣告战争结束。葡萄牙的阿方索五世虽然没有得到西班牙王位，但确保了葡萄牙的独立地位,而且获得了西班牙对其已占领的海外领地(北非及马德拉群岛、亚速尔群岛等地),以及将来在沿非洲海岸向南发现和占领海外领地的权力的确认。

胡安娜的婚姻和继承权被宣布无效，她只能在科英布拉的一所修道院里默默度过余生。1530年,胡安娜在那里抑郁而终,至死都自称是卡斯蒂利亚的合法女王。很多人对她予以同情，说她是一场权力斗争的牺牲品，非常无辜。毕竟，她从2岁起就被利用，被卷入到了政治斗争的旋涡，伊莎贝尔一世和费尔南多二世结婚时她年仅7岁，成为内战一方的旗帜时年方12岁。但是，很难想象，假如当年那些人利用她推翻了伊莎贝尔夫妇，或者当年伊莎贝尔夫妇的“阴谋”未能实现，结果会怎样？胡安娜也能像伊莎贝尔一世一样成为最著名的女王？也能在1492年委托哥伦布探险发现美洲？

四、是女王，不是王后

“天主教双王”夫妇

西班牙历史学家指出，伊莎贝尔一世和费尔南多二世并没有合并他们的国家，只是联合。联合之后两国仍然各有自己的议会、政府、法律、法院、军队、税制和货币。不少西方历史学家都指出，西班牙当初所实行的是一种联邦制，这种制度更多的是来自阿拉贡而非卡斯蒂利亚，卡斯蒂利亚的制度是中央集权的。

伊莎贝尔一世从订婚时起就注意要保障自己的执政权力，她不是王后而是女王，要实行双王制，一切法令、文书都必须由双王共同签署，仅国王一人签署的无效。署名的时候，国王在前、女王在后，但纹章却必须卡斯蒂利亚的在前、阿拉贡的在后。两国臣民的国籍要分开，不得重叠。卡斯蒂利亚的骑士和城市只对女王一人宣誓效忠；阿拉贡的则不必向她宣誓。两国的财政也分开，连两位国王的个人收入都要分开。这些都白纸黑字地写在协议书里，并曾请西班牙最高地位的两位大主教仲裁、公证。事实上，这不仅是维护女王个人的权力，更是维护大贵族们的权益，唯此伊莎贝尔才可能在争夺王位的道路上最大限度地获得他们的支持。然而，这却给日后的西班牙国家体制带来了极其深远的影响。

费尔南多二世接受了伊莎贝尔一世提出的所有条件，因为这也十分符合他的想法。他的年龄虽然比妻子还小一岁，结婚时年仅17岁，但似乎比她更有城府。他后来成为那一时代整个欧洲最为狡猾的政治家。

马基雅维利说，费尔南多二世特别善于把目标隐藏起来以达成他的目标。费尔南多二世一门心思要建立一个像古代罗马那样的统一大帝国，帝国皇帝要统治各式各样的民族和国度，各国可以不尽一致，皇帝只需分派代表(副王衔总督)分别进行具体统治即可。他觉得，国王不必是他座下所有王国的共同国王，而只要是他们每个王国自己的国王即可。也就是说，一个国王可以分别统治许多不同的王国，一个王室更可以同时统治许多国家，而所有这些国家合起来就是一个伟大的帝国。直至今天，西班牙的国王仍然强调自己是国内各民族各自的国王，而非一个整体的国王。不过，费尔南多二世并不主张分散主权，所以他十分乐意地支持妻子以卡斯蒂利亚为主体来构建未来的新国家。后世学者们指出，这就是绝对主义王权的肇始。而绝对主义王权正是欧洲通往民族国家的过渡形式。在这个意义上说，伊莎贝尔一世和费尔南多二世是走在他们那个时代最前列的。

费尔南多二世在承诺保留卡斯蒂利亚权益的时候，也为阿拉贡(包括加泰罗尼亚)保留了自己的许多特权，包括加泰罗尼亚的议会等。这在当时完全符合阿拉贡贵族们的利益，也更符合巴塞罗那等城市的利益。但日后委托哥伦布探航美洲的是卡斯蒂利亚王国，所以阿拉贡(包括巴塞罗那)人无权染指美洲贸易，致使巴塞罗那富商们懊恼不已。而19世纪以来的加泰罗尼亚民族主义者们孜孜以求的一个奋斗目标恰恰是恢复当年费尔南多为当地保留的种种特权。

为每一个加入版图的“国度”保留特权，使他们得以保持本地传统，成了夫妇俩的惯例或规矩。夫妇俩巡视了他们的各个属地，接受领主们宣誓效忠的同时也与他们签订协议，说好可以保留哪些权力和传统。他们使得国家政体向着近代国家的模式演进，演进得基本上是一个绝对主义王权。不过，绝对主义国家应该是中央集权的专制王朝，而他们建立的国家却是既集权又分权的。

伊莎贝尔夫妇与他们的侍臣

1479年，取得内战胜利以后的第二年，伊莎贝尔一世和费尔南多二世在托莱多城召集了一次非常重要的御前会议。参加者除了大贵族以外还有城市的代表。首先，经过内战而分裂的卡斯蒂利亚贵族需要统一起来，战败一方的贵族必须拆除他们所有的碉堡要塞(“卡斯蒂利亚”这个词的原意本身就是要塞之意)，同时将非他们“本分”的产业交与王室所有。今后，所有的贵族都不许再建要塞，而且所有的贵族都须将不属于他们应得的财产归还给王室。后面这一点，伊莎贝尔一世直到自己去世的时候都还念念不忘，王室还曾根据她的遗嘱收回了大量财产。王室向各城市派遣税收官，监督城市财政，并向贵族们退出行政职务的地方派出了非贵族出身的官员充任行政首脑。王室责成法学家迪亚斯·德·蒙塔尔沃编制了《卡斯蒂利亚皇家法典》，于1484年颁行。重组“圣兄弟会”，用以充任警察和密探的角色，用以维持各地方的治安与安定。

两位国王亲自出任了3个军功骑士团的大首领，在削弱各大贵族军事力量的同时，大力加强国王自己的军队，当然在战争时“民军”还将是军队的重要组成部分，而且在人数上还将大大超过王室军队。

这里还须提及此前的1478年。国王夫妇早在那一年便做了一件影响深远的事情，那就是得到教皇的圣谕，批准创办被后世永久唾骂的宗教裁判所。内战胜利以后，这一政策被大力推行。它是他们在国内统一宗教的重要手段。

加泰罗尼亚整整抵制了3年最终还是不得不接受，可见两位国王推行宗教统一政策的决心之大。其实，这一政策在当时是拥有广泛群众基础的，因为西班牙已经“被异教徒占领”了800年之久，“光复运动”长达

500年之久,无论各王国的世俗利益如何不同,大家在宗教方面的使命是完全一致的。而且,这一政策的效果和力量都格外之大,因为伴随它的是一种极端的宗教狂热,这种狂热直到后来的大航海和海外征服都还是西班牙巨大能量的重要来源。西班牙很快就开始盛传一种"天命论"和弥赛亚传说,传说的暗喻直指费尔南多二世,说他是救世主降生,即将带领大家赶走异教徒,解放全西班牙,进而解放圣城耶路撒冷。

五、"光复统一"最后一战

削弱贵族加强王室,加强军队和财政,广泛煽动宗教狂热,所有这一切似乎都是为国王夫妇的下一个目标即赶走摩尔人、"光复"全西班牙做最充分的准备。似乎,完成光复大业是目的,推行中央集权、加强统一是手段。但是也可以反过来看,实行中央集权加强王室势力才是目的,赶走摩尔人完成光复统一是手段。实际的情况更符合后种看法。因为从11世纪起,在伊比利亚半岛上,摩尔人的势力就远不如基督徒了。到了15世纪末,半岛上唯一较大的摩尔人政权就只剩下南方的格拉纳达苏丹国(王国)。而这一王国事实上也早已经沦为卡斯蒂利亚的附属国。

格拉纳达苏丹国是一个和平而富庶的信奉伊斯兰教的国家。它一向以物产丰盈、文化繁荣著称。它与卡斯蒂利亚之间当时并没有一条十分明确的边界,两国领土犬牙交错,边界争端时有发生,但一直以来并没有爆发较大战事。不过,事有凑巧,1481年底,发生了摩尔人侵占边境小城扎哈拉的事件,1482年2月又发生基督徒与穆斯林争夺阿拉马要塞的事件。伊莎贝尔一世和费尔南多二世抓住机会,请教皇发来一道号召圣战的谕旨,并送来一个巨大的十字架。国王夫妇动员10万大军,誓师出兵,以大十字架为先导,浩浩荡荡开往南方。

此时格拉纳达苏丹国竟然发生了内战。这真是一个天赐的好机会,伊莎贝尔和费尔南多绝不会放过。

当时格拉纳达苏丹国的国王是穆勒·阿布勒·哈桑,是他的一段风流韵事引发了内战，为伊莎贝尔一世夫妇提供了绝好机会。

有一天，哈桑忽然领回了一位改信伊斯兰教的西班牙姑娘“清晨之星”索拉娅，并声称要纳她为妃。关于这位美丽的白种女人的传言，王妃爱恰早有耳闻，但她一直假装不知道。渐渐地，哈桑越来越放肆，越来越不加遮掩，爱恰仍然竭力忍耐。不想如今哈桑竟公然把她带回了阿尔汉布拉宫。爱恰于是愤然出走。

爱恰得到很多贵族的支持，包括苏丹的弟弟萨迦尔，于是她宣布立她的儿子博阿布迪尔为新王，并组织起自己的军队，与丈夫开战。为了得到卡斯蒂利亚的支持，博阿布迪尔与伊莎贝尔夫妇达成协议，允诺他们许多条件。但协议不久遭到破坏，双方兵戎相见，之后他们又回到谈判桌前，重修协议。哈桑战败，但他的弟弟萨迦尔控制了很多地区，指责博阿布迪尔是穆斯林的叛徒，并自行称王。博阿布迪尔又与叔父混战，并且更加依靠卡斯蒂利亚军队。在此过程中，伊莎贝尔夫妇占领了格拉纳达苏丹国的大部分领土。

1487年8月，伊莎贝尔夫妇攻占马拉加后更将1.5万穆斯林居民贩卖为奴。

1489年底，伊莎贝尔夫妇连续攻占阿尔梅里亚等多处重要城池，并俘获了萨迦尔。

伊莎贝尔夫妇的最后目标是占领格拉纳达、占领阿尔汉布拉宫，并把摩尔人彻底赶出伊比利亚半岛。10万大军迅速挺进，把格拉纳达城团团包围。平素一身洁白的女王声称：不拿下格拉纳达，不沐浴、不更衣！骑士们为让女王早日恢复圣洁的光艳个个奋勇无比。格拉纳达终于投降了。

美国著名作家华盛顿·欧文

1492年1月2日，伊莎贝尔一世和费尔南多二世携大主教门多萨，在贵族和骑士们的簇拥下，紧随圣地亚哥和圣母玛利亚的旗帜，迎着朝阳，信步进入阿尔汉布拉宫。为庆祝这一胜利，欧洲所有的天主教堂都响起了钟声。

美国著名作家华盛顿·欧文曾于1829年发表《格拉纳达的陷落》，又于1832年发表《阿尔罕伯拉》(即阿尔汉布拉宫)。他在这两部书中十分详尽地讲述了有关的故事和传说。

当代中国作家林达在《西班牙旅行笔记》中说：

> 欧文尽可能精确地考证史料、记录历史事件，又用自己探寻遗迹的经历，为史料补上失落的枝叶，笔下出现了文学性很强的历史游记。
>
> ……
>
> 在来自新大陆、作为文学家的欧文眼中，怎么看，波伯迪尔(博阿布迪尔)都只是一个背负了沉重历史负担的不幸的年轻人……
>
> 这样被动懦弱的一位君主，是不会拼死而战的。而站在他对面的，是如日中天的西班牙帝国的双料君主——费尔南多和伊莎贝拉。格拉那达(格拉纳达)投降了。

离开阿尔汉布拉宫不久，在“眼泪山”上“摩尔人最后的叹息”巨石前，爱恰指责儿子博阿布迪尔：

> “你倒是该像女人一样哭泣，哭的是没能像男人那般战斗。”

六、“天主教双王”

在西班牙战火正酣的这段时期，它西面的意大利也不太平。

文艺复兴在意大利从14世纪后半期就开始了，到了15世纪后半期早已进入盛期。可是意大利的政治统一却要到19世纪才完成。15世纪的时候，它还分裂成10多个城邦共和国、公国、侯国、王国以及横亘半岛中央的教皇国。教皇国以南的土地基本上都归那不勒斯王国所有，而从1443年起，那不勒斯王位已归属阿拉贡王朝。教皇国北面则集中了那些相互争斗不休的诸公国、侯国、王国、共和国，包括佛罗伦萨、锡耶纳、卢

卡、博洛尼亚、摩德纳、热那亚、萨伏依、米兰、威尼斯等。它们之间的斗争十分激烈，以致它们很难团结一致去抵抗外敌。这所谓外敌其实也都是对半岛某块领地有权力，或声称有权力的王朝，其中最主要的便是法国国王和神圣罗马帝国皇帝。

法国国王查理八世

1494年，法王查理八世亲率大军入侵意大利，真可谓所向披靡，矛头所向自然是教皇。意大利诸侯抵抗疲弱，甚至闻风而逃。

1495年春天，法军已进入那不勒斯。教皇亚历山大六世于是转向西班牙，请费尔南多二世出面组织神圣同盟抗击法军。这次同盟被称为“威尼斯同盟”，参加的包括西班牙、神圣罗马帝国、教皇国、威尼斯和米兰等。西班牙派出了一支强大的军队开赴意大利，保卫那不勒斯，保卫教皇国。查理八世退走，不仅撤出了那不勒斯，而且很快撤出了整个意大利。此后，西班牙与法国就成了争夺意大利的死对头。

图片上方的字为“主公费尔南多与伊莎贝尔女士，阿拉贡和卡斯蒂利亚国王”

1496年12月2日，教皇发布正式通谕，赐封伊莎贝尔一世和费尔南多二世夫妇“天主教王”的尊号（常译为“天主教双王”），以表彰他们对天主教事业做出的巨大贡献。这种殊荣在世界历史上是绝无仅有的。这似乎是昭告天下，在西方教会之内，这夫妻的地位是仅次于教皇的。

从此，伊莎贝尔一世的名字被写为“天主教王伊莎贝尔”，费尔南多二世的名字被写为“天主教王费尔南多”，同时提到他们二人就叫作“天主教双王”。“天主教双王”成为整个欧洲最响亮的名号，夫妻二人的权力如日中天，在他们面前无人再敢言否。

第二章

大国崛起

一、游戏规则

二、大航海

三、“谈婚论嫁”

四、“日不落”帝国

一、游戏规则

“西班牙是世界近代史上第一个崛起的世界性大国。”

这句话其实还不够科学,更严谨的表述应当是:西班牙是从中世纪欧洲崛起的第一个近代的世界性大国。也就是说,在西班牙崛起的时候欧洲及整个世界都还没有进入近代史。正是从西班牙的崛起开始世界历史才逐渐步入近代。西班牙崛起及其所处时代正是欧洲从中世纪向近代过渡的交叉路口。学术界称那一时期为“近代早期”(或“中世晚期”)。如果说但丁是旧时代的最后一位诗人和新时代的第一位诗人,那么西班牙崛起的情形也有些类似。

“近代早期”一般指15—18世纪。它是世界历史的一个关键时期,或者说是人类社会历史发展的一个转折时期,就是说之前与之后的人类社会发生了巨大的变化。这种巨大变化发生在欧洲各国国内外的方方面面,不仅包括各种政治、经济制度,而且包括国家性质、国家体制,乃至国际关系、外交规则等,当然也包括宗教、文化和社会生活等,其影响之深远直抵当今世界。文艺复兴和地理大发现都发生在那一时期。

> 欧洲的政府和社会在文艺复兴两个世纪中的变化,比此前五百个世纪中的变化还要大。
>
> ——【美】学者桑德拉·塞德尔
>
> 著《探寻欧洲文艺复兴文明》

西班牙在“近代早期”的大部分时间里是世界的霸主,权势之大超过今天之美国。然而,西班牙崛起的原因和过程其实并不像我们在电视纪录片《大国崛起》中讲述的那么简单。一般观众,根据那部纪录片,可能会以为:西班牙是由于勇敢而且成功地率先走上了地理大发现的征程才崛起为第一代世界性大国的。但事实上,因篇幅所限《大国崛起》基本上没有能够涉及它崛起的原因,也没能回答片中所问:究竟为什么是

“地处偏僻”的西班牙首先崛起为第一代世界性大国，而该片大谈的地理大发现其实只是它崛起的途径、手段，甚至是表现之一？这正是《大国崛起》学术上不尽如人意的一个问题。西班牙霸权崩溃的标志，也不像很多中文读物（包括《大国崛起》）所说的那样，是1588年无敌舰队的覆没，而是1618—1648年“三十年战争”的失败，从那时起西班牙的霸权才被推翻。

“历史是人民群众创造的。”

可是，创造历史的也包括帝王将相，而且他们的个人作用往往可以决定某些事，或者某些时段历史的具体进程。伊莎贝尔一世和费尔南多二世这两位帝王以及他们身边的那些将相，譬如红衣主教西斯内罗斯，又譬如哥伦布等航海探险家和殖民征服者，他们的个人意志、个性品格，尤其是他们的思想意识，就在很大程度上决定了当年西班牙的历史进程，进而影响到了整个世界历史的发展轨迹。

若非伊莎贝尔一世的婚姻抉择，现在的西班牙就可能是由当初的卡斯蒂利亚和葡萄牙组成，那么，葡萄牙作为独立的民族国家可能就不存在了。

中世纪时国家形态很不稳定，特别是它们的领土。所以若非国家形式发生近代化的根本转变，即使卡斯蒂利亚与葡萄牙一时联合起来，也很难说它们一定能够维持下来，组成一个近代民族国家。

费尔南多二世则在新的国家形式以及外交方面有过诸多探索。西方学者常常强调文艺复兴时期出现了“新国家”形式。前面引述塞德尔的著作《探寻欧洲文艺复兴文明》把西班牙、葡萄牙、法国、英国等称为“民族国家”，其实只是在这些地方逐渐形成了民族国家的雏形。

> 君主的作用正在发生变化，这种发展将会导致专制制度在17世纪的兴起。
>
> ——【美】学者桑德拉·塞德尔
>
> 著《探寻欧洲文艺复兴文明》

塞德尔这里所说的“专制制度”就是学术界所谓“绝对主义王权”或“绝对主义君主制”。它是真正的民族国家的先驱，它与真正的民族国家间的根本区别在于主权的归属。民族国家的主权属于民族，即属于全体公民，而绝对主义君主制国家则不然。

绝对主义君主制国家的最高权力(国家主权)是属于专制君主及其王室私人所有的。对拥有国家至高主权的君主们来讲，并非他们自己个人属于某个民族，而是某个民族或者某些个民族是属于他们个人的。增强家族权势、扩大王室领地是他们“天赋的”和首要的使命，他们的主要政绩并不来自能否使治下民众富足而是能否增加王室的领地和财富。

在那个时代，君主们扩大王室领地、增加王室财富的途径有二。

一是王朝战争(也就是武力征服)。武力征服在1618—1648年“三十年战争”结束之前是欧洲君主们获得领土的完全合法的“正规”途径。

二是王室联姻(也就是继承)。继承是一种“巧妙”的和平方式，有人讽刺这方面最成功的哈布斯堡王朝：“让别人去战斗吧！汝，幸运的奥地利王子去结婚吧！”

王朝战争和王室联姻就成了欧洲君主们最重要的事情。

这正是那个时代的游戏规则，西班牙最有效地“玩转了”这些规则，才得以第一个崛起成了“近代”以来首当其冲的世界大国。而使西班牙玩转这些规则的，正是“天主教双王”及其重臣们。

二、大航海

1.伊莎贝尔一世和哥伦布

赶走摩尔人以后该做什么？怎样才能使卡斯蒂利亚王室的实力继续快速膨胀？它已经迈出了很大很大的一步，那就是同强大的阿拉贡王室联合，联合的成功已经使欧洲人懒得再说“卡斯蒂利亚与阿拉贡”而直接称之为“西班牙”了。那么下一步呢？

最重要的应该是把钱袋塞满。

15 世纪时从 13 世纪原稿复制的世界地图，是首次描绘出北美洲海岸的地图

连年战火使得西班牙满目疮痍，国库亏空，百姓积贫，想要单凭农牧业生产来复兴经济、改善民生、充盈财政，那谈何容易？八面威风的“天主教双王”可没这份耐心。这个时期，最有利可图的是商业。

整个欧洲的城市都已经开始转向货币经济。

葡萄牙人已占据北非，正大力开辟沿非洲海岸南下的航路，这条航路最终会把他们送到传说中的印度和中国。

意大利人垄断东地中海，因而也垄断了传统的丝绸之路。

阿拉贡是西地中海主宰，原本也可以从丝绸之路上沾一点光，但如今奥斯曼土耳其人阻断了这条传统商路，妨碍意大利的财路，更妨碍阿拉贡的财路。西班牙的出路在何方？对费尔南多二世来讲是加强海军，逐鹿地中海，而对伊莎贝尔一世来讲则是听信她的忏悔神甫等人的劝说去支持和利用一位航海冒险家向西航行寻找直抵印度的新航路的大胆计划。这位冒险家当然就是后

哥伦布画像

伊莎贝尔一世和丈夫费尔南多二世召见哥伦布

来千古留名的克里斯托弗·哥伦布。

尽管从1481年起卡斯蒂利亚就发动了对格拉纳达的战争，但在1486年5月，当战火还在燃烧，伊莎贝尔一世就在丈夫的陪同下接见了哥伦布，并把他的探航计划交由一个专家委员会进行审查。在那样的背景下，专家委员会在经年累月的研究之后，最终否决了哥伦布的计划。

然而，伊莎贝尔一世并未因专家委员会的否决就放弃哥伦布的计划。当她得知葡萄牙的迪亚士闯过了好望角并断言再向东航行就可以抵达印度，同时对摩尔人的战争也取得了喜人进展的时候，1489年5月，她再次接见了哥伦布，向他表明他的计划仍在王室议事日程之内。

可是，哥伦布的计划毕竟被旷日持久地搁置。这么多年以来，他一直在四处奔走，并做着大量的案头工作，以致他的生活越来越无以为继。1491年，伊莎贝尔一世派人给哥伦布送去了一笔数目可观的钱，以使他得以维持体面的生活，同时也传去了一个能够令他充满希望的信息。要知道，这个时候正是女王日夜坚守在圣达菲前敌大本营，亲自指挥部队进攻格拉纳达的紧要关头。无论你说雄才大略也好，你说是女人的直觉、第六感也罢，反正伊莎贝尔一世一直就这么念念不忘哥伦布的航海探险计划。

一旦收复了格拉纳达，完成了“光复统一”大业，伊莎贝尔夫妇很快便接见了哥伦布，并采纳了他的建议。1492年4月17日，女王夫妇与冒险家签订了一份协定书，授予哥伦布海军大将军衔，并封他为远洋舰队司令和他未来发现土地的总督，而且还可得到从新领地送回宗主国的全部财富的1/10等诸多经济利益。哥伦布的计划终于得以在英明女王的支持下付诸实施了。

哥伦布迈出了他人生中的一大步，整个世界迈出了人类历史的一大步！

后来，当哥伦布已名满天下的时候，有一天，当他走进一家酒吧，听到几个人正满腹嫉妒地议论，说哥伦布做的这点事儿没什么了不起，“是个人就做得到”！

哥伦布于是拿起一只鸡蛋摆到那些人面前，问：“有人能把这个鸡蛋立起来吗？”

那些人手忙脚乱地试了半天，怎么也立不起来，愤而反问：“你行吗？”

哥伦布把鸡蛋一头儿磕破，轻而易举地把鸡蛋立了起来。

所有的人瞠目结舌，继而大叫：“这谁不行呀！”

哥伦布低声言道：“别人做过的事当然不难，难就难在第一个去做。”

塞维利亚主教堂内的哥伦布墓

2.哥伦布发现新大陆

哥伦布从青少年时代起就开始了航海生涯。1466—1474年间，他随货船在地中海上航行。1476年，哥伦布参加了热那亚的一支护航舰队。他们的任务是把一批贵重货物从地中海护送到北欧。8月13日，舰队到达葡萄牙的拉各斯附近海面，突然遭到13艘法葡联合舰队的袭击。哥伦布所乘船舶被击沉，他本人负伤落水，靠一根浮桨渡过6英里的海面，抵达葡萄牙海岸，由此转去里斯本。

哥伦布在里斯本做了意大利一些商行的代表，经常到各地经商。哥伦布到过马德拉岛以及马德拉岛东北方向的波尔多·圣托岛，并与定居在该岛的一位船长的女儿费丽帕结婚。1479年，哥伦布辞去商馆职务，又做了水手，继续航海生涯。

哥伦布逐渐熟悉了大西洋海域的航路，同时接受了地圆说，认为从欧洲向西航行穿越大西洋可以直达亚洲东部。

古代人认为“天圆地方”

托勒密画像

在葡萄牙的罗卡角矗立着一块石碑，上面刻有大诗人卡蒙斯的不朽名句：“陆地止于此，海洋始于斯。”站在这块石碑面前，你常会担心自己随时可能被大风吹走，你很容易感受到什么是狂风巨浪。在中世纪的人们眼里，这片波涛汹涌的大海可能就是通往炼狱的道路，要么就是阴阳两世的边界。谁有勇气径直地把船开进炼狱阴间？

古代中国人曾主张“天圆地方”，古希腊人则认为“大地扁平”。以史诗闻名的荷马认为人类居住的陆地呈圆盘状，由河流和海洋包围着，头上是一个杯子状的天穹。米利都派、爱奥尼亚派的自然科学家们认为，陆地像是无边无际的大洋中的一个小岛。希罗多德和德谟克里特说，陆地是一个椭圆形的平面，有一个大球一样的苍穹覆盖其上。毕达哥拉斯学派首先提出地球球形说，指出圆球是立体中最完美的形态。托勒密在他著述的《地理学》书中，基本廓清了“旧大陆”(东半球)文明世界的地理分布。

可是到了中世纪，教会垄断科学、文化和教育，他们的宇宙观完全以宗教信仰为目的，根本不顾是否符合客观实际。6世纪的科斯马斯在他著述的《基督教地形学》书中提出，宇宙是一个分成两层的、顶部稍圆的长方形立方体，上部是神，下部是天使和人类居住的地方，四周有人类看不到但不可逾越的巨壁环绕。这就是中世纪教会关于地球和宇宙形态的基本观点。有关问题不再准予讨论，违者一概被视为“异端”。众所周知的哥白尼就是典型的例子。

阿拉伯人建立的翻译学校翻译了很多古希腊学者的著作，文艺复兴运动更使欧洲文化、思想和科学界大力发掘和发展古希腊的各派学说。意大利著名地理学家佛罗伦萨人托斯堪内里，也主张地圆说。1474年，他送给积极支持远洋探险的葡萄牙国王一幅按照新观念绘制的地图。在这幅地图上，他把整个远东都称之为“印度”，中国是“印度”大陆的一部分，日本是印度洋上的一个海岛。后来，哥伦布可能是通过他的岳父得到了这幅地图，并据此提出了自己的远航计划。

巴塞罗那的哥伦布纪念碑

哥伦布要去东方印度和中国的目的，主要是寻找黄金，占领土地，发财致富。但同时，他也希望能通过探险航行帮助教会传播基督教的“福音”。

哥伦布的远航计划需要有巨大的人力和物力支持。他最初寄希望于葡萄牙。1485年，他向葡萄牙国王若昂二世建议组织西航印度的探险队。但葡萄牙当时正在积极组织向南航行，准备绕过非洲到达印度，所以哥伦布的计划遭到冷遇。

装有哥伦布骨灰的银质快帆船

哥伦布不得不把目光转向西班牙。他来到西班牙，住在帕洛斯城的方济各派拉比达修道院，并在该修道院院长等一些宗教界人士的帮助下，将远航计划送入了卡斯蒂利亚宫廷。

哥伦布第一次远航的花费在当时来讲是巨大的，尤其是对战火连年的西班牙来讲更是难以筹措的。据说，伊莎贝尔一世甚至为此变卖了她的一批首饰。即便如此也仅筹集了3艘船，其中2艘是政府在帕洛斯港强行征用的，另一艘是帕洛斯大船主宾松兄弟赞助的。最大的船圣玛丽亚号重120—130吨，可搭乘30—40名船员，其余2艘船均重50—60吨，可乘20人左右。探险队员有的是自愿参加的，如宾松兄弟等，有的是在帕洛斯港强制募集的，还有一部分是从监狱里提出来的罪犯，其中有4名死囚犯，准备在有生命危险时使用。此外还有阿拉伯语译员和政府的公证人。一行共87人。

1492年8月3日，船队从帕洛斯港出发，前往加那利群岛，再从那里进入陌生的海域。因为怕迷失方向，哥伦布一直向正西方向航行。因长期漂流，不见陆地，水手们情绪焦躁起来，强烈要求改变航向。哥伦布被迫转向西南。10月10日，众人怨愤，几乎暴动。11日，看到了水中有绿色的马蔺草漂浮，后来又发现了一根芦苇和一根木棍，迹象表明他们已

哥伦布踏上新大陆

接近海岛或陆地,人们的情绪才平缓下来。

这天夜里,他们终于看到了陆地。12日登陆。这是一个海岛,是巴哈马群岛中的一个小岛,据推测,是华特林岛。哥伦布身着海军上将礼服,在岛上升起卡斯蒂利亚国旗,郑重宣布这里是伊莎贝尔一世的土地。将它命名为“圣萨尔瓦多”(“救主”)岛。从离开加那利群岛至今,哥伦布他们已经在大西洋上航行了34昼夜。

由此南下,10月28日哥伦布等到达了古巴。哥伦布误以为是到了中国的一个边远贫困的地方。那么再向东必然是日本,于是他们便向东航行,12月5日,到达了海地岛。只见这里山清水秀,想家的水手们都说酷似西班牙,遂名之为“小西班牙”。圣诞节那天,航行不慎,旗舰圣玛丽亚号在海地岛北岸触礁沉没。哥伦布下令在岛上建立一个殖民据点,并以“圣诞节”命名,自愿留下者有39人。

哥伦布发现新大陆后返回西班牙

1493年1月16日,哥伦布率领剩下来的2艘船返航;3月3日,抵达里斯本;15日,回到帕洛斯港,哥伦布受到盛大欢迎。

哥伦布的成功引起了广泛的轰动。骤然之间,哥伦布名闻天下。国王也履行了诺言,于当年5月29日颁布诏令,授予哥伦布以“圣塔菲协定”所允诺的一切头衔,并正式颁发了授衔证书。

哥伦布发现的大陆后来被证明是“新世界”,人类从此获得了关于我们世界的完整的地理概念。马克思、恩格斯在《共产党宣言》中提到了这件事,说地理大发现“给新兴的资产阶级开辟了新天地……使正在崩溃的封建社会内部的革命因素迅速发展”,并为世界市场的建立准备了条件。

紧步哥伦布后尘而至的征服者们,彻底改变了美洲土著居民的命

运。他们以凶残、血腥的手段把新大陆拖上了现代文明的轨道。至于美洲的黄金白银如何解决了欧洲的资本主义原始积累，美洲的作物如何极大地丰富了人类物质文明等，以及它们更深远的意义就用不着我们再一一阐释了。但是，有一点必须明确，那就是人类社会从此进入了海洋时代，国际贸易的中心也逐渐从地中海转向了大西洋。真正的世界历史由此开始，人类就此踏入了近代社会。

10月12日，哥伦布一行登上"新世界"土地的日子，后来被命名为美洲"发现日"，同时也被定为西班牙的国庆节。

哥伦布的航行不仅使西班牙迅速崛起，成就了西班牙的世界霸权，更使人类对世界有了完整的认识，向西面的汪洋大海航行不再是驶向"死亡"，而是奔向"新世界"。从此，谁控制海洋谁就是世界的霸主。西班牙和葡萄牙率先获得了这种地位。

三、"谈婚论嫁"

1.上帝不赞同的联姻

中世纪西班牙，在"光复统一"运动时期，即使没有连年的征战，政治格局也始终都在不断地变化，其根源就在于各个王室之间复杂的婚姻关系。这就是所谓政治联姻，它的本质是继承。这是除了战争以外获得领土的主要途径。通过航海探险，向海外寻求新土地，可以被归纳为战争范畴，而西班牙的崛起除了这一方式之外，重要的还依靠了"天主教双王"巧妙的政治联姻手段，他们让西班牙合法地继承了欧洲各地的大片领土。

"疯女"胡安娜一世

事实上，"天主教双王"夫妇本身也有着很近的血缘关系，双方的父亲都叫胡安，伊莎贝尔一世的父亲是卡斯蒂利亚国王胡安二世(1405—1454年),费尔南多二世的父亲是阿拉贡国王胡安二世(1398—1479年)。这两位胡安二世实为堂兄弟,也就是说他们的父亲是亲兄弟,他们有着共同的祖父——卡斯蒂利亚国王胡安一世(1358—1390年)。由于血缘太近,"天主教双王"为了结婚还曾千方百计地想办法获得教皇特许令,事后教皇又曾经专门对此予以确认。或许是这个缘故,他们的子女体质都不是很好,唯一的儿子胡安(1478—1497年)早早病逝,而次女胡安娜(1479—1555年)则害有精神疾患,是历史上最出名的"疯女",她与"美男"菲利普一世(1478—1506年)的故事感动了后世许多文学家和传记作者。

"疯女"的丈夫菲利普一世

王子胡安1478年6月30日出生于塞维利亚,第二年便被安排与母亲的王位争夺者,也是那场内战的对手,"贝尔特兰内哈"胡安娜结婚,遭到"贝尔特兰内哈"胡安娜的拒绝。1480年4月和1481年5月,他相继成为卡斯蒂利亚和阿拉贡的王储。1483年,父母亲又试图利用他的婚姻将纳瓦拉王位揽入囊中,法国从中作梗。1495年,"天主教双王"派遣大使弗朗西斯科·德·罗哈斯安排了两桩重要婚事,这一次是与哈布斯堡王朝联姻,哈布斯堡族长、德意志国王、神圣罗马帝国皇帝马克西米里安一世首肯了他的女儿玛格丽塔(1480—1530年)与西班牙王储胡安的婚姻,以及玛格丽塔的哥哥"美男"菲利普一世与胡安的妹妹"疯女"胡安娜一世的婚姻。胡安婚后体虚,健康状况日益欠佳,至1497年9月一病不起,是年10月4日在布尔戈斯撒手人寰。胡安留有一子,起名米格尔,1500年夭折。

太子胡安去世后,王储的位子给予了长女伊莎贝尔公主(1470—1498年)。事实上,在她弟弟胡安还没有出世的时候,在她6岁那年,作为长女的伊莎贝尔公主就曾经被正式宣布为卡斯蒂利亚王位继承人,如

今是弟弟的去世使她又回到了王储的位置。不过,在这次自然而然地重登王储宝座的背后,其实也有着费尔南多二世的老谋深算。1479年,当结束卡斯蒂利亚王位继承战争与葡萄牙和解的时候,作为解除战争对手"贝尔特兰内哈"胡安娜与葡萄牙国王婚姻的补偿,"天主教双王"曾答应将长女伊莎贝尔公主嫁给葡萄牙太子若昂的长子阿方索,而且他们还将此写入了《阿尔卡科瓦斯条约》。须知这个条约签订后未来的"天主教双王"就不可能再以武力,也就是战争手段,去征服葡萄牙,若想统一半岛就需变换手段,那便是继承,便是婚姻,希望就落在年仅9岁但已经是西班牙王储的女儿和年仅6岁但必将是葡萄牙未来王储的葡王阿方索五世的孙子阿方索身上。

1490年,阿方索王子年满14岁,已经成为葡萄牙王储,西、葡双方履行了条约中的约定,为他们举行了婚礼。其时,西班牙正在进行收复格拉纳达的战争。这场战争加上这场婚礼,伊比利亚半岛的统一指日可待。没想到,伊莎贝尔公主只做了一年多的太子妃,阿方索竟然坠马身亡。1492年,格拉纳达光复,伊莎贝尔公主为阿方索诞下的儿子统一半岛的最后希望夭折了。"天主教双王"沮丧万分。伊莎贝尔公主悲恸欲绝,发誓独守终身。数月之后(1493年),她黑衣素颜,返回西班牙。

对于"天主教双王",政治婚姻的背后有着真切的爱情与和谐的夫妻生活。所以,他们不认为政治婚姻存在什么可悲之处。作为当年最有城府的政治家,费尔南多二世绝不可能轻易放弃一个既定的目标和方针政策。

1492年被称作未来"天主教双王"的"annusmirabilis"(美妙的一年),但其实这只是表面上的事情,在事事顺遂的"美妙"背后,女儿的不幸使他们的目标只达成了一半。更令人不安的是,哥伦布胜利返航之后,葡萄牙提出严重抗议,重新开始对西班牙剑拔弩张,因为按照之前的条约规定,哥伦布发现之地应当归属葡萄牙。双方好不容易重新签订了《托尔德西利亚斯条约》(TratadodeTordesillas,1494年),重新划定了两国的发展和势力范围,决定以佛得角西370里格(1里格≈5.92千米)处为界,界线以东归葡萄牙,界线以西归西班牙,即著名的"教皇子午线",才保全了哥伦布等人大航海的胜利成果。而那时葡萄牙的航海事业也正蒸蒸日上，其成就绝不亚于西班牙，早在1487年迪亚士就越过了好望角，再向东抵达印度已经指日可待（1498年达·迦马率领4艘大型三桅帆船抵达加尔各答），他们在西非沿海留下了一连串诸如“黄金海岸”“象牙海岸”“谷物海岸”“奴隶海岸”之类的名字。

两强相争已经是既成事实，而发动战争只会两败俱伤。再说摆在“天主教双王”眼前的是百废待兴的西班牙和已经展现出无限风光的庞大海外事业，他们怎会有精力再同邻居开战呢？既劳民伤财又没有胜利把握，费尔南多二世的目光自然还要落到守寡的伊莎贝尔公主身上，她一个人可以顶上千军万马！机会很快就来了。《托尔德西利亚斯条约》签订的第二年，伊莎贝尔公主的前公公、葡萄牙国王若昂二世（1455—1495年）就去世了。伊莎贝尔的前夫是这位国王唯一的子嗣。按照若昂二世1484年的旨意，如果没有子嗣，王位就由他的表弟曼努埃尔（1469—1521年）继承。这是一位非常稳重的大智若愚的人，表面不大灵光，却能使自己的统治时期成为葡萄牙历史的鼎盛阶段。1496年，曼努埃尔一世即位不久，“天主教双王”向他派去了为伊莎贝尔公主提亲的特使。曼努埃尔一世的想法与“天主教双王”一拍即合，一年后便真的迎娶寡居在娘家的前太子妃伊莎贝尔公主回葡萄牙，做了自己的合法妻子、葡萄牙王后。

葡萄牙国王曼努埃尔一世

西班牙太子胡安病危的消息与他姐姐成婚的喜讯是在1497年9月同时传出的。没多久，10月4日胡安就病逝了。刚刚做了葡萄牙王后的伊莎贝尔公主（及其丈夫）被宣布为卡斯蒂利亚王储。可是，阿拉贡王位继承权却迟迟不能确定，因为那里的制度和法律与卡斯蒂利亚有所不同，在那里没有议会的同意国王不能擅自决定王储人选，而这个议会偏偏对立葡萄牙王后为阿拉贡王储存有争议。1498年8月，就在阿拉贡议会终将接受费尔南多二世的旨意宣布她为王储的时候，她本人却在难产中溘然死去，所幸新生儿还是幸存了下来。

孩子洗礼时被命名为米格尔，一时成为西班牙、葡萄牙合并，伊比利亚半岛统一的希望。这一次，阿拉贡议会比卡斯蒂利亚和葡萄牙还早便宣布他为王储。之后在1499年1月和3月，卡斯蒂利亚与葡萄牙亦先后宣布了相同的决定。这样，再过12年或者13年，等米格尔年满13周岁以后，他的父亲和外祖父母随时都可以把王位让给他，使伊比利亚半岛真正统一起来。

然而，上帝并不赞同费尔南多二世等人的计划，米格尔不到2岁(1500年)就夭折了。曼努埃尔一世续弦，又娶伊莎贝尔公主的妹妹玛丽娅(1482—1517年)为妻。但此时，“天主教双王”已经放弃了与葡萄牙王朝联合的计划，而把目光投向了北方的奥地利、德意志和尼德兰。他们的二女儿胡安娜一世已经于1496年嫁去哈布斯堡王室，与丈夫一起住在布鲁塞尔。长幼有序，论资格玛丽娅总得排在姐姐后面。曼努埃尔一世此次婚姻只剩下与邻国交好的意义。

2.联姻中的风波

“美男”菲利普一世的母亲是勃艮第的玛丽娅。他很小就从母亲手中继承了尼德兰低地国家。在“天主教双王”家的孩子们发生一连串不幸之后，他获得了继承西班牙国王的机会。1502年他和妻子胡安娜一世一起回西班牙接受王储宝座，途经法国，结识了法王路易十二。路易十二非常热情地接待他，双方建立友谊。菲利普一世与路易十二花天

法国国王路易十二

酒地，拈花惹草，胡安娜一世深受刺激。回到西班牙，父母及许多廷臣发现她精神异常。胡安娜一世从此背负"疯女"绰号。不过，"天主教双王"并未因此取消她的继承权。

从西班牙返回再次途经法国时，菲利普一世代表他岳父与法王签订了一项和平条约。临行前天主教王曾千叮万嘱，甚至书面写下了签约的原则和注意事项，其关键是不准包含任何实质性内容。但是，在菲利普一世签下的条约中竟然有一个条款申明，要将那不勒斯王国赠送给法王，作为娶他女儿做菲利普一世儿媳的彩礼。这样的条约，天主教王费尔南多当然不认账。他不同意娶法国公主做外孙媳妇，更无法容忍将那不勒斯王国作为彩礼送给法国。结果，西法两国兵戎相见，路易十二兵败如山倒。

菲利普一世从此与岳父结下了梁子。

伊莎贝尔一世的王冠、权杖和费尔南多二世的剑

1504年，天主教王伊莎贝尔驾崩。卡斯蒂利亚王位直接传给了胡安娜一世，菲利普一世成为共治国王。胡安娜一世病卧荷兰，由她父亲摄政，这引起菲利普一世的不满。

1506年，菲利普一世率妻子的船队奔赴西班牙，意欲要求岳父还政。途中因避风浪偶至英国，菲利普一世又与英王亨利七世签订了一项条约：英国支持他亲政卡斯蒂利亚的要求。作为交换，尼德兰在与英国的贸易中要让利。来到西班牙以后，卡斯蒂利亚所有对费尔南多二世统治不满的贵族都站到他的一方，并组织起一支军队。经过谈判，费尔南多二世从卡斯蒂利亚隐退。菲利普一世宣布妻子病重，将由他一人独自执政。可是过了不到一个月，菲利普一世竟然患热病猝死。其时，天主教王费尔南多身在那不勒斯。反对派重新活动，商量要将王位交给哈布斯堡的族长马克西米里安一世皇帝。幸得伊莎贝尔一世女王的忏悔神甫西斯内罗斯红衣主教(1436—1517年)挺身而出，坐上摄政位置，竭力保持局面稳定，并急派信使通知天主教王，请费尔南多二世从速返回。费尔南多二世第二次摄政卡斯蒂利亚。

天主教王费尔南多，作为阿拉贡国王称费尔南多二世(1479—1516年在位)，作为卡斯蒂利亚国王(1474—1504年在位)和摄政(1504—1506年，1507—1516年在位)称费尔南多五世。

晚年，他将主要精力投入国际事务，不仅关注美洲，更大量介入北非和地中海等地区。当法国出兵横扫意大利时，费尔南多率军介入。他取得了胜利并于1504年收复了那不勒斯王国，1504—1516年稳坐那不勒斯王位。1509年，他派兵占领了北非的奥伦，还于1512年兼并了纳瓦拉的半壁江山。

政治联姻是费尔南多二世的拿手好戏。妻子去世后，他本人娶了法国路易十二的外甥女热尔玛娜·德·富瓦(1488—1538年)；他把胡安娜一世的妹妹卡塔丽娜(凯瑟琳)嫁给英国王储亚瑟，亚瑟早夭，又嫁给亚瑟的弟弟亨利八世，后来亨利因为和她离婚而引起了英国宗教改革。另外，费尔南多二世还把胡安娜一世的女儿们嫁到了葡萄牙、匈牙利、丹麦去做王后。

费尔南多二世1516年去世，将王位留给了他的外孙、胡安娜二世的长子卡洛斯。

四、“日不落”帝国

神圣罗马帝国皇帝查理五世

天主教王费尔南多1516年去世后，将卡斯蒂利亚和阿拉贡的王位以及他的其他领地，包括那不勒斯和美洲等，都一并留给了他的外孙、胡安娜一世的长子卡洛斯。作为西班牙国王号称卡洛斯一世，加上之前在他父亲去世时留给他的尼德兰，卡洛斯一世的权势在整个欧洲已首屈一指。可是，这还不算，他从小被指定为哈布斯堡王储,1519年他的祖父马克西米里安一世皇帝去世后,他便又继承了祖父的头衔和领地,成了德意志王和神圣罗马帝国皇帝(1520—1555年)。在这个位置上他号称查理五世皇帝。至此,他登上了全世界权力的顶峰,对于他的权威只有教皇可以在精神和信仰领域与之抗衡。

卡洛斯一世,1500年2月24日出生在现今比利时的根特市,整个童年都在尼德兰度过。他的教师包括后来曾出任教皇的阿德里安六世(1459—1523年),和后来成为其重臣的谢芙尔的领主吉列尔莫(纪尧姆)·德·克罗伊(1458—1521年)。

传记作家说卡洛斯一世十分赞赏荷兰人道主义者伊拉斯谟(1466—1536年)。

伊拉斯谟,中世纪尼德兰(今荷兰和比利时)著名的人文主义思想家和神学家

伊拉斯谟1506年赴意大利,因对教会不满于1509年返回英国,发表《愚人颂》,强烈指责教会和贵族的腐败,嘲笑经验哲学家和僧侣们愚昧无知的空谈;1516年发表《希腊语〈圣经新约〉批注》,对当时的宗教理论进行了批判。

在同一时期,年仅6岁丧父的卡洛斯一世,成了尼德兰等地(比利时、荷兰、泽兰、卢森堡、布拉班特、弗兰德)领主,并从15岁开始亲自主政;1516年,年仅16岁的他,因外祖父的去世又成了西班牙、美洲及半个意大利的主人。卡洛斯一世还从没去过西班牙,他邀请伊拉斯谟陪同一起去自己的新国家。当时伊拉斯谟很出名,很多欧洲君主都在邀请他。他像拒绝其他君主一样,也拒绝了卡洛斯一世。

卡洛斯一世在大批顾问和随从的陪同下,乘船前往西班牙,1517年9月17日航抵阿斯图里亚斯的塔索内斯港。西斯内罗斯红衣主教又像卡洛斯二世的父亲菲利普一世去世的时候一样,担任摄政,一力支撑局面,等着他前来登基。可是,红衣主教在从托莱多赶来迎接卡洛斯一世的路上突然病倒，溘然离世。

卡洛斯一世来到巴利阿多利德。1518年2月2日召开卡斯蒂利亚国会，举行新王登基仪式。贵族们向新王宣誓，并受封。随后卡洛斯一世赶往萨拉戈萨，阿拉贡国会在那里召集，举行了与卡斯蒂利亚相仿的仪式。卡洛斯一世又从萨拉戈萨前往巴塞罗那，巴塞罗那的事情比较复杂。加泰罗尼亚议会1519年2月就召开了，可是到1520年1月，卡洛斯一世还不得不再召见巴伦西亚的贵族们。而此时，他已经又坐上了神圣罗马帝国皇帝的宝座。

神圣罗马帝国皇帝马克西米里安一世

1519年，卡洛斯一世的祖父马克西米里安一世皇帝病逝，皇帝指定孙子做自己的继承人。银行世家福格家族帮助他收买了七大选帝侯，击败竞争对手，从此卡洛斯一世改称查理五世。从爷爷手中继承的哈布斯堡奥地利领地、南德意志，还有在东欧和意大利的不少领地，都合并到了查理五世的本已经非常庞大的西班牙帝国。

一时间，似乎半个世界都拜倒在了查理五世的脚下，而他还只是一个不到20岁的青年，那么庞大的帝国他会怎样治理呢？

有研究者认为，查理五世的统治长达40年，只分两个阶段：第一个阶段从他在西班牙登基到1522年；第二个阶段即1522年以后，直到1556年退位。前一个阶段他受身边的朝臣、顾问影响较大，常常周旋于各派力量之间；后一阶段就表现出极强的个人意志，成为一个非常强势的绝对主义专制帝王。

年轻气盛的皇帝经常率领空前强大的帝国军队南征北战；不断派遣舰队乘着地理大发现的强风，去大力拓展他的海外殖民地；查理五世接过祖先的衣钵，大力推行王室间的政治联姻，利用继承和枕边风迅速扩大自己的领地和阵营。

在查理五世治下：

1521年，埃尔南·科尔特斯(1485—1547年)征服墨西哥。

1535年，弗朗西斯科·皮萨罗(1475—1541年)征服秘鲁、厄瓜多尔、玻利维亚等地。

1519—1522年，麦哲伦等人完成了人类第一次环球航行，其间“占领”了菲律宾(实际的占领从1565年开始)，麦哲伦本人即战死在那里。

麦哲伦，葡萄牙探险家。1519—1521年率领船队首次环航地球，死于与菲律宾当地部族的冲突中

查理五世帝国的领土已经横跨欧、美、亚、非各大洲，于是有人写信吹捧：

陛下帝国之大已经使太阳不落。

第三章
潮起潮落

一、“上帝的旗手”

二、德意志宗教改革：皇帝骑墙

三、尼德兰革命：后院起火

四、“三十年战争”：霸权旁落

一、“上帝的旗手”

1.统治西班牙

1535年，当查理五世要从巴塞罗那出发，率领他的强大舰队去把突尼斯从土耳其人手中夺过来的时候，面对浩瀚的大海，他豪迈地宣称自己是“上帝的旗手”。

伊拉斯谟在献给查理五世的一本书的题词中写道：

> 恺撒不是《福音书》博士，而是《福音书》的保护者。

对这句话，查理五世真是受用至极。那言下之意：他查理五世皇帝虽然不是教会的首脑，甚至没有任何教会方面的头衔，但他是整个教会的保护者，并将为基督教建立一个真正的世界帝国。

是那么多的偶然，那么多的意料之外的死亡，才阴错阳差地把北欧和南欧两个强大王室的广袤领地都集中到他一个人的手上。这当中除了前一章提到的那些之外，还包括他外公与外公的第二任妻子热尔玛娜·德·富瓦所生的王子胡安·德·阿拉贡的不幸。这位王子出生没几个小时就死了，否则他将分去查理五世多少领地就难说了，恐怕至少是阿拉贡、那不勒斯和两西西里。在查理五世看来，这么多的继承就是上帝对自己的信任，就是上帝旨意的证明，也是上帝提供给他的实现上帝意图的物质基础。1519年，当他赢得神圣罗马帝国皇帝金冠的时候，他身边的朝臣和顾问们就对他说：

查理五世在位时，西班牙的王徽

> 上帝已经把您送上了建立世界帝国之路。

哈布斯堡王朝1547年在欧洲的统治区

查理五世崇敬他的外祖父、外祖母，他们把一片政治上四分五裂的“三教共荣”的土地变成了铁板一块的基督教的统一王国，为他日后的庞大帝国提供了坚实可靠的基础。他认定外祖父那种战争与继承、军队与外交的两手战略是最高明有效的争霸手段。他愿将“天主教双王”的既定方针发扬光大，让整个世界重演伊比利亚半岛的喜剧。当拥有太多的领土和民族的时候，他可以像“天主教双王”那样去处理，即做“每一个国家的君主，而不是所有国家的国王”。他决定按照伊比利亚的政体结构去构建将来的帝国。这种政体已经不是欧洲中世纪的传统政体，而是被西方学者们称为“文艺复兴式”的政体，是绝对主义专制王权的雏形。

如果按照我们中国的传统看法，君臣初见，应当是新君对臣子们进行分封和赏赐。在西班牙其实也一样，西斯内罗斯就说过：“离开了封赏，就没办法统治那些人心涣散且各怀鬼胎的贵族们。”可是，卡洛斯一世在初次面对那些国会，从那些国会接受该国王冠的时候，他所做的其实主要是向城市代表和贵族们要钱，城市代表和贵族们便提出条件：给他们留下多少特权、自治权？查理五世向卡斯蒂利亚要了60万杜卡多（杜卡多是古西班牙金币名称），分3年付清；阿拉贡20万杜卡多；巴塞罗那10万杜卡多。

初做西班牙国王，初次登上伊比利亚半岛，查理五世年仅17岁，不会说伊比利亚的任何语言，无论是卡斯蒂利亚语（西班牙语）还是加泰罗尼亚语，抑或是加利西亚语（葡萄牙语）和巴斯克语。接应他的“天主教双王”的亲信西斯内罗斯摄政王根本未能与他谋面。他所能依靠和听信的只有跟随他来登基的一群勃艮第朝臣，包括总理大臣加蒂纳拉。加蒂纳拉直接从勃艮第总理大臣升格成了全西班牙的总理大臣。西班牙人发现,他们的国家忽然被一群外国人统治了,内心自然不快。再加上这些人以竞选德意志王位即神圣罗马帝国皇位为由不断地要钱、加税,西班牙社会上下怨声载道。

大贵族是免税的,但面对不断加强的国王专制,以及国王身边的外国人,他们感到自己的权益受到极大威胁。他们提出,西班牙国王应该常驻西班牙,西班牙宫廷不可以大量任用外国人担任要职。

受伤最重的是各大城市。那是"天主教双王"曾经着力改造过的,这些城市为统一西班牙立下过汗马功劳。如今这些城市不仅要不断地拿出更多的钱供养国王和宫廷,而且还面对走马换将的威胁,不满情绪在各大城市迅速蔓延。

教皇阿德里安六世

1520年,查理五世要去亚琛加冕,行前(2月27日)在加利西亚的圣地亚哥召集议会,主要目的还是要钱。到会的共有18个城市的代表,还有一些城市,如最重要的城市托莱多,它们的代表迟迟未到。大贵族们都对任命乌得勒支人阿德里安(查理五世幼年时的拉丁语教师,1518—1522年是西班牙宗教裁判所总裁判长,1522—1523年成为教皇阿德里安六世)为国王不在时的摄政有所不满,纷纷要求扩大在摄政王下的自主权。城市代表们则要求在讨论新拨款前先对一些不公和弊端给出说法。

1520年3月31日(至5月19日),主持这次议会的吉列尔莫·德·克罗伊将大会转到了拉科鲁尼亚城。查理五世坚持任命阿德里安为卡斯蒂利亚执政长官,同时增加两位西班牙人:胡安·德·拉努萨为阿拉贡总督,迭戈·德·门多萨为巴伦西亚总督。以此来缓解宫廷内勃艮第与西班牙两派间的矛盾。同时,吉列尔莫等人分别做各城市代表们的工作,包括金钱贿买。加税的决定最终以8票赞成、5票反对、5票弃权,得以通过。查理五世于是在5月20日率船队起程离开西班牙前往亚琛去接受教皇的加冕，但临行前他却得到了关于托莱多等城市叛乱的消息。

托莱多成立了临时执政洪达(洪达，西班牙语就是委员会性质的领导机构)，送来通牒称：如果查理五世离开伊比利亚半岛，他们就不再承认他为国王，而将在教会的支持下开始临时执政。许多城市立即响应。可是，查理五世依然离开了。各城居民开始袭击议会代表的住宅，成立民兵组织，拒绝服从摄政王。塞戈维亚甚至杀死了该城的议会代表。皇家军队四处镇压，四处碰壁。动乱迅速蔓延，史称“卡斯蒂利亚城市公社起义”。

阿德里安陷入极端艰难的局面。城市叛乱愈演愈烈，而贵族们又不服从命令。在这一年的整个夏季和秋季，所有的卡斯蒂利亚大贵族都一直按兵不动。面对各城市的叛乱，他们不肯出动一兵一卒。

起义者们开始大肆宣传：查理五世本来就不是国王，而是临时的摄政王，隐居在托尔德西利亚斯城一所修道院里的“疯女”胡安娜一世才是真正的国王，而非王太后。阿德里安深知舆论的厉害，希望能求助于查理五世的母亲——王太后“疯女”胡安娜一世本人。可是，他派去托尔德西利亚斯的代表却未能得到太后的接见。随后，有几位起义领袖也去了那里，并获得了太后的召见。他们而后声言，“退隐并非胡安娜一世女王的本愿”。后世的学者在评述这段历史的时候，有人说“疯女”胡安娜一世支持公社起义，也有人说，实为起义者劫持了女王。

哈布斯堡王朝的奥地利大公和神圣罗马帝国皇帝费尔南多一世

可是，“疯女”胡安娜一世的身体状况并不允许她本人亲自主政。起义者们搬她出来，顶多可以证明叛乱并非无理。于是，又有了一个新的说法，或者是主张：要求查理五世让位给他的弟弟费尔南多(1503—1564年，即后来的德意志神圣罗马帝国皇帝费尔南多一世)。主张者指出，查理五世是一个外国人，而他的弟弟费尔南多是西班牙人，因为查理五世早年是在国外度过的，接受的也是外国的教育，而他的弟弟却一直在西班牙，直到1518年查理五世来西班牙登基到达巴利阿多利德附近时兄弟俩才第一次见面，同年弟弟费尔南多才第一次出国去了弗兰德斯。

天主教王费尔南多健在时，查理五世常年不在身边，难得一见，而费尔南多则一直承欢膝下，外祖父对他自然疼爱有加。1512年5月，天主教王费尔南多立下遗嘱，要将他的各王国和3个骑士团一并传给费尔南多。据说他从不认为查理五世会来西班牙。直到天主教王费尔南多临终那年，1516年1月，他才另立遗嘱，将继承人改为查理五世。他说，费尔南多年纪尚小，还不足以承担大任。他希望查理五世能够很好地照顾弟弟。那时，查理五世16岁而他的弟弟13岁，但查理五世已经亲统勃艮第宫廷，而且在短短时间内将自己的国家治理得井井有条、蒸蒸日上。在这样的背景下，卡斯蒂利亚贵族圈内自然就形成了一个“费尔南多党”。传言城市公社起义者向“疯女”胡安娜一世建议由费尔南多取代查理五世，胡安娜一世满口答允。

事实上，查理五世与弟弟费尔南多之争发生在德意志的选帝问题上。由于选帝也并非一帆风顺，哈布斯堡家族也遇到了一些阻力，尤其是来自教皇的阻力，查理五世的姑母奥地利的玛格丽特便曾建议，由他的弟弟费尔南多来代替他，弟弟不那么强势，或许更容易被选帝侯们接受。查理五世对此做出了十分强烈的反应。

> 他写道，经验证明，即使像马克西米里安这样德高望重而又成功的皇帝，在保护他的世袭财产和帝国权力方面也经常遇到麻烦。但是他，查理五世，掌握着他全部伟大的王国和领地赋予他的权力，将令王侯们感到敬畏，将获得帝国臣民的真正顺从，将打败信仰的敌人……对费尔南多和他本人而言，这都是更大的荣耀。但查理五世允诺要为费尔南多等选为罗马人国王，也就是说作为皇帝称号之假定继承人而努力。
>
> ——【美】埃尔顿编著《新编剑桥世界近代史》(第二卷)

做上皇帝之后，查理五世在1521年4月28日，将上奥地利、卡尼奥拉、蒂罗尔等家族领地让与费尔南多,并封他为“上阿尔萨斯伯爵”。费尔南多与匈牙利和波希米亚国王路易二世的妹妹安娜的婚姻,使他不久(继承路易二世)成了这两个王国的国王(1526年)。而且,查理五世在自己退位之时(1555年)还将哈布斯堡在奥地利、德意志、意大利等地的家族领地都交付给了弟弟,并安排他接任神圣罗马帝国皇帝。查理五世完全兑现了他当初在家族内的承诺,努力维持了兄弟间的和睦。

然而在卡斯蒂利亚城市公社起义期间，起义者利用查理五世的母亲和弟弟的名义给他制造了极大的麻烦。他的权威在西班牙各地受到严重挑战,几近全面崩溃。为其留下生机的是,起义力量的分散、不统一,各自为战,并各自为政。起义不可能仅仅针对查理五世个人,也不可能仅仅针对国王,而必然要威胁到各地领主,也就是威胁到大贵族们的利益。那些起初还袖手旁观的大贵族们很快就坐不住了。当查理五世答应不再任用外国人占据要职,不再加税,并任命卡斯蒂利亚人海军上将法德里克·恩里克斯和原王室总管依戈尼·德·贝拉斯科与阿德里安主教共同摄政之后,大贵族们纷纷站到了国王一边,出兵镇压各地起义。关键战役发生在1521年4月23日,国王和贵族的军队在维利亚拉尔击溃了城市公社起义的主力军。各城市很快就与当局代表的皇帝讲和了,即使托莱多也只坚持到1521年10月。此后最麻烦的是巴伦西亚和马略卡的群众起义，是在城市公社起义运动影响下发动的反对当地贵族的起义,参加者多是当地手工艺者,历史学家们说他们并不属于城市公社起义。这两地群众起义中坚持最久的直到1523年才被镇压下去。

查理五世本人1522年夏天才回到西班牙，下令处决了一些在押的起义者,但对大多数人都给予了赦免,没再过多追究什么。但是,卡斯蒂利亚，无论各城市议会还是大小贵族，从此没再对皇帝表现出多少不忠,也未再反抗。

2.争夺意大利

从1518年10月起出任查理五世的卡斯蒂利亚首相的迈尔古里诺·德·加蒂纳拉(1465—1530年)是意大利人,在他之后查理五世就没再任

命首相。加蒂纳拉曾对查理五世本人及其政策具有很大影响。他在各种场合都表达一种思想，说皇帝的称号，以及查理五世帝国的实力，已经赋予他统治全世界的权力，这是“上帝亲自规定的……是我们的救赎者基督耶稣的事迹和生死所证明了的”。学者指出，“这是但丁的帝国观念的复活”。查理五世对此深信不疑。他把基督教世界的团结、统一和壮大视为自己的政治宗旨，把建立一个基督教的世界帝国作为自己的奋斗目标。

加蒂纳拉、查理五世也像他们那个时代的多数政治家一样，相信但丁的说法：

意大利是统治世界的权力中心。

在他们眼里，争夺意大利、控制地中海，是各项国际战略政策中的重中之重。但是，欧洲的多数当权者并不甘心屈从于查理五世，英国、丹麦、意大利诸国都时不时地要与之对抗，尽管大多数时候他们都与查理五世保持友好关系。不过，这种友好只是出于对其庞大实力的规避。真正与他一争高下的只有法国和教皇；而在基督教世界以外，查理五世的主要对手则是土耳其的奥斯曼帝国。

法国国王弗朗索瓦一世

法国在查理曼时期曾经是欧洲的霸主，有人甚至认为它已经快把全欧洲给统一了，适逢穆斯林抢占了伊比利亚半岛，即使这样法国还是在西班牙东北部，包括巴塞罗那，建立了一个边疆区。后来，法国始终强大。西班牙崛起以后，首要的就是与法国争夺欧洲霸权。“天主教双王”时期，西法之间的关系一直都紧张而微妙，战争与和平，对立与友好，不断交替上演。

查理五世与法王弗朗索瓦一世

(1515—1547年在位)争夺意大利的战争,从1521年到1544年,有4次之多。此前在1516年,查理五世刚登基的时候,他还没有实力与法国硬碰硬地争斗,而法王弗朗索瓦一世又是一位非常进取的国王,于是查理五世同法国签订了《努瓦永条约》,表示在自己统治时期,西班牙将与法国友好相处。但事实上,他与法国在勃艮第、纳瓦拉和意大利都存在严重争议。同在1516年,法国击败米兰、瑞士联军,占领了米兰公国,虎视意大利中部和南方。

1520年,西班牙卡斯蒂利亚城市公社起义爆发。弗朗索瓦一世看到了机会,但是他的发兵有些晚了(1521年5月),那时维利亚拉尔战役刚刚结束,城市公社起义大势已去,皇帝的军队已经有空儿转过身来对付法军的入侵。法军占领了潘普洛纳,但不久便在附近的基罗斯吃了败仗(6月30日)。两军开始拉锯战。而在意大利,法军节节败退,很快就被赶出了米兰。查理五世把一个外甥女嫁给米兰公爵,派兵据守各处要塞,将米兰紧紧地控制在自己手中。

1522年,查理五世率领一支强大的舰队,4000名德意志步兵,从尼德兰取道英格兰,返回西班牙。途中他在英格兰盘桓一月有余,与他的姨夫、英王亨利八世修好,甚至差点儿娶了一位英格兰公主为妻。查理五世这样做是因为那时法国正在争取英国与它结盟,共同在意大利对抗西班牙。

1522年7月7日,查理五世舰队抵达桑坦德(西班牙北方),会同本地军队开赴纳瓦拉地区。法军渐渐退去,并将它的战略重心移回到意大利。

1524年从年初开始,查理五世向米兰方向增兵。

1525年2月,两军在帕维亚决战,法军一败涂地,国王弗朗索瓦一世被俘,并被押解回西班牙。

1526年1月4日,弗朗索瓦一世被迫签署《马德里合约》,交还所有属于勃艮第公爵的领地,退出米兰,放弃对米兰和那不勒斯的一切权力……查理五世放回了弗朗索瓦一世,后者对此感到十分屈辱,回国之后就宣布条约无效,因为那是他被迫签署的。查理五世一方则反唇相讯，指出：皇帝既没有伤害弗朗索瓦一世，也没有乘机占领法国，或者他属下的任何王国，甚至他的某一片国土，反而力压群议说应以基督教的团结为至上原则。然而，在放走弗朗索瓦一世的时候，查理五世扣留了他的两个儿子作为人质。

教皇克莱门特七世

1526年5月，发誓要报仇的弗朗索瓦一世与教皇克莱门特七世（1478—1534年，亦译“克雷芒七世”），以及佛罗伦萨、威尼斯、米兰等缔结“克莱门特联盟”，或称“科涅克联盟”（科涅克，地名，位于法国西部），并开始寻求与土耳其人合作，对抗西班牙。

6月，西法第二次意大利战争爆发。

1527年5月6日，帝查理五世的军队攻占罗马，并进行了一场骇人听闻的大劫掠。教皇屈服了，但战争仍然旷日持久、断断续续地进行，而西法两国内部都有大量冲突和矛盾亟待解决。拖延至1529年6月，终于在两位国王各自的一位女性长辈的斡旋下缔结了《康布雷合约》。这两位女性分别是，查理五世的姑母玛格丽特和弗朗索瓦一世的母亲露易丝·德·萨瓦。西法第二次意大利战争结束。

弗朗索瓦一世借机以大约100万弗罗林的重金赎回了他的儿子。当年底，教皇克莱门特七世便邀请查理五世去博洛尼亚，接受意大利王和神圣罗马帝国皇帝的加冕（1530年2月24日）。

为了巩固对意大利的控制，查理五世软硬兼施，在重兵铁骑的军威下施展了不少灵活多变的外交手腕。他相信，没有封赏就得不到贵族们的拥戴，没有强大军队的铁蹄就不能使贵族们敬畏和安分。

在佛罗伦萨，查理五世首先派兵镇压共和派的起义，扶植投靠他的美第奇家族的亚历山德罗（1512—1537年），使他成为佛罗伦萨的统治者，并得到了一个可以世袭的公爵头衔。这位亚历山德罗其实是教皇克莱门特七世与一个摩尔人女佣生下的私生子，而且克莱门特七世本人也是美第奇家的私生子，在做教皇之前他的名字是朱利奥·德·美第奇。拉斐尔的名画《教皇利奥十世，与主教卢吉·德·罗西和朱利奥·德·美第奇》，站在教皇右侧的就是他。他是美第奇家族出身的第二位教皇，而第一位正是利奥十世(1475—1521年)。他们二人之间隔了一任教皇，就是查理五世少年时的老师和刚来西班牙时的重臣之一阿德里安，他做了不到两年的教皇就被人用毒药害死了。有人说，利奥十世也是中毒身亡。包括他们两人在内，到那时为止在不算长的时间内已经有六位教皇死于中毒，可见当时教廷内部之阴暗复杂。具有讽刺意味的是，查理五世将自己的私生女玛格丽特许配给了亚历山德罗。不过克莱门特七世也狡猾地顺便将亚历山德罗的妹妹凯特琳娜嫁给了弗朗索瓦一世的继承人。她可不是私生女，而且后来也顺利地做了法国王后。

教皇利奥十世

查理五世没有追究米兰参加联盟站到法国一边去反对西班牙之罪，而是在重兵驻守的同时，大施怀柔政策，从而牢固地控制着那里的局面。

1535年11月1日，米兰公爵弗朗西斯科·福萨去世，无嗣继承。弗朗索瓦一世提出应由他的次子继承这一爵位，遭到查理五世的拒绝。查理五世要将米兰留给他自己的儿子菲利普二世。这一想法，在不久后的1540年实现了。直到那时，菲利普二世也才年仅13岁。弗朗索瓦一世被激怒，1536年3月，他挥军侵入萨沃伊，占领都灵，直逼米兰。西法第三次意大利战争爆发。

刚刚攻占了突尼斯的查理五世立即下令班师，分水陆两面打击法国。而且，他本人亲征法国本土，大军进入普罗旺斯。接下来，他下令攻打凡尔赛。长期战争耗费了大量财力物力，大臣们纷纷劝告休战，查理

教皇保罗三世

五世才没有下令攻打阿维尼翁。尽管这一次查理五世已经兵临巴黎,战争气势似乎很凶,但史家都指出西法间的第三次意大利战争是一场时间较短规模有限的战争。战争在新任教皇保罗三世的调停下结束,双方签订了《尼斯合约》(1538年7月18日),宣布停战10年,并组成同盟抗击土耳其。事实是,自从1520年苏里曼接任了土耳其苏丹以来,奥斯曼帝国对查理五世帝国的进攻势头越来越猛,1526年他们夺去了匈牙利的一大半土地。而在地中海和北非,他们更是咄咄逼人,尽管查理五世攻取了突尼斯等地,但那里的战事还远远没有结束,而且越来越令查理五世感到棘手。

尽管在签订这份合约的现场,查理五世和弗朗索瓦一世两人都不愿意坐到一起。但之后,弗朗索瓦一世对查理五世做出了实实在在的友好姿态,查理五世也立即回报了十二分的热情。

弗朗索瓦一世主动邀请查理五世率军通过他的领土去平定根特的叛乱,并在途中热情款待。查理五世提出可通过儿女婚姻化解两国间的不和,同意将一个女儿嫁给弗朗索瓦一世的儿子,而且承诺将来把尼德兰和勃艮第传给他们,相应地弗朗索瓦一世则应放弃对意大利的领土要求。但后来弗朗索瓦一世又变卦,要求查理五世立即把荷兰交给他,作为放弃米兰等地的交换条件。

在与西班牙谈判的同时,弗朗索瓦一世再次与土耳其的苏里曼联手,奥斯曼帝国军队及其扶植的海盗开始大肆骚扰意大利,以及匈牙利等哈布斯堡北方领地,甚至是西班牙本土。查理五世于是联合教皇国和威尼斯(尽管它之前也曾被迫与土耳其修好),还有法国从前的夙敌英格兰。英格兰的亨利八世亲征诺曼底。1542—1544年双方争斗史称西法第四次意大利战争。

战争在法国本土和意大利等地激烈进行,法军渐渐处于下风,英格兰的亨利八世已经在计划攻打巴黎,然而德意志的形势却迫使查理五世决定匆匆结束与法国的战争。

1544年9月18日，查理五世与弗朗索瓦一世签订《克雷斯皮合约》，宣布终止战争，保持《尼斯合约》划定的边界，查理五世放弃对勃艮第的主权要求，弗朗索瓦一世放弃对意大利各地以及低地国家的主权要求；弗朗索瓦一世的儿子查理公爵将娶查理五世的女儿玛丽娅或侄女安娜为妻；弗朗索瓦一世支持查理五世帝国对土耳其以及异端、异教的战争。

此后，查理五世没再对法国发动意大利战争，但双方在意大利问题上的争执并没有解决。尤其是1545年9月弗朗索瓦一世的儿子查理公爵逝世以后，两国联姻告吹。1547年3月31日，弗朗索瓦一世去世。继承王位的是他的另一个儿子亨利二世(1547—1559年在位)。亨利二世1552年1月15日与德意志新教徒签约结盟，致使双方重新陷入激烈冲突，爆发了第五次意大利战争(1552—1556年)。不过指挥那场战争的不是查理五世，而是他的儿子菲利普二世。

法国国王亨利二世

当然，16世纪那个无所不在的君主是查理五世，他总是在旅途上奔波，他的领地遍及好几个大陆和大洋。但是法国是他特别棘手、特别强悍的对手。

> 事实上，从西班牙的查理五世于1519年当选为皇帝的那一刻起，亚平宁的战局就改变了方向。从法国的角度看，战争已是防御性的了，攻势是以前的事。即使弗朗索瓦一世或亨利二世能采取主动，那主要也是为阻止皇帝对意大利全境的控制。这样，在16世纪，法国人的世代夙敌就已经不是英国人，而是哈布斯堡家族。
>
> ——【法】历史学家让·德吕莫

弗朗索瓦一世从查理竞选皇帝的时候起就是他的强劲对手，就是说从他19岁起就成了他的冤家对头，一斗几十年，参加游戏的还有一个重要角色便是教皇。竞选皇帝时，支持弗朗索瓦一世的是利奥十世，而后和查理五世斗得最凶的是克莱门特七世。与弗朗索瓦一世不同，教皇和查理五世时而是对头，时而是盟友。教皇与查理五世的共同之处是，要争夺意大利、争夺全欧洲的霸主，同时又要对付德意志的宗教改革。

查理五世与教皇之争的关键一役，也是彻底扭转他们关系的转折点，就是1527年攻克罗马城。那次作战的主力是从北方翻越阿尔卑斯山而来了一支帝国军队，原本是2.3万人，包括4000西班牙人，而后又加入了1.2万德国雇佣兵。这些雇佣兵大多是刚刚脱离了土地的农村新教徒，据说是皇帝的弟弟费尔南多为他雇佣的，也有人说是这支军队的总指挥官自掏腰包雇佣的。这位总指挥官名叫查理·德·波旁(1489—1527年)，波旁伯爵，绰号“波旁统帅”，在历史上更以其绰号闻名。他本是弗朗索瓦一世的臣属，还为法王在意大利打过仗，颇有战功，连“波旁统帅”之名都是弗朗索瓦一世赐封的。可是法国王太后路易莎反对并阻挠对波旁家族赐封采邑，致使波旁伯爵竟然倒戈，站到了弗朗索瓦一世的死对头查理五世一边。与他们配合的则是从南方那不勒斯赶来的帝国军队。

那些雇佣兵路途遥遥地从德意志跋涉而来，在崇山峻岭之中遭遇暴风雨，一个个衣衫褴褛，饥肠辘辘，且纪律松散，表现异常狂暴，烧杀抢掠无恶不作。尤其是，他们被允诺的钱一分都还没有拿到，全指望到传说中的罗马城发大财。

1527年5月6日清晨，帝国军队抵达罗马城外。浓雾从城外的台伯河上升起，半掩着大军的旌旗，战鼓擂响，喊声震天。教皇军队本来不多，最精锐的已经被调去守卫最后的堡垒圣安吉罗城堡，据说它是不可攻克的。城里乱成一片，上层人士都在收拾细软、财宝，忙着逃入圣安吉罗城堡。教皇克莱门特七世一

佛罗伦萨老桥的本韦努托·切利尼半身像

1527年罗马之劫，17世纪作品

直跪在祭坛前祈祷。守城的除了部分教皇军队外，主要是罗马城的民兵和年轻居民。意大利文艺复兴时期那位著名的传奇金匠、雕塑家和作家本韦努托·切利尼(1500—1571年)亲历过罗马城的这次劫难，并参加了城市保卫战。他在自己那本著名的自传中描写道：

> 当我们爬上城墙，我们看到，波旁公爵强大的军队集结在下面，正全力以赴准备闯入城里。整个区域笼罩在浓雾里，战斗非常艰难。

大军开始攻城，波旁伯爵身先士卒，又一片浓雾升起，切利尼说：

> 我把火绳枪对准黑压压涌上来的敌人，直接射向一个我能看见的站在其他人前面的人。雾很浓，我甚至看不清他是步行还是骑马。

被切利尼射杀的这个人正是帝国军队总指挥官波旁伯爵。很多人指责切利尼自传不可信，但"波旁统帅"确实死于攻陷罗马城的混战。

失去了总指挥的军队入城后越发失控，狂乱得像脱缰的野马。

当天夜里，城市被占领，有8000百姓被杀。但这只是开始，第二天早晨，罗马开始被猛烈洗劫。夜晚狂欢过后，极度激动的雇佣兵开始洗劫教堂，并闯进女修道院强奸修女。人们看到西班牙部队的士兵对他们不幸的受害者实施恶毒的酷刑甚至切断他的四肢……他们闯进并洗劫红衣主教和要人的官殿，强奸妇女，脱光主人的衣服，使他们遭受严重侮辱，然后索取巨额赎金……据一位同时代的目击者说："地狱都无法与罗马现在的情形相比。"

——【美】保罗·斯特拉森著《美第奇家族——文艺复兴的教父们》

那场面像是回到了很早以前攻陷一座城池后的屠城，士兵们可以为所欲为。即使是那种屠城，一般也只是一两天时间，而如今罗马城的这场大劫难却持续了一周以上。

这一次真吓坏了克莱门特七世。

外面，突然传来交织在一起的吼叫声和哭喊声，敌人已到，并开始从聚集在教皇官殿周围的惊恐的市民中，艰难地辟路前进。克莱门特七世变得忐忑不安，哭了起来……赶紧沿着连接他的官殿与城堡间的凸起的石头甬道……随员们举着他的长长的袍服……急匆匆地沿着甬道向前跑……就这样，克莱门特七世最后安全地躲进了圣安吉罗城堡。

——【美】保罗·斯特拉森著《美第奇家族——文艺复兴的教父们》

于是，这座城堡就被帝国军队密密麻麻地围困了起来。城堡内风声鹤唳，供给短缺，而且天气奇热。克莱门特七世终日惶惶，心惊肉跳。度日如年，又无奈只能一天接一天地熬下去，每熬一天景况必是更糟。直到6月7日，查理五世才下令停止围攻圣安吉罗城堡。

> 但是，首先，克莱门特七世要签署一项条约，割让一大片教皇领土——从沿海的奇维塔韦基亚到北部的帕尔玛、摩德纳和皮亚琴察。一下子，教皇的领地削减到先前面积的一小部分；他们不再有接近海洋的机会，或是亚平宁山脉以外的很多陆地。甚至从此以后，不允许克莱门特七世离开圣安吉罗城堡，他过得像一个实质上的囚犯……
>
> 12月7日一大早，教皇和他的随行人员得到允许逃离了城堡。克莱门特七世装扮成仆人，和他的随从们一起向北逃去；他们衣服的衬里里面缝进了金条……
>
> ——【美】保罗·斯特拉森著《美第奇家族——文艺复兴的教父们》

教皇从此留起胡须，性情大变，看上去阴郁沮丧。他从此对查理五世唯唯诺诺。他的美第奇家族也凭借查理五世的铁蹄才在佛罗伦萨重获统治权，并获得公爵头衔，成为世代贵族，但同时也只能铁了心跟随查理五世。

不过，教皇毕竟是教皇，查理五世如果不维护教皇如何在欧洲称霸？如何主宰基督教世界？遑论他本人还是一个极其笃诚的天主教徒，他的宗旨还始终是建立和维护“宗教团结、政治统一”。

查理五世当然否认攻陷并洗劫罗马是由他主使的。他说要负责任的是波旁伯爵，是他没有约束好那些德国雇佣兵，没有压制住手下众将领要求攻陷罗马城的议论，他本应当只围城不攻城，但是他竟然还身先士卒地去攻打那座神圣的城池。那是教会最高首脑机关的所在地，自古代罗马帝国晚期被西哥特人攻陷和洗劫后1000多年来都没有再发生这样的事情。

说来很巧，西哥特人正是西班牙人的祖先之一，西班牙的“光复”运动起初还曾是要光复西哥特政权，后来才改为光复基督教。对查理五世来说，他不过是要给教皇一个教训，让他不要轻易介入世俗君主们之间的争斗，更不要加入查理五世敌方的阵营。如今他要做的是表明自己绝

对拥护教皇和教会，说白了就是与教皇和教会紧紧地勾结在一起去对付北方那些胆敢向教会造反的人。这些人被称为“新教”徒,发起者是马丁·路德(1483—1546年),那些事正发生在查理五世的帝国之内。

二、德意志宗教改革:皇帝骑墙

1.马丁·路德与德意志宗教

马丁·路德画像

马丁·路德是维登堡大学神学教授。他以“九十五条论纲”发起的伟大的宗教改革运动席卷整个欧洲,永久结束了罗马天主教廷至高无上的封建神权统治。路德一生留下大量著述，内容涉及当时政治、社会中的许多尖锐问题,对后世思想家产生了深远影响,其中问世于1520年的《致德意志贵族书》《教会被囚于巴比伦》《基督徒的自由》被誉为宗教改革三大论著。此外,他还是近代德意志民族统一语言的奠基者,就如海涅所言,是路德对《圣经》的翻译“创造了德语”。

1510年11月,路德游历了罗马。

在罗马,文艺复兴以来的艺术大师们使教廷外表上光彩夺目,但在其中任职的许多高级教士却愚昧而腐朽；教会贵族们灯红酒绿的奢侈生活与周围劳动群众的贫穷清苦形成鲜明比照。在罗马，什么全都要钱,连听弥撒也不例外。路德还没弄明白怎么回事,教堂神甫就变戏法般迅速地结束了仪式,并且转身对仍然伏在圣坛前的人们说:“起来,起来！快离开这儿,乡巴佬！你们做一次礼拜够旁人做三次了。我们这儿是收费的！”

“这真是基督徒最不光彩的城市！”路德怀着无比愤慨离开了罗马。

回到维滕堡，路德站到自己的讲坛上公开指责罗马教会完全堕落了、污染了。“它是所有可以想象的淫乱、荒唐、奢侈、野心、亵渎的渊薮！教会从来没有像今天这样不幸！”

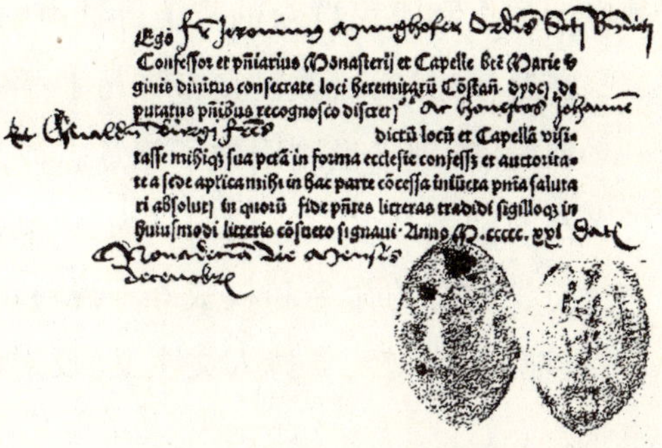

1521年发出的全大赦证明书

1517年，一个名叫台策尔的传教士受教廷的派遣来到离维滕堡不远的勃兰登堡出售赎罪符。“你挣过钱吧？你攒过钱吧？在上帝面前可别装穷！交出钱来换赎罪符。人生在世谁能不犯错儿？只要肯出钱，买了赎罪符，在上帝面前就好交代！”台策尔声嘶力竭地推销，耸人听闻地演讲，使得方圆几百里的人们都赶来抢购赎罪符。路德实在忍无可忍了。金钱这魔鬼已经使教会本身都坠入了炼狱，还说什么替人家赎罪！他于是挥笔写下《关于赎罪符效能的辩论》(“即九十五条论纲”)，并把它贴到了教堂的门前。“九十五条论纲”激起的反应之强烈出乎路德本人的预料。事实上，他所涉及的已经不仅仅是神学和宗教的分歧。这一年恰巧是查理五世登基做了西班牙国王的时候。

1518年，教皇利奥十世命令路德到罗马受审，但路德得到萨克森选帝侯等人的支持而抗拒。

1519年，教皇派来特使与路德谈判，路德有所让步，但教廷内部强硬分子不甘休，邀路德赴莱比锡公开辩论。论战中路德强调只有《圣经》上说的才算数，公然否定教皇的权威，提出了《圣经》的权威性和个人研读《圣经》的权力。

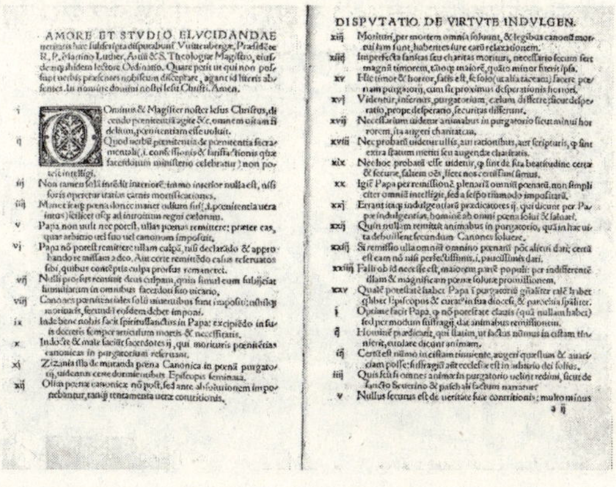

“九十五条论纲”书影

1520年，路德撰写大量论著，宣传自己的观点。同年10月10日，教皇勒令路德在60天内悔过，否则革出教门。当60天期限届满时，路

德在大学生和市民群众的赞美诗歌声中将教皇诏书付之一炬。

1521年1月3日，教皇宣布将马丁·路德逐出教门。

那时，查理五世刚刚做了德意志神圣罗马帝国的皇帝。路德及其拥护者都对他满怀希望。他们以为，以新皇查理五世的实力，如能得到他的支持，教皇的命令和权威等不说可以被视如粪土，也全都算不得什么；查理五世年轻，支持人文主义，反对教会腐败，完全可能支持路德的主张。

1521年4月17日，正当西班牙国内帝国军队要对卡斯蒂利亚城市公社起义进行关键性战役的时候，查理五世仍然坚持在沃尔姆斯继续他的帝国议会，并诏令马丁·路德前来聆讯。很多人劝路德不要前往，但路德认为这是一个很好的机会，可以当面争取新皇的支持，并且说：

> 即使沃尔姆斯的魔鬼像屋顶的瓦片一样多，我也还是要坦然前往。

事实上这次帝国议会在审理路德案之前已经进行了4个月之久，出席的有7位选帝侯、28位公爵、许多伯爵和骑士、30位高级教士，还有各帝国直属城市和各等级代表。这是年仅21岁的查理五世首次会见他的德意志臣属们。这些臣属对他存有许多疑虑，譬如人们普遍感觉出现在大家面前的是一位西班牙人，无论他的装束和言行都让人感觉陌生。查理五世给路德的印象是：他的德语和拉丁文都不好，“他坐在那里像猪狗群中的一头无罪的羔羊”。随之而来的就有种种疑虑，如果皇帝将帝国首都建立在托莱多(西班牙)怎么办？如果皇帝无条件要求他们参加西班牙发动的所有战争怎么办？如果他们的领地上长

在沃尔姆斯议会上的马丁·路德

年驻扎西班牙军队怎么办？如果……于是君臣之间就有太多关于帝国事务、关于君臣间权利与义务等的问题要申明和讨论。事后不少人觉得皇帝并不记得他在会上的承诺，而这是他的第一次帝国议会，会议郑重其事地开了4个多月。

马丁·路德那时38岁。4月17日他并没有急着回答大主教或检察官们的讯问，而是在第二天才口若悬河地当着查理五世的面据理力争，舌战群儒。但是他未能说服查理五世。

查理五世信奉的不是自由而是统一。他的耳朵早已经灌满了“上帝已经把您送上建立世界帝国之路”等言辞，他正力图实现“宗教团结、政治统一”，正要大力推行基督教的普世主义，怎么听得进路德要求改革的那一套呢？他让路德认错，路德坚称：“决不反悔！”查理五世没有料到路德会有那么大那么深的影响，能够从根本上动摇他的帝国和事业的根基。于是，他放了路德，并没有当场加害路德，没有逮捕，也没有判罪。但随后，查理五世颁布了一道帝国令，宣布驱除马丁·路德，不准再有人向他提供帮助，包括衣食住行所有方面的帮助。

然而，萨克森选帝侯依然将路德收留在自己的瓦特堡要塞之中。路德的思想依然在德意志广泛流传，形成了路德宗等新教派，宗教改革的烽火愈燃愈烈。德意志诸侯无论出于信仰还是出于其他考虑，已经分为天主教和新教两个水火不容的对立阵营。

沃尔姆斯议会没有治罪路德，并且宣布应在一个总的框架内对宗教问题进行一定改革，但绝对禁止路德的新教义，禁止有人像路德一样“过激”。会后对路德本人的迫害也逐步升级，从驱逐到通缉。而路德仅仅是隐姓埋名，深藏不出，潜心翻译《圣经》。

此时查理五世可说是对德意志“宽大为怀”。事实是他那时面临的难题实在太多。德意志宗教改革对他来说是一个国内问题，而他当时在国内所遇到的最大问题是卡斯蒂利亚城市公社起义，那是直接针对他本人的真刀真枪的对抗。德意志宗教改革只是一位神学教授针对教会腐败等宗教问题提出了他自己的不同见解和主张。他能在同卡斯蒂利亚城市公社起义的战争还未分胜负的情况下，亲自在德意志召集帝国议会，亲自审查路德及其新教义，就已经体现了他对德意志宗教改革运动的高度重视。这次帝国议会没能解决问题的缘故，除去宗教信仰的思想、理念不说，问题的关键在于德意志诸侯意见分歧，而且针锋相对。查理五世在德意志并没有绝对权力，他只是被诸侯的“代表”推选为皇帝，下一任皇帝名落谁家还得由他们选举。除非挨个去对他们进行武力征服，否则他就无法使他们绝对服从。所以他提出宗教团结，希望诸侯们能坐下来商量，不必动武。真正要动武的地方不在国内而在国际上，他在国际上遇到的最强硬的对手就是前面讲的法国国王弗朗索瓦一世。从竞选皇帝两人就是对手；城市公社战争，法王又派军队干涉；而在国际政治的中心意大利，双方间的战争如火如荼不断爆发。如果仅仅是弗朗索瓦一世，查理五世或许也还对付得来。可是，还有一个比较内部的对手——教皇也时不时就找麻烦，必须给他以教训；还有一个更加外部的敌人——土耳其的苏莱曼，更是皇帝义不容辞必须以十字军姿态予以迎头痛击的。当然，如果从一开始查理五世就对新教施以铁腕，严厉镇压，或许新教早就被扼杀了，但事实是查理五世面对的局面不允许他这么做，正如F.C.斯普纳所说：

约1530年提香画派所绘的苏莱曼

他只能对德国内部的斗争听之任之；只得尽可能不去捅这个马蜂窝，让宗教斗争的火保持在火盆里燃烧。

因而，有人说是弗朗索瓦一世救了德意志新教诸侯，也有人说是德意志宗教改革救了弗朗索瓦一世和教皇。

路德的信念是，“信仰和仁爱……在世上自由前进并使众人和好如初，因为它们让每人均可根据自己的信念去生活”，而信仰的唯一源泉是每个人都可以理解的《圣经》，不再需要教士们来充当传统的中间人。

而此前天主教会的传统教义是强调，信徒与上帝是不能直接沟通的，他们必须经过“上帝的仆人”——教士与教会的帮助和指引才能建立同某圣徒的联系，进而再经过这位圣徒才能让上帝了解自己的心意。天主教的这种代祈制对教会的权力和教会内的等级制非常重要，几乎成为其基础，路德真的是命中了它的要害。

2.查理五世的镇压与妥协

新教在中欧、北欧传播得很快，并得到许多希望独立的诸侯保护，或者说是利用。路德把《圣经》从拉丁文翻译成德文，新教牧师便以德文《圣经》为根据，走上讲坛，进行布道。坚持维护教会的神甫被赶走，新教区如雨后春笋般建立起来。日内瓦的加尔文宣称，信奉基督教的国家有义务在人们中间建立上帝的统治，传扬圣言圣信不能光靠上帝，国家也须采取措施加以推动；对不遵守教规的人，不分地位高低，一律施以世俗方式的重罚；教徒们有权反抗任何不履行这一义务和违反上帝意志的世俗政权。加尔文宗以民主的方式建立起非常严密的教会组织，并试图以教会生活的改革来整顿和改造国家政治生活。

沃尔姆斯议会虽然没有直接治罪路德，但还是在维滕堡和埃尔富特等地引起了群众的暴动。暴动者冲击教堂，抢夺祭坛和珍宝，破坏艺术品和绘画。很快，路德反对教廷权威的斗争同时也唤起了进行社会改革的意识。在图林根，托马斯·闵采尔神甫(1489—1525年)从宗教改革活动逐渐转向了广泛组织和社会革命的道路。他的“千年天国”思想在下层群众中广为流传。农民以福音的名义要求平等，起而反抗地主、领主。1525年，德意志各地爆发了大规模农民起义。起义农民在《十二条》中要求教区自由和个人自由，要求由本区全体教徒自己选举牧师，自主教区财政，并要求自由狩猎、

托马斯·闵采尔，18世纪的雕版画

捕鱼以及自由利用森林等，要求像《圣经》宣布的那样让他们成为自由人。农民在法兰克福小镇魏因斯堡举行礼拜时捉住了路德维希·冯·赫尔芬施泰因伯爵，对他夹道鞭挞。各地领主动员一切力量对起义者进行严厉而残酷的镇压。

> 德意志人之间进行的几起战役，均以大屠杀告终……1525年的夏天是个血腥的季节！
>
> ——【德】阿·米尔著《德意志皇帝列传》

这一年5月27日，被俘的闵采尔也惨遭杀害，临刑前他声音铿锵：

> "忏悔？决不！"
>
> "世界上的一切都应当归公！"
>
> "'千年天国'一定会实现！"

恰恰这一年2月，查理五世在意大利赢得了对弗朗索瓦一世的决定性战役，并在战役中将他擒获。1526年1月查理五世逼迫弗朗索瓦一世签订了《马德里合约》，释放后者。随后，查理五世便与教皇闹翻了。教皇斥责他是"伪装的路德分子""异端分子的领袖"，力图组织一个广泛的同盟，共同反抗并制裁这位皇帝。在此背景下，查理五世在施佩耶尔召开帝国议会，对新教诸侯让步，同意他们在对上帝和皇帝负责的条件下自行决定宗教信仰问题，而在诸侯国内部信仰应当统一，臣民必须承认上帝给他们的当权者不得反抗。查理五世希望能够凌驾于纷争诸侯之上，希望能够调解两派间的矛盾，同时他也需对教会进行一定的改革，以削弱教皇的权威，改善教会形象，加强教会凝聚力，抑制新教发展，削弱新教势力，并最终将它克服。

1530年6月，皇帝在奥格斯堡主教府召集群臣举行帝国议会，允许新教徒当着他和整个帝国的面宣布并逐条解释他们的信仰。教皇派来特使坎佩基奥红衣主教。新教徒提出了一份《信纲》，共28条，作者是菲利普·梅兰希顿神学教授。皇帝默默地听了两个小时，认为很多内容都应该纳入对教会进行严肃改革的纲领。和解似乎渐渐临近了。可是，当诸侯和城市代表发言时，当谈到的不是宗教问题而是经济问题的时候，又陷入了无法解决的矛盾。新教方面以“极其顽固的态度”拒绝归还教会资产。查理五世建议暂时由他保管，同样遭到断然拒绝。皇帝无奈，说：“大家再考虑考虑，我也再考虑考虑。给我们12月的时间来考虑，矛盾终要解决。”可是会后他说，“看来最有效的还是武力。”

菲利普·梅兰希顿的画像

新教诸侯也注意到了这个问题。他们迅速组织了一个“施马尔卡登同盟”，这是一个政治、军事的防御性同盟组织，不啻对皇帝的挑战。参加同盟的包括3个选帝侯、4个公爵和15个城市。查理五世指责他们是反叛分子和帝国公敌。然而这时土耳其人突然帮了新教同盟的忙，他们对帝国东部发起突击，攻占了维也纳。查理五世不得不暂时放下新教问题，呼吁全国团结，紧急救援维也纳。新教城市为他提供了1万名步兵和炮兵，以及0.2万骑兵。查理五世发现德国人是好士兵，战斗力很强，他连年的战争需要他们，以前打罗马时需要，如今打土耳其人也需要他们，以后还有无数的战争都需要他们。于是他又回到努力斡旋的路上。1532年，查理五世的努力有所收获，双方在纽伦堡召开的帝国议会上达成了初步的和解。

查理五世一直坚持要求召开基督教公会议，并要求自己也能出席。1545年，天主教代表们终于举行了特兰托公会议(这次公会议一直举行到1565年，会议过程中曾多次中断较长时间)。新教代表没有出席。在天主教教会内部出现了改革与反改革两大派别。天主教的反改革运动事实上正是反对以查理五世为首的天主教改革派。还在进行中的特兰托公会议宣布所有的新教均为异端，拒绝对新教做出任何妥协。而新教诸侯自从有了施马尔卡登同盟以后，已经渐渐地失控，敢于公开与皇帝对立。

查理五世依然面对两线作战的局面，既要对付新教势力，又要对付教皇及教会内的顽固派。他准备要给新教诸侯一个教训，尤其要粉碎施马尔卡登同盟，于是悄悄地进行着战争准备，而同时他同夙敌法国争夺意大利的战争还在断断续续地进行，而与真正的异教徒土耳其的对抗始终都不能放松。在对付国内的新教问题上，教皇是查理五世天然同盟者，但却不是一个可靠的同盟者。1546年8月，查理五世发动了策划已久的施马尔卡登战争。教皇也出动了自己的军队去德意志帮助皇帝镇压新教诸侯的联盟。

查理五世本打算在这年底前结束这场战争，但是，教皇很快私自撤出了他的军队，亲任统帅的查理五世本人也因痛风症发作而不时卧床。到第二年4月，查理五世率领的西班牙军队终于抵达易北河，并在这里展开了一场决定性战役，彻底击溃了施马尔卡登同盟。同年(1547年)，国际上传来两个给查理五世带来希望的消息，特立独行而且支持新教的英国国王亨利八世，以及查理五世的夙敌法国国王弗朗索瓦一世，两人都去世了。1548年当查理五世再次主持帝国议会的时候，他的那些新教诸侯们又都乖乖地回到了他的跟前，向他俯首称臣。可是，要想让他们回到传统的天主教方面来却是万万不能。

1550年，查理五世的“老家”尼德兰也陷入了新教的“泥泽”。盛怒之下，他祭起了外祖父母“天主教双王”的法宝宗教裁判所，并于当年9月25日颁布了一道以“血腥诏令”闻名的帝国令，敕令对被控异端者一律没收全部财产，男子砍头和施以火刑，女子活埋，帮助异端者与异端者同罪。

查理五世(中间坐者)和他击败的敌人

驻防的西班牙军队在德意志横行

霸道，奸淫掳掠，犯下种种罪行。居民把一切怒火都集中到皇帝身上。诸侯们眼见皇帝权势越来越大，担心迟早危及自己的主权，所以即使是天主教诸侯也对他心怀不满，诸多抵触。新教诸侯则偷偷地与法国的新国王亨利二世勾结，签订了“尚博尔协议”，以洛林、梅斯、康布雷、图尔、凡尔登等地为代价换取法国出钱、出兵，帮助他们“从西班牙人的统治下解救德意志”。

1552年，反对查理五世的战争爆发。法国军队一直推进到莱茵河；新教诸侯纷纷举兵。还有一位曾经帮助查理五世粉碎施马尔卡登同盟的倒戈的选帝侯莫里茨公爵，这一次则在他身边突然造反。查理五世本人差一点被俘，仓皇逃脱，去了意大利。

逃遁之前，查理五世曾经给他弟弟费尔南多写过一封信，其中有一段极其无奈、极其狼狈的话：

> 上帝知道，我年老了还会怎样！在德国再无可以依靠的力量。我的敌人已大权在握，无人出来替我讲话。我现在坐在这里，无权无势，成了孤家寡人。
>
> ——【德】阿·米尔著《德意志皇帝列传》

1555年9月25日，在奥格斯堡再次召开帝国议会，查理五世本人没有出席而是委托了他的弟弟费尔南多替他主持会议。分属两大教派阵营的诸侯们，在双方都做出让步的情况下，终于达成了和解。今后所要遵从的原则依然是“在谁的国，信谁的教”，即各国的宗教信仰由该国国王决定。新教从而获得了合法地位，同时，世俗权力也超越了教会权力。

皇帝累了，他感到身心疲惫，精力日衰。1555年10月25日，查理五世在布鲁塞尔召集群臣，宣布退位。他将领地一分为二：德国、捷克、部分匈牙利，即属于德意志神圣罗马帝国和哈布斯堡固有领地的部分，传给弟弟费尔南多；西班牙、尼德兰及其庞大的海外殖民帝国传给儿子菲利普二世（1556—1598年在位）。

西班牙国王菲利普二世

查理五世在退位的时候总结了自己的君主生涯，尤其是戎马生涯，他曾40次征战（讨伐），其中包括对德国的9次，对意大利的6次和对法国的4次。他把这些说成是旅行。他在地中海航行8次，在大西洋航行3次，“现在要在大西洋上做第4次航行，要乘船返回西班牙”。

查理五世在西班牙卡塞雷斯的尤斯特修道院度过了自己的余生，依然苦于整整折磨了他20年的痛风病。1558年9月21日，他在那里病逝，享年仅仅58岁却左右世界40载。那些岁月中，人们奉他为“战无不胜的”皇帝，而在他徽章、金币和碑文上却写着“最笃信基督教的君主”，那本来是教皇授予查理五世夙敌弗朗索瓦一世的尊号。查理五世葬于西班牙，而非德国或者荷兰、比利时。

查理五世只有一次正式的婚姻。皇后伊莎贝尔·德·葡萄牙（1503—1539年）在1526年与他完婚，并为他生育了3个男孩、2个女孩。长子即他后来的继承人菲利普二世生于1527年；次子胡安在1528年出生当年就去世了；三儿子就是我们已经几次提到的继承了他在中北欧的领地的费尔南多。长女名叫玛丽娅，后来成为费尔南多的儿子和继承人马克西米里安二世（1564—1576年在位）的妻子，为丈夫生育了众多子女；次女胡安娜生于1535年，1552年嫁给葡萄牙王子若昂，为他生育了日后成为葡萄牙国王的塞巴斯蒂安（1554—1578年）。

但是查理五世婚前和成为鳏夫之后各有一个私生子。婚前的是一个女儿，出生于1522年底，是弗兰德斯人，名叫玛格丽特·德·帕尔玛。婚后的是在历史上十分出名的胡安·德·奥地利，他后来成为海军上将，曾经担任帝国军队统帅，并在1571年的勒班陀大海战中击败了土耳其人。

三、尼德兰革命:后院起火

1.菲利普二世、玛丽和亨利八世

菲利普二世,1527年5月21日出生在西班牙的巴利阿多利德。他母亲葡萄牙的伊莎贝尔·德·葡萄牙是葡萄牙国王若昂三世的妹妹，而若昂三世的妻子则是他的姑姑,也就是查理五世的妹妹。菲利普二世从小很受父亲疼爱,但“战无不胜的”查理五世皇帝四处征战,不能时时在他身边,对他的教育就由母亲做主,指定了几位西班牙的高级教士负责。查理五世对此颇为认同，并一再关照要把小太子培养成地地道道的西班牙人。查理五世刚在西班牙登基做国王的时候,曾被指责不是西班牙人、不顾西班牙本土利益,还因而引起了卡斯蒂利亚城市公社起义,但他本人却认同自己是西班牙人,尽管他到老都讲不好西班牙语。大约正是这个缘故,查理五世十分重视将儿子培养成西班牙人。

“我们的儿子是出生在西班牙的,受着西班牙式的教育,他是典型的西班牙人,绝不能是尼德兰或者德国人。”查理五世有时会深情地看着儿子,满意地对妻子说。

日后,菲利普二世在许多方面都与父亲查理五世截然不同,他能讲一口非常地道的西班牙语和拉丁语;他不像父亲那么灵活、那么狡猾,却流于固执;他一生结了4次婚;他从1559年(做国王之后的第三年)起就没再离开过伊比利亚半岛……

菲利普二世13岁(1540年)从父亲手里得到米兰公国;1554年得到那不勒斯、西西里等意大利其他领地;同年,菲利普二世16岁便娶妻生子,但妻子两年后身亡。1554年,菲利普二世又与自己的表姑母、英国女王玛丽一世结了婚。这位玛丽一世正是英国历史上大名鼎鼎的“血腥玛丽”。

玛丽一世是查理五世的表妹,她的母亲是“天主教双王”的三女儿凯瑟琳。凯瑟琳1501年远嫁英国王储亚瑟,但后者转年夭折,二人尚未

英国女王玛丽一世。她曾下令烧死约300名宗教异端人士。此举动为她得来“血腥玛丽”的绰号

真正成婚。由于是政治联姻，凯瑟琳又嫁给了亚瑟的弟弟亨利八世（1491—1547年）这位比自己年轻6岁的“小叔子”。订婚的时候亨利八世年仅12岁，但他成人以后，高大英俊，体壮如牛，精力充沛，开朗好动。他1509年继位为英王。当时一位外国使者曾经说：“他是一位我从未见到过的最漂亮的君主。”

起初两人十分恩爱。亨利八世因倾慕寡嫂端庄秀美，才肯真的娶她为妻。他们生育不少但都没能存活，直至1516年玛丽一世出生。亨利八世当时曾对威尼斯大使说：“王后和我都还年轻，假如这次生的是女儿，上帝保佑，以后会生男孩。”

可惜他们以后再也没有生育。亨利八世盼子心切，加上本比妻子年轻得多，终至移情别恋，又爱上了王后的侍女安娜·波林(1507—1536年)。1527年，亨利八世借口叔嫂婚姻不合规矩，向教皇申请宣布与凯瑟琳的婚姻无效，另娶安娜·波林。他再三努力仍得不到教皇的批准，于是决心与教廷决裂，1529年发起了“国教改革”。1533年他与已经怀有身孕的波林结婚，但生下的还是女孩，即日后英国著名女王伊丽莎白一世。3年后，亨利八世又与简·西摩(1509—1537年)结婚，终于有了一位男性后裔——爱德华六世（1537—1553年）。1547年亨利八世去世，年仅9岁的爱德华六世继承王位，但没几年竟然也去世了，只好由他的姐姐玛丽一世继位（1553年）。

英国国王亨利八世

英国以前并不曾有女王，也许是受到西班牙的影响，男嗣出缺时女性也可以继位为王。于

亨利八世的6位妻子

阿拉贡的凯瑟琳
1509年6月11日—1533年
(取消婚姻)

安娜·波林
1533年1月25日—1536年
5月19日(被处死)

简·西摩
1536年5月20日—1537年
10月25日(病死)

克里维斯的安妮
1540年1月6日—1540年7
月9日(取消婚姻)

凯瑟琳·霍华德
1540年7月28日—1541年
(被处死)

凯瑟琳·帕尔
1543年7月12日—1547年1
月28日(亨利去世)

是,玛丽一世成了英国历史上的第一位合法女王。可是,玛丽一世暗地里一直坚持天主教,她登上王位以后想做的就是要使一切都恢复到过去。她首先废止了爱德华时期的改革,将教会恢复到亨利八世时期的状态,同时将大批改革派、新教徒抓捕下狱。

1554年,玛丽一世撤销了亨利八世的各项改革,并与西班牙王储菲利普二世结婚。克兰麦是宣布亨利八世与凯瑟琳离婚的人,玛丽一世对他自然不会手软,1556年3月21日将他押赴刑场处以火刑。被玛丽一世

托马斯·克兰麦大主教

处以火刑的共约300余人，被关入监狱的不计其数。

菲利普二世的到来遭到绝大多数英国人的反对，使他成为不受欢迎的人。菲利普二世于是没有接受共治国王的王位，待了不久就回西班牙了。菲利普二世想做一个好国王，担心像父亲当年那样被人指责是“外国人，枉顾本国利益”。而且，他最盼望的就是能够成为西班牙国王，他真怕父亲把他安在英国就不再将西班牙王位传给他了。事实上，每当父亲不在国内，西班牙的事务都是由他主持的。不久，父亲退位，菲利普二世如愿以偿地当上了西班牙国王，1556年1月正式登基。

2.海外争霸

1558年，玛丽一世去世。她给所有英格兰人上了印象深刻的一课，被后人斥为“血腥玛丽”。

玛丽一世去世后，英国王位由她同父异母的妹妹、安娜·波林的女儿伊丽莎白一世继承。亨利八世虽然把她列入了王位继承顺序，但教廷、西班牙等国际势力却不承认她的合法性。菲利普二世更对她极其憎恨，利用苏格兰女王玛丽·斯图亚特在英国组织颠覆活动。伊丽莎白一世则把玛丽·斯图亚特囚禁了20年，最终处决。这使菲利普二世更加恼怒，便组织起

1588年8月，西班牙无敌舰队和英国战舰

一支庞大的“无敌舰队”，前往讨伐。不想，舰队却在英吉利海峡被英国人打败，几乎全军覆没。

无敌舰队的覆灭使西班牙不能再像之前那样拥有绝对的制海权，但也并不像人们常说的那样立即使西班牙失去霸权，衰落下去，它依然不可一世。

1557年8月10日，菲利普二世在与法国的一场战役中大获全胜。这是他做国王以后取得的第一次重大军事胜利。那一天在天主教教历上是圣劳伦斯日，菲利普二世于是就决定在马德里郊外西北面的瓜达拉玛山山腰里修建一所圣劳伦斯修道院。这一工程于1563年动工，历时21年，至1584年才告完成，定名“埃尔埃斯科利亚尔的圣劳伦斯修道院”。它集修道院、教堂与王宫为一体，非常壮观，但很呆板。有人形容它是“世界第八大奇迹”，更有人指责它是“单调的石头交响乐”和“建筑艺术的噩梦”。

1561年，菲利普二世定都马德里。在此之前，无论“天主教双王”还是查理五世皇帝，都没有固定的首都，国王在哪儿住的时间长点儿哪儿就可以算是首都；或者说国王基本上是带着宫廷到处走，宫廷在哪儿，哪儿就算首都。所以，托莱多、布尔戈斯、科尔多瓦、巴塞罗那、塞维利亚都可以说做过首都，甚至布鲁塞尔等外国城市也做过首都。菲利普二世

埃尔埃斯科利亚尔的圣劳伦斯修道院

原本应该按照西班牙的古老传统在托莱多建都，但他觉得那里不够大，又没办法拓展，便选择了不远的马德里。

选马德里为首都使当时的朝臣和大贵族们十分不悦，因为那时候马德里只有一座不大的城堡和一些散落的村庄。建都后，他们不得不纷纷来此建造自己的宫邸，但对他们来说那不过是行宫别院而已。菲利普二世本人也并不很喜欢马德里，晚些时候便搬去他新建的埃尔埃斯科利亚尔的圣劳伦斯修道院了。他坐镇这所修道院，“足不出户”地统治自己庞大的帝国，操纵帝国军队将铁蹄踏向四面八方。

1571年，菲利普二世联合威尼斯共和国在地中海与奥斯曼帝国打了一场恶战，挫败了拥有260余艘战舰的土耳其人。这就是著名的勒班陀大海战。伟大作家塞万提斯参加了那场战争。

> ……在这场海战中，塞万提斯发着高烧，状态很差，连长和战友告诉他：你的情况很糟糕，应该好好躺在帆船的房间里。塞万提斯指责道：“你们说什么呢，我没有尽到我应尽的义务，与其当怕死鬼，倒宁愿为了上帝和国王而战死……”他就这样与战友们一起，像连长所命令的那样，在这场战斗中和土耳其人搏斗着。战斗结束后，胡安将军知晓了他在战斗中的英勇表现，给了他额外的四个金

勒班陀海战

币……在这场战役中，他的胸部、手部两处受伤，他的左手从此残废了。

——西班牙关于勒班陀海战的官方报告

塞万提斯的绰号"勒班陀的独手人"就是由此而来。他的左手并没有断掉，而是子弹的碎片切断了手掌的一根神经，使他的手失去了行动能力，所以变得僵化。

同年，菲利普二世的海外帝国进一步扩大到了亚洲的吕宋岛，并以他的名字命名为菲律宾。菲利普二世的国土扩展到了欧、美（南、北）、亚、非各大洲，真的是"日不落"了。菲利普二世踌躇满志。但事实上，他在拓土方面远远比不上他的前辈，无论是"战无不胜的"皇帝查理五世还是帝国的奠基人"天主教双王"，他所做的只是拼尽全力去维持帝国的版图和霸权。

塞万提斯，西班牙小说家，他创作的《堂吉诃德》是世界文学的瑰宝之一

其实，他从父亲手里接过来的是一个财政上几乎破产的尾大不掉的帝国。帝国的各种收入，包括从美洲搜刮来的大量的真金白银，都被消耗在连年不断的战争中了。而在信息和管理方面，查理五世须带领他的顾问们常年奔波于世界各地，还须在轻重缓急中不断权衡，哪儿的问题最大最急，他们就应该出现在哪儿。菲利普二世坐镇首都，但他的庞大帝国并不具备足以遥控各方的高效率的信息系统和管理机构。

最大的烦心事儿出在尼德兰。

3.尼德兰的反抗

尼德兰意为洼地，指今日的荷兰、比利时、卢森堡以及法国一些邻近地区。925年以后，北方地区的宗主权属于德意志神圣罗马帝国，南方则附庸于法国。1441年，勃艮第公爵获得了大半个尼德兰的统治权。

1477年，爵位传给了年轻的玛丽·德·勃良第。不久，她嫁给哈布斯堡的马克西米里安。1482年，玛丽·德·勃良第过世，尼德兰留给了年仅4岁的“美男”菲利普一世。查理五世从父亲手里继承了勃良第公爵爵位，拥有大部分尼德兰的土地。待他登基之后，逐步扩大了领地，尼德兰趋于统一。最后他把尼德兰划分为17个省，北方7省就是日后的荷兰。尼德兰拥有大量的小贵族和自由城市。这些城市虽然规模不大，但数目众多，据说共达300余座。

查理五世对尼德兰来说并不是坏皇帝。他虽然实行集权统治，但给各地保留了相当的特权，让人们有足够的自由。尼德兰经济发展迅速，西班牙从美洲运来的物品大多经过这里同西北欧进行贸易，当然留给宫廷等自用的不算。而且，在西班牙和神圣罗马帝国的保护下，尼德兰的商船队甚至敢于在没有武装的情况下扬帆远航。别忘了，那时候的商船和海盗都难于区分。正是在查理五世的统治下，尼德兰人获得了“海上马车夫”的美誉。

尼德兰地处德国西南，是德意志诸侯国的邻邦。德意志宗教改革很快便波及了尼德兰，尼德兰也出现了宗教分裂。查理五世没能解决宗教分裂问题，他的“血腥诏书”更不能使尼德兰平定，反使越来越多的人转向了新教。问题传给儿子，儿子不如父亲灵活，菲利普二世对新教的镇压政策比父亲有过之而无不及。

菲利普二世任用他同父异母的姐姐玛格丽特·德·帕尔玛为尼德兰总督。而他这位姐姐也像他一样是个非常固执的人，而且办事手法比他更偏激。他们从西班牙引进了残暴的宗教裁判所，毫不含糊地对所谓“异端”施行火刑。当时流传着一句他们父亲令人发指的“名言”：

> 不认罪的处以火刑，认罪的杀头，没有余地。

后来又发现很多人表面是天主教徒，私下里却已改信新教，菲利普二世于是决定重新划分教区，并且必须由他本人亲自审核批准被选任主持教区的神甫。此举令尼德兰人忍无可忍。

1565年底，2000名尼德兰贵族组成“贵族同盟”，抗议少数外国人(西班牙人)的暴行，抗议宗教裁判所和“血腥诏令”。

1566年4月，“贵族同盟”向总督呈递请愿书的时候，站在一旁的西班牙贵族中有人轻蔑地称他们是“乞丐”。尼德兰人民起义(即尼德兰革命)终于像火山一样爆发。起义者骄傲地穿上乞丐装，系上讨饭袋，自称“乞丐”。他们冲进天主教的教堂和修道院，捣毁圣像和奢华的装饰。这就是欧洲历史上著名的“破坏圣像运动”。

尼德兰的骚乱让菲利普二世恼羞成怒，他派来了铁腕人物阿尔瓦公爵(费尔南多·阿尔瓦雷斯·德·托莱多，第三代阿尔瓦公爵)。

阿尔瓦公爵

阿尔瓦公爵率大军一到，立即逮捕并杀害了本已经投降的两位贵族领袖。奥兰治公爵威廉(1533—1584年)拒绝与西班牙人同流合污，辞职回了祖传的日耳曼领地。于是，阿尔瓦公爵抓了他的儿子做人质。威廉在德国发表大量檄文，鼓动尼德兰人民反抗暴政；后来他索性变卖家产组织起两支军队，和弟弟各率一支，杀回尼德兰，占领了沿海的一个小城市里尔。很快，在他手下聚集起了一支人称“海上乞丐”的水军。他们作战英勇，屡建奇功。他们的每一次胜利，哪怕是最小的胜利，都使尼德兰人民备受鼓舞。

1573年，西班牙军队围困莱顿。威廉亲自指挥掘开海堤，水漫城郊。西班牙军队损失惨重，只好撤走。

1579年1月23日，尼德兰北方诸省代表以及弗兰德和布拉邦特的新教城市代表签订盟约，成立了“乌德勒支同盟”，奠定了荷兰联省共和国的基础。

1580年6月，菲利普二世诏令剥夺威廉的公民权，宣布他是“破坏社会和平的主犯”，是“人民的公敌”，巨额悬赏捉拿。

1581年7月26日，来自尼德兰北方7省的代表在海牙召开会议，宣布废黜菲利普二世，正式独立。威廉出任新国家的首任执政。

西班牙国王菲利普三世

西班牙并没有气力与尼德兰人死缠烂打下去，他们付出极大的努力，终于将尼德兰南方的革命镇压了下去。但是他们再也没有气力继续不断地派兵来进攻北方，因为他们的战线实在太长了：远征英国时他们损失了“无敌舰队”，干涉法国胡格诺战争又遭到失败。1598年菲利普二世去世后，他的儿子菲利普三世（1578—1621年）不得不开始与荷兰联省共和国谈判，并于1609年签订“十二年停战和约”，在事实上承认了荷兰的独立。失去荷兰使西班牙蒙受的损失比失去“无敌舰队”要严重得多，因为它失去的不仅是领土，还有经济实力，而且它失去的这部分经济实力还反过来成为攻击自己的力量。

菲利普二世丢了尼德兰，但他为帝国添加了菲律宾和葡萄牙。

菲律宾1521年由麦哲伦等发现，1565—1571年被菲利普二世派兵攻占。而葡萄牙的故事就要从菲利普二世的父亲查理五世的婚姻说起。其实这些事我们前文已经有所交代，但为了讲清葡萄牙的事情我们有必要在此重新提及一下。

查理五世1526年娶葡萄牙的伊莎贝尔·德·葡萄牙为妻，共生育5个孩子，3男2女。

菲利普二世是长子，享年71岁。

玛丽娅，嫁给马克西米里安二世，享年74岁。

菲利普二世的妹妹胡安娜1552年嫁给了葡萄牙王子若昂，为他生育了日后成为葡萄牙国王的塞巴斯蒂安（1554—1578年）。塞巴斯蒂安3岁便做了葡萄牙国王，起初由他的祖母摄政，后来又由他父亲的叔叔摄政，至1568年，他14岁时开始亲政。塞巴斯蒂安年轻气盛，亲率大军远征北非摩洛哥，1574年失败，1578年又卷土重来。远征军人数达到17万，携带了沉重的火炮。8月4日，他与苏丹阿卜杜勒·马利克在马哈赞河附近的阿尔卡萨尔—吉维尔(Alcazar Quivir)展开殊死一战。对方兵力不如葡萄牙军多，但作战勇猛，葡萄牙军队溃败。撤退中，塞巴斯蒂安在渡河时溺水身亡，年仅24岁。不过，苏丹阿卜杜勒·马利克也是带病而战，取胜之后便也随即病逝。葡萄牙著名历史学家J.H.萨拉依瓦在《葡萄牙简史》一书中说：

> 我军损失惨重，一半人丧生，一半人被俘，国王本人也一命呜呼。

葡萄牙王位由塞巴斯蒂安父亲的叔叔、里斯本红衣大主教恩里克(1512—1580年)接掌。恩里克他那时已经66岁，体弱多病，精力不济，而他又没有子嗣，所以他面临的最大问题似乎就是选择继承人。塞巴斯蒂安是恩里克大哥的孙子。他死后，大哥这一支已无后。但是恩里克还有一个哥哥、一个弟弟和一个姐姐，哥哥路易斯有一个私生子，名叫安东尼奥；弟弟杜阿尔特亲王只有一个女儿卡塔琳娜，已经嫁给布拉干萨公爵唐·若昂，唐·若昂公开表示不愿加入对王位的争夺；姐姐就是西班牙国王菲利普二世的母亲。恩里克想把王位让给姐姐的儿子菲利普二世，一些大贵族支持，但很多人反对，尤其是地位较低的贵族和教士们。从人数上算，反对者远远多于支持者。反对的原因主要是怕被西班牙吞并，丧失独立，影响当地利益。安东尼奥拼凑起一支军队，向首都靠近。

1580年1月，恩里克国王驾崩，安东尼奥宣布继位。6月底，菲利普二世派阿尔瓦公爵率军进入葡萄牙，沿特茹河迅速挺进。不久，阿尔瓦公爵在阿尔坎塔拉与安东尼奥的军队遭遇，轻而易举地将他击败，并立即进入首都里斯本。12月初，菲利普二世来到里斯本。1581年4月，在托马尔召开议会，菲利普二世被拥戴为葡萄牙国王，称菲利普一世，签署了"二十五条协议"，为葡萄牙保留足够的自治权。这样，菲利普二世便将原来的竞争对手葡萄牙纳入了他的帝国版图。

菲利普二世一生结了4次婚，晚年仍是鳏夫。

“血腥玛丽”死后，他于1559年娶了年仅15岁的法国公主伊莎贝拉·尤金妮娜·米凯拉，1568年她又猝死宫中。同年早些时候，菲利普二世第一任妻子留下的儿子卡洛斯也去世了，据说伊莎贝拉·尤金妮娜·米凯拉本来是该嫁给他的。为王位继承起见，菲利普二世又结了第四次婚，这一次娶的是他表弟、神圣罗马帝国皇帝马克西米里安二世的女儿安娜。这次婚姻也仅存续8年，安娜亦溘然长逝，但终于给菲利普二世留下一位男性继承人——菲利普三世。哈布斯堡王朝从此不断在奥地利和西班牙两脉之间通婚，以保持紧密联系，防止继承权旁落其他王室。

菲利普二世统治西班牙42年。

他丢了尼德兰，但为帝国添加了菲律宾和葡萄牙。

他在地中海打赢了勒班陀大海战，却在大西洋丧失了“无敌舰队”。

很多人视“无敌舰队”的覆灭为西班牙衰落的标志，但事实上直到他去世的时候他的帝国都还处于鼎盛。

菲利普二世晚年十分忧郁，不苟言笑。

1598年6月30日，菲利普二世在他的埃尔埃斯科利亚尔的圣劳伦斯修道院病倒，感觉到自己末日已近。三个月之后的9月13日，他传唤托莱多大主教前来为他做临终祷告，他就在这喃喃地祷告声中忧郁而终，享年71岁。

四、“三十年战争”：霸权旁落

1.菲利普三世不是一个好国王

菲利普二世苦撑数十载总算守住了祖业，没有令西班牙哈布斯堡王朝衰败，但经过多次婚姻才获得了继承人——菲利普三世(1578—1621年)。可是，小王子非常贪玩儿，厌倦读书，稍长便显出贪图享乐、不事政务的性格倾向，令其父王十分失望。菲利普二世曾叹息道：

上帝给了我那么多王国，却不肯给我一个有能力治理这些王国的儿子。

菲利普三世是他父王最后一个妻子在马德里所生。1578年随着他的出生还传来了葡萄牙的塞巴斯蒂安在北非阵亡的消息。这消息对他父王菲利普二世来说是个好消息，这意味着伊比利亚半岛很可能会在菲利普二世的手中联合起来，实现真正的领土统一。可以想象，菲利普二世抱着儿子高兴地说："宝贝，你真是个大福星。你一来，你那位好斗的表兄就把葡萄牙送到咱们手里来了。他本应以传宗接代为先的，却傻乎乎地跑去打仗，不知道打仗会死人的吗？你等着，爸爸会把葡萄牙王位也传给你！"

20年后，当菲利普二世撒手人寰的时候，他已经知道儿子不会是个好国王，但已经没有办法，一切都得听凭上帝的安排，上帝偏偏不安排他有一个能够把祖业发扬光大的儿子。

菲利普三世在勤政方面比菲利普二世差得太远。他不是不知道自己的责任，但他是个好逸恶劳的人。面对太多的领土、战争和政务，他完全无所适从。最简单的办法就是找个人帮忙处理大大小小的事情，最好是代为处理所有的事情，包括决策决断。他于是找了莱尔马公爵戈麦斯·德·桑多瓦尔（1553—1625年）父子等一干宠臣，任由他们处置国内外的大小事情。莱尔马公爵等人借机大牟私利。

在宠臣的怂恿下，菲利普三世将自己的宫廷搬去了巴利阿多利德。他真的很怕见到父王办公的桌子，直到1606年，菲利普三世才在各方的压力下回到首都马德里。

1609年，莱尔马公爵提出要与荷兰议和，顺带地也同英国、法国谈判，签订一个和约，一揽子解决那些没完没了、极端棘手的国际问题，让大家享受一段时间的和平。这当然很合菲利普三世的心意，结果就有了上文谈到的"十二年停战和约"。

没想到停战合约招来不少非议，而且让菲利普三世的宫廷很丢面子。为了转移视线，莱尔马公爵又想到另一个长期棘手的问题。这是一

个国内问题，即皈依了天主教的摩尔人问题。“天主教双王”曾对他们有承诺，保证他们可以受到公平对待，可以过上安定的生活。但是到了1525年前后，摩尔人在北方就难以生活了，便纷纷迁往南方，逐渐聚集到格拉纳达等地。可是，格拉纳达地区对摩尔人的保护也仅以1566年为限，在那以后也开始对摩尔人诸多歧视，甚至大肆迫害，结果引起南方摩尔人在1568年的暴动。暴动很快被镇压，但摩尔人从此成为一个不安定因素。宫廷没有考虑出台一些政策来改善摩尔人的处境，进而消除这一不安定因素，反而一味采用高压手段，使得摩尔人的问题越来越严重。

1609年（签订国际停战合约的同一年），莱尔马公爵倒行逆施地使出了撒手锏，宣布彻底驱除摩尔人。他的党羽以及各地各级官府、官员均可从中捞取好处。以率先执行政策的巴伦西亚为例，规定摩尔人必须在3天内到达指定港口离境，否则人身和财产都得不到保护。可怜的摩尔人一下子就成了抢劫、虐待，甚至虐杀的目标。那时的摩尔人在体貌特征、穿着打扮和口音上本已和周围的普通基督徒没有明显区别，可以想见被诬陷蒙冤的人也不在少数。从这一年起5年间，共有30余万摩尔人被驱逐出境，致使西班牙的经济和社会都蒙受了难以估量的严重损失。

很多西班牙历史研究者说，菲利普三世统治时期只有两件事可提，就是以上谈到的1609年所发生的这两件事情。可是，事实上不止于此。菲利普三世在葡萄牙称菲利普二世国王，他的失误使得葡萄牙怨声载道。“菲利普三世颁布了一系列极端不得人心和违犯1581年‘二十五条协议’的措施。从1611年起，以强制‘借款’的形式增加了赋税。”（A.H.德·奥拉维拉·马尔格斯著《葡萄牙历史》）从此，葡萄牙开始传言塞巴斯蒂安国王没有死，还将回来拯救他的国家。社会各阶层之中都出现了“塞巴斯蒂安派”（或被翻译成“盼望塞巴斯蒂安回归派”），不断有人以塞巴斯蒂安的名义做一些事，不论是简单的煽动闹事还是直截了当的冒名顶替。这些都为之后葡萄牙在1640年的起义和独立筑牢了基础。

2.帝国的崩塌

人们常常指责西班牙王公贵族生活糜烂，从美洲获得的大量金银没有被用于发展国民经济，都被他们购买香料、奢侈品等消费光了。这种指责用在菲利普三世时期是有道理的。菲利普三世及其宠臣终日饮宴，靡费巨大，对日益严重的国内经济问题不加理睬。西班牙帝国这棵大树便从心里越来越深地腐烂了。

菲利普三世1599年4月与奥地利的玛格丽特（1584—1611年）结婚，当时她才13岁。玛格丽特为菲利普三世生养了8个子女，4男4女。其中仅第二个女儿命短，出生两个月便夭折，其他都存活了下来。长女安娜14岁嫁给法国国王路易十三，是路易十四的母亲；长子菲利普（1605—1665年）成为王储，父亲去世后成为西班牙国王菲利普四世和葡萄牙国王菲利普三世；三女儿玛丽娅1631年嫁给德意志神圣罗马帝国皇帝费尔南多三世，他们的女儿日后又成了菲利普四世的妻子。再有值得一提的是幼子阿方索，他绰号“金贵”，因为他的出生日（1611年10月23日）便是母亲玛格丽特王后的忌辰。她享年不满27岁。

在王后的干预下，菲利普三世才摆脱并惩治了佞臣，而且也打算要做个好一点的国王。为了安抚葡萄牙民心，菲利普三世1619年访问了当地，并在那里小住了几个月。但是回国后不久，他便开始生病，两年后匆匆离世。

1621年3月31日，16岁的菲利普四世继位。他在玩物丧志和糜烂生活方面不亚于他的父亲。不过，他似乎比父亲更有聪明才智，只是常常优柔寡断。他统治西班牙长达44年（1621—1665年）。可怜西班牙在这么重要的近半个世纪中遇到他这样一位不争气的国王。这半个世纪，西班牙风雨飘摇，内忧外患，遭遇了“三十年战争”（1618—1648）、葡萄牙起义、加泰罗尼亚起义等不少大事。西班牙帝国在欧洲、在世界不可一世的强大霸权正是在他的统治时期崩塌了。

菲利普四世的44年统治可以分为前后两个阶段，各22年。他也像菲利普三世一样十分依赖宠臣。前22年，他依赖奥利瓦雷斯“伯爵—公爵”

(1587—1645年)。此人实名加斯帕尔·古斯曼，历史上以奥利瓦雷斯或“伯爵—公爵”闻名。他出生在罗马,1601—1604年在西班牙的萨拉曼卡读书,攻读神学、文学和法律,之后跟随他的父亲进入菲利普三世当时设在巴利阿多利德的宫廷,并常常陪伴在菲利普四世的身边,尤其是在1607年他继承了父亲的爵位以后。菲利普四世登基时，奥利瓦雷斯34岁,可谓正当年,便顺顺利利地坐上了首相的宝座。新国王从小受惯他的照料(或许他也是菲利普四世的老师),自己年龄又小,诸事多听他摆布也很自然。菲利普四世可不像他曾祖父查理五世那样有主见。查理五世没几年就摆脱了老师们的掌控，菲利普四世对奥利瓦雷斯的依赖却一直延续了22年。幸好奥利瓦雷斯是一个非常勤奋而且很有才干的人。1643年,奥利瓦雷斯被他的外甥路易斯·梅嫩德斯·德·阿罗(1598—1661年)推翻并取代,遭到流放。阿罗的才能远不及奥利瓦雷斯,而且为人比较阴险。菲利普四世对他的依赖并不及奥利瓦雷斯,有时也去听听修女阿格雷达(1602—1665年)的意见。而这位修女常劝他赶走阿罗,振作起来,亲自处理诸般事物。待阿罗去世以后,他就更加依赖、听信阿格雷达修女了。

菲利普三世统治末期,欧洲爆发了“三十年战争”。由荷兰人出钱,英国、法国、北欧诸国,还有一些东欧国家,全欧洲都卷进来,与德意志新教诸侯一起反对神圣罗马帝国皇帝和天主教诸侯，以及他们的大后台西班牙和教皇。这场战争是由波希米亚新教民众和新教贵族势力反对极端的天主教徒费尔南多二世(1578—1637年)为国王并疯狂迫害新教徒而引发的。

战争可分为4个阶段：

1618—1624年,史称“波希米亚-普法尔茨阶段”;

1625—1629年,“丹麦战争阶段”;

1630—1634年,“瑞典入侵阶段”;

1635—1648年,“法国参战阶段”。

前3个阶段帝国皇帝均告胜利,但最终还是失败了。除第一阶段外,总是皇帝的军队处于下风,但努力坚持,待西班牙援军赶来,力挽狂澜,皇帝转败为胜。到最后,法国终于出手了。他们由老谋深算的首相黎塞留(1585—1642年)担任统帅,用了调虎离山、避其锋芒、固守不出、声东击西、分而治之等一系列复杂战略,终于挫败了西班牙大军。西班牙在海上被法国、荷兰先后击败,在陆上被法国、瑞典连连取胜。葡萄牙也趁乱起义,宣告独立。

法国首相黎塞留

"三十年战争"中西班牙国王和德皇都有几番更迭。开始的时候,西班牙还是菲利普三世做国王,许多事还是莱尔马公爵替他处理。战争的第一个阶段还没有结束老国王就过世了,换上了年仅16岁的菲利普四世,替他拿主意的也换成了奥利瓦雷斯。德皇换得更多,开始时是马蒂亚斯(1612—1619年在位),波希米亚起义就是因他任命费尔南多二世为国王,并与他一起不顾前任德皇、他的哥哥鲁道夫二世1609年颁布的"庄严敕令"疯狂迫害新教徒而引发的。接替马蒂亚斯坐上皇帝宝座的恰恰是费尔南多二世。1637年当战争形势还很不错的时候,费尔南多二世去世,接替他的是他的儿子费尔南多三世(1608—1657年)。

也许正是由于战争形势很好,加上费尔南多三世的人缘也很好,选帝侯们才又选了老皇帝的儿子。可是,之前德皇和西班牙的军队还对法国两面夹击,甚至已兵临巴黎城下,偏偏就在1637年法军从意大利北部发威,切断了意大利到西班牙的"瓦尔泰利纳通道"。西班牙连忙撤出主力,回救意大利。法军顺势大举反攻,四处取胜。

1639年战争蔓延到加泰罗尼亚边境,萨尔塞斯城堡被法军占领,后又被西班牙军夺回。西班牙军队急需补给,加泰罗尼亚不予支持。奥利瓦雷斯试图压服加泰罗尼亚,却引起了1640年7月7日的巴塞罗那起义,参加起义的不仅有当地民众还包括不少贵族甚至大贵族,因而声势浩大，连西班牙派驻加泰罗尼亚的总督也被杀死。这场起义一直延续到1659年才最后平息。就在起义发生后不久，1640年12月1日，葡萄牙也举行了起义，拥戴布拉干萨的若昂四世(1604—1656年)为国王，同时宣布独立。西班牙也曾派兵前去镇压，但最终还是以失败告终。在那以后，西班牙南方以及那不勒斯和西西里等地，也都不断发生起义、暴动和反叛等事件。西班牙实在已经应接不暇了。

在欧洲战场，西班牙连连失利，损失惨重，最后不得不退出战争。剩下皇帝费尔南多三世自己怎么支撑呢？他的军队被法国和瑞典打得七零八落。于是，在1648年10月签订了《威斯特伐利亚和约》，“三十年战争”终以德皇和西班牙等国的失败而宣告结束。费尔南多三世实在是被西班牙害惨了。《威斯特伐利亚和约》确立了许多近代以来的国际行为准则，从此不能随意实行武力征服，那样得来的土地不再被承认。

“三十年战争”确定了德国的长期分裂，诸侯完全独立，皇帝名存实亡。从此，在德意志领土上存在着300多个大小不等的独立邦国和1000多个骑士领地，使德国建立统一的民族国家的时间推迟了200多年。荷兰和瑞士确保了独立，瑞士还割占了不少帝国土地。法国则获得了阿尔萨斯和洛林。拖至1806年，存在了840多年的德意志民族神圣罗马帝国，终于在拿破仑的铁蹄下寿终正寝。

西班牙的国际霸权至此结束了。潮起潮落200年，西班牙的衰落不为别的，就是它定错了位、站错了队，从新时代的领跑者转变为了旧时代的卫道士。

西班牙在国际事务中失去了话语权，它以后要做的是看紧自家的“园子”和“口袋”。西班牙在亚非拉美还有不少产业，那些后起的强权，谁不想到它身上捞些油水？

1615年10月18日，年仅10岁的菲利普四世，由父王安排与已故法国国王亨利四世的女儿、法国长公主伊莎贝尔·德·波旁结婚。但他们正式成为夫妻是在1619年4月22日。此后24年中，他们共生育6个女儿和1个儿子。第一个孩子出生在1621年8月，存活不超过29小时。随后伊莎贝尔·

德·波旁不断小产,6个女儿只存活下来1位，即后来嫁给了法国路易十四国王的玛丽娅·特蕾莎(1638—1683年)。正是她的一点血脉使得她的孙子菲利普五世有权力继承西班牙王位。他们唯一的儿子是巴尔塔萨·卡洛斯(1629—1646年),他留下来的只有美术大师贝拉斯克兹(旧译“委拉贵支”,1599—1660年)为他画的肖像,成为世界美术史上的不朽名作。

妻子去世3年、儿子去世2年之后菲利普四世与他的表妹、哈布斯堡的玛丽娅娜(1634—1696年)女大公订婚,1649年举行了盛大婚礼。这一次婚姻终于为他带来了王储卡洛斯二世（1661—1700年)。卡洛斯二世1665年继承大统,1700年驾崩,成为西班牙哈布斯堡王朝的最后一位国王。菲利普四世的这次婚姻还留下一位公主——玛尔嘉丽塔·玛丽娅(1651—1673年),1666年嫁给德皇利奥波德一世(1640—1705年),使他更有理由为其子查理六世(1685—1740年)要求西班牙王位继承权,也使得他们的外孙巴伐利亚的何塞·费尔南多(1692—1699年)有资格成为西班牙王位继承人的候选者。

1665年9月17日，菲利普四世在马德里病逝。继承王位的卡洛斯二世年仅4岁,只好由他的母后玛丽娅娜摄政。

第四章
改朝换代

一、最后岁月

二、王位继承战争

三、波旁王朝

一、最后岁月

卡洛斯二世登基后的前10年由母亲摄政，对外与法国争夺对低地国家的统治权，对内需应付几起宫廷内部的篡位阴谋。卡洛斯二世亲政后主要是抵抗法王路易十四的霸权。而到他执政晚期，便陷入了围绕王位继承人的纷争之中，而且主动权似乎都握在外国列强之手。不要说与一个世纪之前相比，即使与“三十年战争”刚结束的时候相比，西班牙也已经衰落得不可同日而语。结束“三十年战争”的《威斯特伐利亚和约》给许多国家带来了和平，但西班牙例外，它同外国的战争，大大小小、断断续续，一直都没有停止。

卡洛斯二世，绰号“中魔者”。哈布斯堡王朝的最后一位西班牙国王

学者指出，从1620年到《雷根斯堡和约》(1684年)签订的65年间，西班牙不是和一个国家就是和几个国家开战，打了58年之久。随后就是1688—1697年的“九年战争”，历史上也称之为“奥格斯堡(反法)联盟战争”，有些像“三十年战争”，法、英、奥、西、荷等很多欧洲国家都卷入其中，而西班牙早于所有参战国便开始与法国交战，最后又晚于所有国家与法国签订和约。

> 15年前，人们在政府中还可以看到有声望的部长；国王的财政以及他的子民的商务贸易还有充足的银币，使人感到……(西)印度群岛给他们的富裕。但此时(1671—1673年间)……我在这里无论在公和私方面都看不出往昔西班牙的形影了。
>
> ——一位驻马德里的外国大使的记录。
>
> 转引自【英】布朗伯利编著《新编剑桥世界近代史》(第六卷)

卡洛斯二世的母亲是他父亲的外甥女，所以，事实上卡洛斯二世乃自己表姐所生！这使得卡洛斯二世从小体弱多病，发育不良，低智无能。卡洛斯二世虽两次婚姻仍没有生育，绝嗣已经是明摆的事实。西班牙王位继承问题很快引起了欧洲各国的关注。

奥地利的哈布斯堡王室应当是“正宗”，利奥波德一世主张由他儿子查理六世大公继承西班牙王位，指出查理六世拥有这个王位第二继承序列的正选继承权。

英法等国说，这可不行，这样一来查理六世就像查理五世一样很快就会把西班牙和奥地利的哈布斯堡王朝连在一起了。事实是，查理六世此时还只是一位大公，但不久后，1711年他就真的成了神圣罗马帝国的皇帝。

法国国王路易十四

路易十四于是也推出了自己的人选，就是他的孙子安茹公爵菲利普五世(1683—1746年)。上文提到他的祖母是菲利普四世的女儿玛丽娅·特蕾莎，但事实上特蕾莎嫁给路易十四时就自动放弃了对西班牙王位的继承权。可是路易十四说，她的儿子路易并没有放弃西班牙王位继承权，所以孙子菲利普五世有权继承西班牙王位。然而，假如菲利普五世继承了西班牙王位，之后再继承他爷爷的法国，那么西法联合就会是一个比西奥联合更加强大更加可怕的大帝国，其他欧洲列强是绝对不能接受的。所以，路易十四又提出，可以由有关各方包括英国一起对西班牙进行分割。

对此，哈布斯堡坚决反对，他们无论如何都不容忍使祖先的产业四分五裂。

1689年2月12日，王后玛丽娅·路易丝(1662—1689年)去世。她是路易十四的侄女，据传她曾说过这样的话：我虽然无后，但国王还年轻，可以再娶一位新王后，她如果能生出个孩子，王位继承人仍是有着落的。王后去世仅仅一个月，卡洛斯二世就与玛丽娅·安娜·纽堡（又名玛丽娅娜·德·纽堡，1667—1740年）订婚，1690年5月在巴利阿多利德完婚。玛丽娅·安娜是巴伐利亚-纽堡公爵的女儿。选择她做国王的第二任妻子，是因为她的家族以多子女闻名。这次婚姻很合王太后和德皇利奥波德的意，人们认为这其实是他们刻意安排的一次政治联姻。因为利奥波德一世与西班牙的玛尔嘉丽塔·玛丽娅（西班牙国王菲利普四世的女儿）有一个女儿（玛丽娅·安东尼娅，1669—1692年）嫁给了巴伐利亚选帝侯马克西米里安·马努埃尔（1662—1726年），二人不久便生下了一个儿子——巴伐利亚的何塞·费尔南多（1692—1699年）。巴伐利亚和哈布斯堡共同指出，这个孩子拥有西班牙王位继承权，是王位继承人最合适的人选。

新王后在马德里宫廷很快就成了亲奥地利派的领袖。对此路易十四十分不满，于卡洛斯二世第二次婚姻的当年便举兵入侵加泰罗尼亚，这引起了当地的暴动和反抗。

1698年10月11日，列强签订《海牙协议》，同意6岁的何塞·费尔南多为西班牙王位继承人。卡洛斯二世于是封何塞·费尔南多为阿斯图里亚斯亲王，即西班牙王储。可是，没想到何塞·费尔南多第二年2月就夭折了。

西班牙国王菲利普五世

法、英、奥、荷再次签订瓜分条约，承认奥地利的卡洛斯六世大公为西班牙王位继承人，但要求将西属意大利交给法国。奥地利坚决反对，要求卡洛斯六世继承西班牙全部领地。

西班牙宫廷内部也出现了亲法或亲奥的派别分野，亲法派占优势，他们主张由安茹公爵菲利普五世继承西班牙王位，理由是法国的实力远远超过奥地利更能够保证帝国的安全与完整。亲奥派于是提出，如果安茹公爵菲利普五世继承西班牙王位，他至少要先放弃法国王位继承权。这一点，所有列强也都支持。

1700年10月2日，卡洛斯二世在病榻上立了遗嘱，由安茹公爵菲利普五世继承王位。一个月之后的11月1日，年仅38岁的卡洛斯二世病逝。12日，路易十四宣布菲利普五世接受西班牙哈布斯堡王室的条件，继承西班牙王位。24日，举行盛大仪式，宣告菲利普五世为西班牙国王。

西班牙哈布斯堡王朝从卡洛斯一世(查理五世)到卡洛斯二世，共维持184年统治，历五代国王，有人形容说：

卡洛斯一世“激情”；

菲利普二世“尊严”；

菲利普三世“平庸”；

菲利普四世令人“同情”；

卡洛斯二世令人“遗憾”。

二、王位继承战争

1701年4月，16岁的菲利普五世来到马德里正式登基为西班牙国王，开启了西班牙的波旁王朝。这个王朝一直延续至今，尽管其间有过一些断续，而它遇到的第一件事就是战争，而且是关乎它能否建立、能否存在的战争，史称“西班牙王位继承战争”。

登上西班牙王位后的最初十余年菲利普五世都只是法国的傀儡。路易十四在1701—1715年间给菲利普五世写过400余封亲笔信，他的大使在马德里宫廷的国务会议中也占有一席之地，而且作为钦差大臣他的意见举足轻重。

菲利普五世登基之初只有奥地利哈布斯堡王朝坚决反对，他们声称奥地利大公卡洛斯六世才是西班牙王位的唯一合法继承人。其他各国对菲利普五世继承王位并无异议。然而，路易十四让菲利普五世做了西班牙国王以后，却不肯取消他的法国王位继承权，这引起了列强们的强烈不满。路易十四一边在外交上与列强周旋，一边加紧扩军备战，并很快向尼德兰派出重兵，把守各个要塞，这样做等于向英国、荷兰等国公然挑衅。

1701年9月，奥地利、英国、荷兰、丹麦签订《海牙条约》，成立反法大同盟，不久向法国和西班牙宣战。之后，葡萄牙、勃兰登堡和其他一些德意志邦国，还有意大利的萨沃伊等一些小国也加入了他们的阵营。而在另一方，除了法国和西班牙之外，还有巴伐利亚和另外一些德意志诸侯的邦国。

战火从法国与反法同盟各国边境及意大利一些地区燃起，不久蔓延到西班牙境内。

1702年9月，法国和巴伐利亚联军渡过莱茵河，突破同盟国军队的防线，逼近奥地利。但西班牙海军被英国与荷兰的联合舰队击败；意大利的战局也相当不利。

1702年9月12日，卡洛斯大公(后来的神圣罗马帝国皇帝查理六世)在维也纳宣布即位为西班牙国王卡洛斯三世(自称，并未被承认)。于是，西班牙同时出现两位对立的国王。西班牙国内也跟着产生了分裂。

1704年，稳住了维也纳防线后，卡洛斯大公于5月6日来到伊比利亚半岛的里斯本，当地举行了盛大的欢迎仪式。8月，法国和巴伐利亚联军被英国、荷兰、奥地利的军队击退，巴伐利亚退出战争。而在南方，英军突袭并占领了直布罗陀。

战争使菲利普五世不得不增加税收，进行财税改革。这又进一步引起一些地方当局的不满，国内形势越发紧张。路易十四也加紧对西班牙的控制，不少法国人进入西班牙政府，不容易摆布的西班牙贵族被清除出宫廷。大量法国军官加入菲利普五世的帝国军队，担任起各级指挥官。

1705年，同盟军侵入加泰罗尼亚，10月9日占领巴塞罗那。加泰罗尼亚承认卡洛斯大公为国王。12月15日，同盟军进入巴伦西亚，巴伦西亚随即倒向卡洛斯大公。西班牙出现了马德里和加泰罗尼亚两个宫廷。

1706年5月23日，同盟军在西属尼德兰取得了一场重大胜利，击溃了法国在那里的一支6万人的大军。不久，比利时北部各省宣布卡洛斯大公是他们的国王。而在西班牙,同盟军兵分三路挺进马德里。英国和葡萄牙的军队迅速攻占萨拉曼卡。马德里周边的很多城市,不是被占领,就是主动投靠卡洛斯大公。菲利普五世被迫逃离首都。6月27日,马德里沦陷。此后,菲利普五世亲率大军与同盟军周旋,表现出不错的军事才能和极高的战斗勇气。至8月,同盟国军队撤往巴伦西亚,菲利普五世收复了马德里。

1707年4月,从巴伦西亚向卡斯蒂利亚进攻的同盟国军在阿尔曼萨城外与法国和西班牙的联军遭遇,同盟国军惨败。这是他们开战以来遭受的最大失败。但是此后法国和西班牙在战争中依然步履维艰,尤其财政方面捉襟见肘。在法国和意大利战场上,法军连连败北。

1709年1月,教皇克莱门特十一世也在奥地利和英国的压力下承认了卡洛斯大公为“天主教国王”。路易十四对无休止的战争开始厌倦,派出特使去海牙与同盟国谈判,同时提出了瓜分西班牙的建议。同盟国于1709年5月向法国方面提交了《初步条款》,路易十四几乎接受了所有条件,只是其中要求两个月内交出整个西班牙这一条他无法答允。他可以从西班牙撤军,但同盟国的要求已无异于全面的无条件投降,这是他不能接受的。不过,路易十四也的确在考虑要放弃西班牙了,他已打算让菲利普五世回法国。

然而此时,菲利普五世在西班牙的地位却已非比从前。

在大多数民众眼中,菲利普五世已经是带领大家抵抗外来侵略的国王,而不是在法国强权保护下觊觎王位的外国王子。也就是说,他已不再是路易十四强加给西班牙的一个王位继承人,而是西班牙各王国的国王。1709年,在西班牙,继续拥戴卡洛斯大公的只有加泰罗尼亚。一般来讲,同盟国已经打赢了这场战争,但仅就西班牙而言却还不好断言,因为同盟国也已筋疲力尽,让他们强行征服西班牙谈何容易?

路易十四没有接受海牙《初步条款》,反而向全民发出强有力的呼吁,动员全国重新投入战争。战争的目的已经不同,不再是野心勃勃地扩张领土、争霸欧洲,而是保卫自己的领土和尊严。英国与荷兰开战以来一直封锁法国,加重了法国遭逢的大饥馑,这时反而给饥民提供了一个机会，让他们可以大批投入军队。法军在北部构筑了一条非常坚固的新防线，阻止同盟国军队从里尔向巴黎进攻。同盟国不得不改从海上迂回包抄。9月11日在马尔普莱奎特展开一场血战，同盟国好不容易取得了胜利，但荷兰步兵的精锐部队丧失殆尽。1709年，除了这次胜利外，同盟国在其他各条战线上无不失利。

1710年初，法国从西班牙撤军，不久就只剩下纳瓦拉还有法军驻守。而同盟国方面却有加强，尤其是卡洛斯大公的加泰罗尼亚军队，他获得了从奥地利调来的一支新的部队。他们再次挥师南下，重新打开了通往马德里的道路。7月在阿尔梅纳拉，8月在萨拉戈萨，连续击败菲利普五世的军队。9月21日，同盟国再次占领马德里。卡洛斯大公终于进入了他心目中的西班牙的真正首都，而菲利普五世则第二次逃离首都，前往巴利阿多利德。他在这里得到了一批法国援军，但更多的是卡斯蒂利亚军队。他亲自率军作战，同盟国的攻势被顶住。12月10日，菲利普五世率军在比利亚西奥萨与同盟国展开一场决战，使敌人损失惨重：俘虏1.2万人，缴获各种旗帜、火炮、弹药、武器无数。从此，战局不再对卡洛斯大公有利。

1711年初，菲利普五世收复了萨拉戈萨，并把王宫和宫廷也暂设于此，直至1711年底。

神圣罗马帝国皇帝查理六世

1711年9月27日，精疲力竭的卡洛斯大公离开巴塞罗那，回国做了神圣罗马帝国皇帝查理六世。

1712年，同盟国坐到了谈判桌前，谈判在乌特勒支举行。作为停战的前提，英国要求菲利普五世放弃法国王位继承权。7月8日，法国接受了这一前提条件。8月各主要参战国之间终于实现停火。

1713年4月11日，法国、西班牙同英国、荷兰、普鲁士、葡萄牙、萨沃伊签订了《乌特勒支条约》。此外，法国、西班牙分别与英国签订停战协议；法国与荷兰、勃兰登堡、葡萄牙、萨沃伊分别签订停战协议；西班牙与奥地利、荷兰、葡萄牙、萨沃伊分别签订停战协议。

条约签字国均承认菲利普五世为西班牙国王；菲利普五世放弃法国王位继承权；奥地利从加泰罗尼亚撤军。

西班牙与各国的谈判都还顺利，唯有奥地利的查理六世提出了一些令菲利普五世难以接受的条件，包括将西属尼德兰以及在意大利和法国边境地区的领地全部交给奥地利，让加泰罗尼亚独立等。

《乌特勒支条约》使英国从西班牙获得了梅诺卡(后来归还)和直布罗陀，加上准许染指美洲奴隶贸易和每年一艘500吨级的商船贸易。关于贸易的这些条款为英国后来在美洲大肆从事走私提供了机会和借口。萨沃伊获得了西西里，并保留了一旦西班牙波旁王朝无嗣王位归萨沃伊王室的权力。奥地利则通过同法国签订的合约夺得了那不勒斯、米兰等西班牙哈布斯堡王朝在意大利的领地以及西属尼德兰。对此，菲利普五世及其西班牙宫廷十分不满，他们始终不放弃对意大利领地的权力主张。1734年西班牙军队收复了那不勒斯和西西里。

《乌特勒支条约》签订之后，战争的遗留问题就只剩下了加泰罗尼亚。他们的利益被完全忽视。查理六世离开时留下了他的妻子，坚持住在巴塞罗那。

1713年7月，当查理六世不得不放弃关于加泰罗尼亚的要求的时候，他的妻子也离开了那里。但与此同时，加泰罗尼亚人向西班牙波旁王朝宣战。当地贵族和教士分成了两派，而普通市民阶层则全力投入反对波旁王朝的斗争。英国撤离了它的舰队，法国则与西班牙联手共同镇压加泰罗尼亚的起义。他们首先对巴塞罗那进行海上封锁，断绝其军需供给。

1714年夏季，法国和西班牙联军对巴塞罗那进行了两个月的围困。9月11日，开始攻城，15日城破。虽然没有屠城，但市民却被百般侮辱，加泰罗尼亚失去了王国地位，许多传统特权被取缔，不过倒是勉强保留了一些自治权和民族语言。

三、波旁王朝

1.菲利普五世的家庭

菲利普五世1701年与萨瓦的玛丽娅·路易莎·加布列拉(1688—1714年)结婚,生育3个孩子。长子路易斯生于1707年,2岁被定为王位继承人,封阿斯图里亚斯亲王。1724年1月15日,菲利普五世曾将王位让给路易斯,但当年8月31日路易斯就病逝了。他是西班牙国王中唯一叫路易斯的,所以可以称之为路易斯一世也可以直呼其名讳而省去“一世”二字。在他去世之后,菲利普五世又重新登上了王位。

西班牙国王费尔南多六世

菲利普五世和玛丽娅·路易莎生的次子仅存活数小时便夭折了,而第三个儿子生于1713年,33岁继位为费尔南多六世国王(1746—1759年在位)。

费尔南多六世在位期间曾进行多方面改革,希望富国强兵并推动西班牙社会发展。1752年,费尔南多六世创办费尔南多学院,发展美术,并建立植物园、观象台等。

葡萄牙公主巴尔巴拉·布拉干萨

1729年,费尔南多六世与葡萄牙公主巴尔巴拉·布拉干萨结婚,其人丑陋且性格怪僻。他们婚后一直没有子嗣,这令费尔南多六世十分不悦。直至1758年,巴尔巴拉故去,费尔南多六世依然无嗣。他日益抑郁,终至精神失常,殴打侍从,怀疑、猜忌周遭所有的人,并且试图自杀。1759年8月10日费尔南多六世病逝。

卡洛斯三世西班牙国王

菲利普五世在妻子玛丽娅·路易莎1714年病逝后，于当年9月16日与帕尔玛公主伊莎贝尔·法尔内西奥(1692—1766年)结婚。这位公主虽然年轻，却是一个野心勃勃的人，很快就将国王身边的法国人排挤掉，包括路易十四安插在他身边像保姆或监护人一样的乌尔希诺的安娜·玛丽娅·德特雷莫烈，这个女人一直在弄权，人们说她是法国密探。

菲利普五世与伊莎贝尔·法尔内西奥结婚，预示着他的宫廷开始摆脱法国的控制，走向独立，尽管代替法国人的大多是意大利人。新王后为国王生下了日后成为波旁王朝前几代国王中最能干、最有作为但也最多是非的卡洛斯三世(1716—1788年)，他在其异母兄弟费尔南多六世之后成为西班牙国王(1759—1788年)，此前在1734年西班牙收复那不勒斯和西西里之后曾被封为这两个王国的国王，号称卡洛斯七世。他成为西班牙国王之后便将原先的王位传给了他的第三个儿子，因为按照之前的一项协定，这两个王国的王位不能与西班牙王位合并。传给第三子是因为，他的长子无能，次子须继承西班牙王位。除了卡洛斯三世之外，菲利普五世与他的第二任妻子还有2个儿子和4个女儿。

马德里的徽章。根据传说，马德里名字的由来是“乌尔萨利亚”(Ursaria，在拉丁文里是“熊群之地”的意思)，因为在邻近的森林里发现了大量的熊与草莓树

2.马德里的好市长

卡洛斯三世，1716年1月20日出生在马德里，4岁时他就亲自动笔给爸爸妈妈写了第一封信，母亲说：“最让我高兴的是看到信是孩子自己写的，而不是由他们的老师代劳。希望以后都能这样写给我，我会非

常之高兴。”

卡洛斯三世18岁成为那不勒斯国王，亲自主政，成绩斐然，15年间使那不勒斯欣欣向荣，各方面都取得不小的发展和进步。

1759年秋，一支庞大的舰队从那不勒斯送卡洛斯三世回到西班牙。10月17日，卡洛斯三世在巴塞罗那登陆，首先安抚加泰罗尼亚，恢复了他们的一些传统特权；顺路又访问了被先王菲利普五世废去了王国地位的阿拉贡的首都萨拉戈萨；12月9日，卡洛斯三世抵达马德里。马德里社会治安混乱，市政建设落后而凌乱，肮脏的街道两旁充斥着成群的乞丐，不少建筑群之间的联络线形同荒野，尤其到了夜晚，极少路灯，全市一片黑暗，盗匪横行。首都的这种状况令卡洛斯三世十分不满。首都尚且如此，全国可想而知。卡洛斯三世于是对前朝留下的老臣心存芥蒂，起用一些主张改革的新人来做自己的辅臣。历史学家们对他的辅臣给予很高评价，这些人包括阿兰达伯爵、佛罗里达布兰卡伯爵、坎波马内斯伯爵等。

卡洛斯三世有一个绰号叫作“马德里的好市长”，可见他对首都的改造和建设卓有成效。他修桥筑路，清理和拓宽了马德里的街道，盖了不少地标性建筑，创建了这座城市的公共照明和卫生系统。

埃斯吉拉切侯爵莱奥波尔多·格雷戈里奥（？—1785年）是卡洛斯三世从意大利带回西班牙的一位大臣，一度成为他实施改革的得力助手，在军队改革、创办炮校、兴办慈善事业、收容流浪者等方面都帮过卡洛斯三世不少忙。但在1766年，埃斯吉拉切侯爵却给卡洛斯三世带来了很大的麻烦。当时，他曾建议卡洛斯三世要将保障公民安全作为政府的一项重要职责，卡洛斯三世非常赞同。然而，埃斯吉拉切侯爵为此实施的一项具体措施却惹恼了马德里市民，引起骚乱，史称“埃斯吉拉切暴乱”。

原来，马德里的男人本来习惯穿长斗篷、戴大檐帽，可是一些不法分子就借用这身行头，趁着月黑风高的时候出没街巷，打劫行窃。埃斯吉拉切侯爵为了整顿社会秩序，于当年3月10日发布法令，禁止私人携带枪支，禁止市民穿长斗篷和戴大檐帽。因为长斗篷便于掩盖武器，大檐帽容易掩盖面容。强迫改装引起了生活拮据市民的不满。3月23日，大批市民聚集在街上高呼“反对埃斯吉拉切”“着装自由”“降低物价”等口号。同时，他们也高呼“国王万岁”“西班牙万岁”。很多人涌向埃斯吉拉切侯爵府，捣毁他的住宅。更多人涌向王宫，要求国王接见，倾听他们的声音。事态越来越严重，秩序越来越糟，整个马德里陷入混乱，市民与国王卫队发生冲突，多人受伤。卡洛斯三世没有像大多数人主张的那样采取镇压手段，而是尽量安抚民众，25日便发布敕令，宣布取消不准穿长斗篷、戴大檐帽的规定，而且将埃斯吉拉切侯爵送回了意大利。

然而，国王的怀柔政策并没能阻止事态的扩大发展。马德里依旧不太平，但也没有太大问题。其他城市却学着首都的样儿发生了大规模的动乱，先是萨拉戈萨、吉普斯夸和穆尔西亚，接着是帕伦西亚、昆卡、塞维利亚、萨拉曼卡、巴塞罗那、瓜达拉哈拉等城市，都有群众上街游行、示威、闹事，提出的也无非降低物价，减免税收，赶走在军、政部门任职的外国人等，也一样是“只反贪官、不反皇帝”。整个国家似乎都动荡起来。4月8日，卡洛斯三世起用阿兰达伯爵主持卡斯蒂利亚事务，首肯他在必要的时候采取强硬镇压手段。阿兰达伯爵审判了一批暴乱人员，流放了一些支持暴乱的贵族，派出卫队日夜巡逻，并将流浪者、卖淫女、外乡教士等影响市容或形迹可疑的人统统驱赶出了首都马德里，进一步加强市政和治安管理。12月1日，一度外出避乱的国王也回到了首都。全国范围内都加强了市政管理，局势趋于平稳。

卡洛斯三世的妻子萨克森的玛丽娅·阿马莉亚

局势平稳后，卡洛斯三世下令对事件进行调查。明察暗访的结果说明鼓动暴乱者多数是耶稣会的会士。卡洛斯三世一向对耶稣会有看法，他们忠诚自己的教会，而对世俗政权和专制国王不啻异己；他们足迹遍布全世界，无处不在；他们组织严密，形成了十分有效的内部通信体系，且讳莫如深，要是用现在的话说就有些形同“盖世太保”或者“黑手党”；他们生财有道，富可敌国。在不少专制国王眼中，他们总有些居心叵测、形迹可疑。葡萄牙和法国都已经将耶稣会驱除出境。人们对卡洛斯三世说，他们在事件中至少没起好作用，而且他们还造谣污蔑国王本人和他的母后，包括说他不是菲利普五世的儿子，又说他与阿兰达伯爵的妻子有染等。卡洛斯三世大为光火，于1767年4月2日下令全境驱逐耶稣会，没收其财产。据说，从西班牙被驱逐和迫害的耶稣会士，仅避难到教皇国的就有5000多人。

3.卡洛斯三世的得与失

卡洛斯三世认为自己有重振西班牙的使命，所以励精图治，勤于国政，而且自奉甚俭，无论是外国使节或是普通人都对他深表敬佩。同时他信仰虔诚、严于律己的个人生活作风，他对自己与萨克森的玛丽娅·阿马莉亚(1724—1760年)婚姻始终不渝的忠诚，都在当时留下了极好的口碑。

卡洛斯三世的国内政策颇见成效。

1765年起，卡洛斯三世着手改革商业，开辟商道、商港，促进国内外贸易以及与殖民地的贸易。卡洛斯三世调整行政区划，采用法国的总督制度，各地总督有行政、司法和军事的全权。他强调君权高于教权，主教要由国王任命，教会教士必须服从世俗政权。他削弱宗教法庭，并且改变了由教会垄断慈善和教育事业的状况。

1787年，卡洛斯三世设立王政会议，进一步加强中央集权，改进政府工作效率，使其能够更有效地贯彻国王意志。

卡洛斯三世的改革使西班牙经济有所发展，税收和王室财政增加，综合国力有所恢复。他对马德里及其他城镇市政建设和管理的努力，使西班牙城镇有了较明显的改观。综合来讲，卡洛斯三世推动整个西班牙社会向前进步了不少。

然而他在国际方面却败笔连连。

1756—1763年欧洲爆发英法争霸的“七年战争”，多数大国都被牵涉其中。战场不限欧洲，美洲等地也战火连天。西班牙在战争前期一直保持中立，但到1760年阿马莉亚王后去世以后，卡洛斯三世终于按捺不住，与法国签订“波旁家族协定”，向英国宣战。这场战争，英国、普鲁士、汉诺威为一方，法国、俄国、奥地利、瑞典、西班牙和萨克森组成敌对阵营。恢复西班牙在欧洲的强国地位，收回失去的领地，一直是卡洛斯三世的梦想。战争打到1760年，俄、法、奥的联军对普鲁士作战取得不少进展，但是英国人却在北美占领了魁北克和蒙特利尔。西班牙站到法国一方参加了与英国、奥地利的一系列战争。但是最后法国战败，1763年，西班牙被迫将美洲的佛罗里达(1783年收复，1819年卖给美国)和密西西比河以东的土地割让给了英国。西班牙后世学者大都指出：卡洛斯三世冒失地将西班牙的命运与法国拴在一起，法国战败失去优势，西班牙也跟着付出了沉重代价。

之后，西班牙在马尔维纳斯群岛的主权问题上与法国、英国发生了争执。

1770年，西班牙根据《乌得勒支条约》开始管辖该地，并一度控制全岛，但不久被迫将埃格蒙特港归还给英国。1820年，从西班牙殖民统治下获得了独立的阿根廷宣布马尔维纳斯群岛是其领土不可分割的组成部分。可是，英国以最早发现为由要求拥有马尔维纳斯群岛主权，并于1833年1月武装占领。此后两国一直对马尔维纳斯群岛主权存有争议，1982年还发生了震惊世界的“马岛战争”。

西班牙著名画家戈雅

1774年，卡洛斯三世为了维持西班牙在北非的权益，向试图收复国土的摩洛哥宣战，并取得了胜利。至今，西班牙在北非仍然保有休达和梅利利亚两个飞地，以及摩洛哥沿海的不少岛屿。

1775年6月，西班牙又远征阿尔及尔，但是伤亡惨重，铩羽而归。

1781年，西班牙收回了梅诺卡，而卡洛斯三世收复直布罗陀的希望却落空了。

1775年4月19日，英军在北美殖民地的莱克星顿和康科德遭到当地居民武装抵抗而败退，这“声闻全世界的枪声”掀开了美国独立战争的序幕。这让卡洛斯三世十分兴奋，他希望英国在美洲陷入困境，以报他一箭之仇并可坐收渔人之利，便从1776年起就支持美国革命。但是，美国革命之火愈燃愈烈，卡洛斯三世真怕它星火燎原，连累自己在美洲的利益，于是在1779年他又出面调停。但英国拒绝了他提出的条件，卡洛斯三世于是再次与法国结盟，间接地加入了美法同盟，在海上对英开战。

西班牙著名画家戈雅为卡洛斯三世留下了一幅流传甚广的肖像，长长的脸颊，长长的鼻子，聪明的眼睛，微翘的嘴角，一身猎装，一柄短剑，右手持手套，左手扶着一杆长长的猎枪，脚下还蜷伏着一条猎犬。

> 他那鼻子的尺寸让人第一眼看上去真是好丑，但是忽略这一点，同一张面孔却又令人感觉到一种慈爱、一种活力、一种令人爱戴和信赖的魅力。
>
> ——卡洛斯三世传记作者费尔南·努涅斯

卡洛斯三世最大的嗜好就是打猎，几乎每天出猎，所以总喜欢穿猎装。

卡洛斯三世和阿马莉亚王后生养颇多，共达13个孩子，但幼年夭折或英年早逝的居多。女孩的名字均以玛丽娅起首，如玛丽娅·伊莎贝尔、玛丽娅·特蕾莎等，共7位，绝大多数未活过6岁，仅玛丽娅·路易莎（1745—1792年）一人存活，后来做了奥地利皇后。男孩6人，未满20岁的只有两人；做国王的也有两人：继承西班牙王位的卡洛斯四世（1748—1819年）和那不勒斯国王费尔南多四世（1751—1825年）。事实上，卡洛斯四世是他们的第7个孩子。

第五章
民族独立

一、父与子
二、独立战争
三、复辟与革命

一、父与子

1.首相的更迭

西班牙国王卡洛斯四世。由于他的一系列错误决策,西班牙遭遇巨大危机

卡洛斯四世,1748年11月11日出生在那不勒斯;1765年受封为阿斯图里亚斯亲王,并与自己的堂妹玛丽娅·路易莎(1751—1819年)结婚。

1788年12月14日,卡洛斯四世的父王去世,他顺利继承大统。然而,有传记作家描述说:

> 卡洛斯三世去世的第二天,新国王的妻子玛丽娅·路易莎召见群臣。很明显,将是由她而不是由卡洛斯四世来统领新政府。

帕尔玛公国郡主玛丽娅·路易莎

原来,卡洛斯四世生性怯懦,优柔寡断,耽于享乐,沉迷马匹、赌博和做木工。他也像父亲一样迷恋狩猎,却无论如何不能如父亲那样勤政。相反,他的妻子却是一个权欲极重的野心家,擅要手段,工于心计。她一心想控制丈夫,一心要把持朝政。

卡洛斯四世确如王后所愿,游手好闲,不问政事,国家权力任由她摆布。可是,先王卡洛斯三世临终之前曾经留下遗训,要求儿子留用弗洛里达布兰卡伯爵等几位贤臣辅政。卡洛斯四世登基后,继续任用弗洛里达布兰卡伯爵为首相,朝中大小事务由他做主。玛丽娅·路易莎也只好与他搞好关系,诸事都要倚重于他。而他也反过来用心伺候，一切听令于王后。

1789年，在整个世界历史上都是一个熠熠生辉的里程碑式的年份，以巴黎为中心爆发了震惊世界的法国大革命。7月14日，巴黎市民攻占

1789年7月，拆卸中的巴士底狱

巴士底狱；8月26日，制宪会议颁布《人权宣言》。革命者提出“主权属于民族”，即属于全体公民，君主须受宪法约束。

同一年，西班牙的巴塞罗那也发生了骚乱，并蔓延到邻近地区。在阿斯图里亚斯和加利西亚都有类似事件，一些放高利贷者和横行乡里的恶霸被杀。群众的不满，社会的动荡，法国革命的消息，资产阶级先进思想和理念的传播，让西班牙王室和宫廷十分不安。弗洛里达布兰卡伯爵下令严禁非官方出版物发行，严禁传播法国大革命的消息和思想，严密监控在西班牙的外国人，关停取缔所有与法国相关的民间组织和团体，譬如法国社会之家、法国文学研究会等。1791年，他又向西法边境增兵，关闭边界，禁止双方人员往来；下令驱逐了所有住在马德里的法国人。

弗洛里达布兰卡伯爵的高压政策引起各阶层民众的强烈不满。玛丽娅·路易莎趁机使出撒手锏来摆脱他。1792年2月28日，玛丽娅·路易莎宣布免去弗洛里达布兰卡伯爵的首相职务，由阿兰达伯爵接替。年迈的阿兰达伯爵已经不能像当年那样果断，他对王后更是战战兢兢，对法国的态度举棋不定。挨到当年11月15日，阿兰达伯爵的首相职务就被解

除，接替他的竟然是王后的年轻情夫阿尔库迪亚公爵戈多伊（1767—1851年）。

阿尔库迪亚公爵戈多伊

戈多伊在西班牙历史上臭名昭著，是典型的佞臣奸相。1767年，戈多伊出生在靠近葡萄牙的巴达霍斯城一个地方绅士家庭；1784年，他投靠哥哥路易斯，加入国王卫队。兄弟俩都长得身材魁伟，面容俊朗，是当时有名的美男子。见过他们的人都描述说，戈多伊兄弟的容貌中有一种令女人无法抗拒的魅力。当年的玛丽娅·路易莎也是真正的美女，看上去特别年轻，她虽然已经身为阿斯图里亚斯亲王妃，而且比戈多伊兄弟年长十几岁，却很快不顾一切地陷入了爱河，与路易斯疯狂相爱。国王发现后，下令将路易斯逐出卫队，不准他再踏进王宫。戈多伊便充当了这两位情人间的信使。不想，日久之后，他竟然代替他的哥哥成了玛丽娅·路易莎的情人。他们之间的艳情已经不是姐弟恋那么简单，差不多该称为母子恋了——玛丽娅·路易莎生于1751年，而戈多伊生于1767年，他们相差足有十五六岁之多。他们间的关系要比之前玛丽娅·路易莎与他哥哥的关系隐秘得多，而且又有哥哥做掩护，日益老迈的卡洛斯三世被蒙在鼓里了。老国王去世，玛丽娅·路易莎做了王后，戈多伊便扶摇直上，在1788年至1792年短短的4年时间里，他从一个士官生平步青云地一路飙升：副官、侍卫队长、陆军少将、中将、廷侍大臣、邮政与公路大臣、国务大臣等，直至阿尔库迪亚公爵。尽管已经有那么高的地位，但由他取代阿兰达公爵出任首相还是令朝野震惊。人们纷纷议论，在这么严峻的时刻任人唯亲，而且是王后的情夫，国家和人民恐怕在劫难逃。也许只有卡洛斯四世一人还浑然不觉。

2.拿破仑与《枫丹白露条约》

法国国王路易十六

戈多伊做上首相才一个月，1792年12月中旬，传来消息：法国国民公会开始审判国王路易十六。再过一个月，1793年1月16日，国民公会就路易十六的生死问题进行表决，721名代表中有387人投票赞成死刑，但其中有26人主张缓期执行。他们以极其微弱的多数判决了国王路易十六的死刑，并立即执行。1月21日，39岁的路易十六在巴黎协和广场(当时称“革命广场”)被送上了断头台。广场上响彻了“共和国万岁”“革命万岁”“杀死国王”的口号声，象征革命的小红帽被高高地抛向空中。

玛丽·安托瓦奈特。法国国王路易十六的皇后

1793年10月16日，路易十六的妻子安托瓦内特被控犯有叛国罪，被交付给革命法庭审判，判处死刑，魂断断头台，享年38岁。

这个令欧洲君主们瞠目结舌的消息不胫而走，它告诉人们：革命时代开始了，“革命不是请客吃饭”，战争是绝对不可避免的。

欧洲的君主们迅速组成反法同盟，在仅仅一两个月的时间内，英国、奥地利、荷兰、西班牙、葡萄牙、那不勒斯、德意志诸侯国全都进入了对法国的战争状态。这是法国大革命时期国际上结成的第一次反法同盟。这种同盟前后共达7次之多，它们首尾相连，直到1815年拿破仑最终退位，方告终结。

卡洛斯四世听到法国人要处决路易十六的消息非常震惊，尤其他们又同为波旁王室，本是亲戚。恼怒之下，他甚至联络其他君主，企图派兵营救路易十六。戈多伊再愚蠢也知道此时并无其他选择，便果断加入了英国、奥地利等国组成的反法同盟，兵分三路准备进攻法国。主张在军事上保持中立的阿兰达伯爵被流放。法国国民公会的外交特使被驱逐。西班牙海军与英国海军组成联合舰队，巡航到土伦一带。

1793年3月7日，国民公会向西班牙宣战。

战争初期，西班牙军队在加泰罗尼亚一线取得了一些胜利，尤其在特鲁伊利亚斯战役中歼灭法军6000余人。1794年春战争形势开始逆转，西班牙连连败北。1975年7月22日，双方达成《巴塞尔和约》，法军退出了他们占领的西班牙北部地区。法国因面对太严峻的国际形势而没有坚持苛刻条件，使得西班牙的损失并不算很大。戈多伊还因这次“外交胜利”而获得了“和平王子”的称号。

拿破仑在杜伊勒里宫书房

卡洛斯四世不敢再对法国用强，他所支持的路易十七也死在了巴黎的监狱之中（1795年6月8日）。到了1797年，随着法国与奥地利签订和约，第一次反法同盟正式瓦解。同时，拿破仑·波拿巴（1769—1821年）在法国迅速崛起，戈多伊则逐步成了拿破仑“输出革命”的一个工具。

1798年，当英国在国际上寻求缔结第二次反法同盟的时候，西班牙却与法国签约结盟，并向英国开战。

1799年11月，拿破仑通过“雾月政变”登上了法国权力的顶峰。此后15年，他在法国先是“最高执政”（1799—1804年）后是帝国皇帝（1804—1814年），不啻专制君主；而对外，他的“革命战争”也曾神话一般所向披靡、无往不胜。戈多伊深感这个人得罪不起，绝对不敢抗拒。卡洛斯四世于是也成了拿破仑的傀儡。

拿破仑对葡萄牙参加第二次反法同盟十分恼火，派特使与戈多伊接洽，要他说服卡洛斯四世立即发动对葡萄牙的战争。卡洛斯四世不太赞同，但也不敢违抗。

王座上的拿破仑一世

1801年2月27日，西班牙向葡萄牙宣战。拖到5月份，西班牙7万人与法国1.7万人组成联军，向葡萄牙发动进攻。一个月后，葡萄牙提出议和，签订了《巴达霍斯条约》(6月6日)，葡萄牙退出反法同盟，向英国封锁港口，割让奥利文萨给西班牙，向西班牙赔款。葡萄牙被迫站到了法国一方，西班牙也捞到了一些便宜，戈多伊更加卖力地为拿破仑办事。但是，拿破仑却对他很反感，觉得他卑鄙而狡猾，对这次战争的结果也不够满意。

1802年3月27日，英法签订《亚眠和约》，第二次反法同盟结束。但之后两国均不履行和约条款，导致1803年5月战火重启。西班牙试图中立。拿破仑逼迫戈多伊为此签订一个《补偿条约》。西班牙须每月缴纳600万雷亚尔，作为不参战的补偿。可是英国

拿破仑替跪下的妻子约瑟芬加冕为皇后

并不买账，依然将西班牙视为拿破仑的盟国，它毕竟每月向法国提供经济援助。

1804年12月2日，在巴黎圣母院，拿破仑背对教皇，昂首挺立，双手高高举起皇冠，庄严郑重地戴到自己头上，随后转过身来，又亲手为夫人约瑟芬戴上了皇冠。这就是拿破仑称帝的加冕仪式。他没有恭恭敬敬地跪在教皇脚下，接受教皇的加冕，而是自己为自己戴上了皇冠。

拿破仑说：

“要是我自称是上帝之子，连卖鱼的都会当面嘲笑我。”

10天后，戈多伊顺从地向英国正式宣战。

拿破仑计划利用海军攻打英国本土，为此组成了一支强大的法国和西班牙的联合舰队，西班牙的多数军舰都被调用。

特拉法加战役

1805年10月21日，法西联合舰队33艘战舰在特拉法加与英国海军27艘战舰遭遇。经过激烈战斗，法西联合舰队死亡4395人(法国3373人，西班牙1022人)，受伤2538人(法国1155人，西班牙1383人)，被俘约7000余人，战舰被俘15艘、损毁8艘。

英国的民族英雄海军上将霍雷肖·纳尔逊

法国史家称，拿破仑的海军似乎全军覆没。西班牙海军逃回的只有5艘军舰，总体上损失了大约2/3的海军。英军伤亡不足1700人，但其主帅纳尔逊海军上将(1758—1805年)阵亡。特拉法加大海战是帆船时代规模最大的海战之一,英军取得全胜,从此成为世界海洋霸主。纳尔逊勋爵成了英国的民族英雄,英军的骄傲,他的塑像被永久竖立在首都伦敦的特拉法加广场。

1806年,拿破仑发布"大陆封锁令",封杀英国,但葡萄牙与英国同盟,拒绝执行。拿破仑派出密使向西班牙说明,皇帝无论如何都不能容忍葡萄牙置身"大陆封锁令"之外。戈多伊积极配合,也派了代表去巴黎。1807年10月27日,两国秘密签署瓜分葡萄牙的《枫丹白露条约》。拿破仑允诺战后封戈多伊为阿尔加维亲王,葡萄牙南方将是他的领地。

依照《枫丹白露条约》,法军可以取道西班牙去攻占葡萄牙,这为拿破仑派军进入西班牙提供了极其方便的机会和借口。

1807年11月30日,西法联军未遇抵抗占领里斯本。葡萄牙王室逃往巴西。但随后,拿破仑欲侵占西班牙的野心便日益清晰地表露了出来。卡洛斯四世和戈多伊都胆战心惊,惶惶不可终日。拿破仑的密使开始联络西班牙太子党。太子与戈多伊的矛盾逐渐公开化,廷贵分野,太子党似有密谋。玛丽娅·路易莎王后下令把太子关起来。太子在监禁中给他母后写信,表示悔改。王后念及血脉,予以谅解,将其释放。马德里居民的街谈巷议诡秘万分,首都充满风雨欲来的气氛。卡洛斯四世移驾去了城南50余千米的阿兰胡埃斯。那里有一座菲利普二世的行宫,波旁王朝的国王们把它当作是西班牙的凡尔赛。

西班牙国王费尔南多七世

企图谋反的太子名叫费尔南多,1784年10月14日出生在马德里郊外的埃尔埃斯科利亚尔皇家修道院,1789年9月23日被封为阿斯图里亚斯亲王。到了1808年前后,费尔南多已经二十几岁,眼看他母后和戈多伊专权,并且二人暧昧不堪,心中怒火自是难以按捺。更有甚者,他发现戈多伊巴结拿破仑,背后大有篡位之嫌。于是,费尔南多把戈多伊看作是自己继位的障碍,因之也与王后玛丽娅·路易莎形同仇敌。结果,王后说服卡洛斯四世写下遗嘱,称太子要等30岁才算成年。费尔南多得知后,决心借拿破仑的力量来达到自己的目的。他向拿破仑表示愿意与波拿巴王室联姻。事情败露,卡洛斯四世父子及整个王室的威信都大大受损。

1808年2月20日,拿破仑命其妹夫华金·缪拉率兵进入西班牙。因为之前戈多伊在《枫丹白露条约》中答允过法军可以通过西班牙攻打葡萄牙,法军大摇大摆未遇任何麻烦。没想到,法军很快占领了潘普洛纳和巴塞罗那。卡洛斯四世还在3月16日发布通谕,称希望与法国和平相处。可是法军一路南下,直逼马德里。

卡洛斯四世一看大势不妙,就想逃往南方,戈多伊更进言不如学葡萄牙王室逃往南美洲。消息走漏,引起群众极大义愤,街头巷尾聚满愤怒的人群。3月17日,人们包围了阿兰胡埃斯王宫。接连两天,阿兰胡埃斯的骚乱有增无减。戈多伊的官邸被烧毁。3月18日,卡洛斯四世宣布撤销戈多伊的一切职务。19日,卡洛斯四世宣布退位,并将王位让给费尔南多,作为国王他将号称费尔南多七世。

二、独立战争

1.法国的入侵与萨拉戈萨的反抗

1808年3月20日,法军进入马德里。第二天,卡洛斯四世宣称他的退位是迫于形势的无奈之举,因之无效。24日,费尔南多七世以君主身份进入马德里,受到广大市民的热烈欢迎。但法军首领缪拉并不以对待君主应有的礼仪对待费尔南多七世。此时,拿破仑已经盘算好要将西班牙王位从波旁王室手里夺过来。缪拉代表拿破仑邀请卡洛斯四世和费尔南多七世,以及西班

拿破仑的哥哥约瑟夫·波拿巴

牙王室其他成员一起去法国的巴荣纳城，面见拿破仑，解决他们父子的王位之争以及其他问题。

4月底父子俩各带亲眷，还有戈多伊，分别抵达巴荣纳。拿破仑逼迫费尔南多七世将王位归还给他的父亲卡洛斯四世，随后又逼卡洛斯四世再次退位，并将王位让给拿破仑的兄长约瑟夫·波拿巴(1768—1844年)。

戈雅的《1808年5月2日》，他完成这幅画的两个月后完成了《1808年5月3日》

《1808年5月3日》

5月2日，在马德里，当王室其他成员要被接去法国的时候，大批市民聚集到王宫前试图阻止。他们已经听说，拿破仑正利用戈多伊在巴荣纳进行不利王室的阴谋活动，篡位野心昭然若揭。缪拉已经是马德里的主宰，他命令一些大臣上街劝阻，但街上的人却越来越多，事态越来越严重。缪拉于是下令镇压，法军骑着高头大马冲到街上，从驱赶到屠杀。马德里群众英勇反抗，大街小巷充满血腥与恐怖。入夜，枪声、口号声仍不停地回荡在城市的各个角落。伟大画家戈雅悲愤地创作了名画《1808年5月2日》，纪念这一悲壮事件，纪念流血牺牲的爱国烈士们。

“马德里的五月二日”像在干柴堆上放起了一把火，立即引起熊熊烈焰。西班牙各地群众纷纷拿起武器,抵抗法国侵略者。在一个月左右的时间内,大部分地区,尤其是重要城镇,都组建了当地抵抗运动的领导机构洪达。领导抵抗运动的不再是原君主国或王朝的各地各级政府,而是群众自发性的、带有民主色彩的地方组织。这些组织不仅领导了抵抗法国侵略的军事斗争,还承担起地方自治政府的角色,可以说是某种新型的地方政权。资产阶级在其中起到重要作用,成为各地洪达的领导骨干。当然除他们之外,更多的是由军队将领、大小贵族、教士等充任各地洪达的领导人。

约瑟夫·波拿巴是拿破仑的哥哥,是一位律师、外交官和军人。1796年,他随拿破仑参加过意大利战役;1797年,督政府任命他为驻罗马大使;后来成为国会议员,并且是国务会议和立法团成员。1806年,约瑟夫前往那不勒斯,取代波旁王朝,成为国王。

约瑟夫·波拿巴在那不勒斯努力改革司法、财政、教育制度,清除封建残余,政绩不错。但拿破仑仍然对他不满,觉得他魄力不够,太多妇人之仁。

1808年5月10日,拿破仑写了一封亲笔信给约瑟夫,说要通过卡斯蒂利亚国会给西班牙推举一位国王,让他前去承担这一使命。6月,拿破仑召开了一次议会,为西班牙制定了一部宪法,宣布约瑟夫为西班牙国王,称约瑟夫一世。这是拿破仑强加给西班牙人民的宪法,史称《巴荣纳宪法》,这部宪法没有得到西班牙人民的承认,也没能真正实行。待约瑟夫一世来到西班牙已经是7月,各地的反抗怒火比高原烈日还要猛烈。20日,约瑟夫一世进入马德里,紧接着就传来了法国杜邦将军的部队在拜伦向西班牙军队投降的消息,不久他便离开了马德里。

拜伦战役发生在约瑟夫一世进入马德里的前一天,即1808年7月19日,杜邦将军的部队约有3万余人,与他对阵的西班牙军队人数略少一些,但有不计其数的民兵参加战斗。法军阵亡2000余人,被俘约2万人。22日,杜邦将军签署了停战协议,令手下8000余人投降。这次胜利,再加上葡萄牙人民携手英国军队所取得的胜利,使得整个儿伊比利亚半岛的抗法斗争形势大好。8月30日,英军在科英布拉和里斯本击败法国军队，法军被迫撤离葡萄牙。

法国军队攻击萨拉戈萨

在西班牙，分散的抵抗运动开始寻求联合和统一。9月25日成立了“中央洪达”，由各省洪达推举2名代表组成，马德里和托莱多虽然还没有洪达也各派2名代表参加。因为不是所有的省都建立了洪达，也不是所有洪达都被联络上或都同意参加，所以真正参加中央洪达的并不是西班牙的每一个省。西班牙有50个省，而中央洪达只有35位委员。弗洛里达布兰卡伯爵被推选为中央洪达主席。

1808年11月8日，拿破仑亲率25万大军挺进西班牙。近一个月后直抵马德里，在郊外的查马丁驻扎。他下令取缔宗教裁判所，废除旧时法令，取消关税，没收大量修道院财产，并命令约瑟夫一世返回首都马德里。约瑟夫一世已表示不想继续做西班牙国王，但拗不过拿破仑，只好于1809年1月22日重返马德里。

可是，也正是这年1月，英国、奥地利、普鲁士等组成第五次反法同盟，向法国发动大举进攻，迫使拿破仑不得不匆匆离开西班牙。

这期间，西班牙各地一直没有放弃抵抗斗争。大小战役不断展开，最悲壮的战斗发生在北方。在靠近法国的赫罗纳，法军反复攻打这座古老的城市。城内守军的数量远远少于法军，但却坚守了足足半年的时间，直到弹尽粮绝。在萨拉戈萨，城内军民的顽强抵抗使得法军伤亡惨重，不得不对这座城市实行长时间的围困。1808年12月21日，法军3万余人，携带160门大炮，开始围困和攻打萨拉戈萨，直到城内弹药、给养消耗殆尽，爆发瘟疫。守军试图突围，但法军不断增强，突围没有成功。守军派出代表同法军谈判，法军没有接受他们的条件。一些城区陷入敌

《战争的灾难》82幅作品之三

《战争的灾难》82幅作品之七

《战争的灾难》82幅作品之十五

手，萨拉戈萨军民与法军展开激烈巷战。一直坚守到1809年2月20日，萨拉戈萨洪达才决定投降，条件是要保持军人的尊严。第二天，守军放下武器离开城市，法军最终完成了对这座英雄城市的占领。这已经是他们第二次围困这座城市，第一次发生在1808年8月前后，历时60天；而这第二次历时62天。

萨拉戈萨虽然最终被法国侵略军占领，但它的英雄事迹却传遍了西班牙，传遍了欧洲，鼓舞各地人民英勇抵抗侵略者。其中，奥古斯蒂娜·德·阿拉贡(1786—1857年)的英雄事迹更被许多文艺作品所传颂，英国诗人拜伦称她为“萨拉戈萨的少女”。画家戈雅1808—1820年创作了一套版画《战争的灾难》，共有82幅之多，揭露侵略者的凶残，歌颂反抗斗争中的英雄人物。在第七幅版画中，他描绘了一位站在大炮旁，踏着战友的尸体，独自点燃引火线的纤美少女。她在全体炮手都倒了下去的时候一个人继续战斗。戈雅名之曰“多么勇敢！”她正是奥古斯蒂娜·德·阿拉贡。她后来成了一名出色的宣传员，走遍各地，动员民众拿起武器，抗击法国侵略者。

1809年底，战争形势日益严峻，西班牙军队在奥卡尼亚战役中失利，死伤2万余人。法军渐渐占领了西班牙大部分地区和城市。中央洪达一再南迁，最终撤退到最南端的港城加的斯。南方沿海群众也组织起无数的小股游击队，甚至连原先一直被缉拿的海盗和走私船都投入了抗法战争。

2.第一部现代宪法的诞生

中央洪达主席弗洛里达布兰卡死在了南撤途中，随后中央洪达组建了一个由5名成员组成的摄政团。他们向全国发出通知，准备召集议会，请各省选举议员。1810年9月，议员们开始聚集到加的斯城，确定本届议会的主要任务是制定一部西班牙宪法。本届议会共有议员296名，包括90名教士、56名律师、49名原政府官员，30名军官，其他的是商人和自由职业者，贵族仅14人。但在战争环境下，议员们赶来出席大会十分困难，所以很多人都迟迟不能到会。24日，尽管议员还没有到齐，议会如期开幕，举行了第一次全会。会上围绕国体、政体及战争等许多问题进行了激烈争论。到会议员大体分为自由派和保皇派（保守派）。自由派占据优势。美洲代表虽然人少，但也参加了会议，他们大多站到自由派一方。

1810年12月，组成了一个以自由派教士穆尼奥斯·托雷罗（1761—1829年）为首、由14人（原定15人，但有1人不愿参加，拒绝签名）组成的宪法起草委员会，包括7名保皇派、6名自由派和1名所谓"独立议员"。

1811年8月18日，全会开始谈论宪法草案，基本上是两章两章地进行。

1812年3月8日，决定结束辩论，准备表决、印刷等事宜。3月18日，议员们在表决之后开始在两份手写本的宪法全稿上签名。签署了这部宪法的议员共有184人。3月19日，在会议大厅里举行了宣誓仪式，并到卡门教堂举行了相关的宗教仪式，《1812年加的斯宪法》正式颁布。

《1812年加的斯宪法》共10章382条：

第一章：西班牙王国和西班牙人（2节9条）

第二章：西班牙领土、宗教、政府和公民（4节15条）

第三章：国会（11节141条）

第四章：国王（7节74条）

第五章：法官和民事、刑事司法管理（3节67条）

第六章：各省、各城镇的内部管理（2节29条）

第七章：财政（不分节18条）

第八章：国家武装（2节10条）

第九章：公共教育（不分节6条）

第十章：宪法的遵守及其修改的方式（不分节13条）

《1812年加的斯宪法》第一章第一节宣布：

第一条：西班牙人民包括各大洲的所有西班牙人。

第二条：西班牙民族是自由、独立的，任何家族或个人不得将其视为私有财产。

第三条：国家主权源于人民，并由此确立各项基本法律。

第四条：王国有义务通过明智、公正的法律切实保障所有西班牙公民的民事自由、私有财产和其他合法权利。

……

《1812年加的斯宪法》是西班牙第一部现代宪法，是西班牙从封建专制的绝对主义王权向资本主义的君主立宪制过渡的标志，也是它真正成为近代民族国家的标志。这部宪法的关键在于宣布主权在民、三权分立和保障人权。西班牙历史学界一致将独立战争和这部宪法视为其现代史的开端，以及西班牙的第一次资产阶级革命。

《1812年加的斯宪法》的诞生还昭示了西班牙人民在反抗拿破仑占领的同时，却接受了他竭力输出的法国资产阶级革命思想这一事实。

3.独立战争的胜利

就在西班牙颁布《1812年加的斯宪法》之后三个月，1812年6月24日，拿破仑亲率60余万大军(超半数是附庸国军队)，渡过涅曼河，对俄国不宣而战。俄军全线退缩，拿破仑乘胜前进，长驱直入，直捣莫斯科。8月17日，两军在通往莫斯科的要冲之地斯摩棱斯克展开决战，持续2天后，俄军退走。9月7日，两军又在离莫斯科更近的博罗迪诺激战，双方伤亡均达四五万人之多。9月14日，拿破仑终于进入莫斯科，但他所占领的是一座烈火熊熊的空城。拿破仑发现自己像是陷入一个巨大的泥泽，举步维艰。他自知上当，主动向沙皇提出议和，却遭拒绝，而且一而再、再而三。结果，他在莫斯科白白浪费了4周的时间。眼看到了10月下旬，偏偏又逢寒冬早临，拿破仑决定战略撤退。路途遥远，沿途不断遭受俄国正规军和游击队的侵扰、袭击。景况日益不堪，饥寒交迫的法军士兵走在-35℃的冰天雪地里，前途渺渺，军心尽丧。从莫斯科出发时还有10万主力，一个月后能够作战的就只剩下3万余人。忽又接到巴黎政局不稳的报告，拿破仑将军队留给缪拉指挥，自己只身跑回法国。缪拉直到12月中旬才带着8万人的残兵败将回到了国内。

拿破仑兵败莫斯科

与此同时，在西班牙，1812年7月22日，英国威灵顿公爵(1815年指挥英军在滑铁卢战役中大败拿破仑，以“铁公爵”之誉遐迩闻名)指挥西英联军向法国占领军发动阿拉皮莱斯战役，以切断马德里与法国的联络线。法军战败，阵亡1800人，伤2500人，被俘700人。西英联军损失虽也不小，但这一胜利迫使约瑟夫一世再次逃离马德里，并起到围魏救赵的作

拿破仑被流放到圣赫勒拿岛

用,解除了法军对加的斯的围剿。

许多人都曾指出,是西班牙的不屈不挠拖住了拿破仑30万军队,战事并非不利,却怎么也无法结束;而俄罗斯的广袤无垠、天寒地冻彻底拖垮了拿破仑。

1813年6月，西英联军又在维多利亚击败法军。8月底,威灵顿公爵率领西、英、葡三国联军收复圣塞瓦斯蒂安。西班牙战局大大扭转,抗法战争的胜利指日可待。

国际上,1812年英国再次联合俄国、普鲁士、奥地利、瑞典、葡萄牙,这一次还有西班牙,组成了第六次反法同盟。

1813年10月,莱比锡决战,法军惨败。

1814年3月31日,盟军进入巴黎,拿破仑退位,被囚禁到地中海的厄尔巴岛。路易十六的弟弟普罗旺斯伯爵登基,号称路易十八。5月18日,签订了《巴黎条约》,法国归还被拿破仑占领的各国土地。

1815年3月1日,拿破仑逃离厄尔巴岛发动“百日政变”。20日,拿破仑重返巴黎,路易十八逃走。欧洲又组织第七次反法同盟。6月18日滑铁卢之战,拿破仑彻底失败,第二次退位,被流放到大西洋的圣赫勒拿岛。

随着拿破仑的失败，西班牙独立战争取得了最终的胜利。战争期间,费尔南多七世已经被民间冠以“万众企盼的”绰号。战争一旦结束,除了极少数极端自由派主张共和以外，费尔南多七世复位根本没有异议。就连拿破仑也在1813年12月同费尔南多七世签订协议,只要他保证法军撤出后不准英国军队继续留在西班牙,就承认他为西班牙国王。

三、复辟与革命

1.又回专制

加的斯议会决定1814年1月15日到首都马德里重新召开，为此进行了新一轮的议员选举，保守派占多数。法国代表来接洽立费尔南多七世为西班牙国王的事情，议会和摄政团拒绝承认拿破仑与费尔南多七世的协议，提出费尔南多七世必须回国向《1812年加的斯宪法》宣誓才能被接受为西班牙国王。摄政团指定了费尔南多七世回马德里的路线，要求他沿东海岸到巴伦西亚等待通知。3月24日，费尔南多七世穿过西法边界回到西班牙，加泰罗尼亚最高司令纳威亚出面迎接。然而费尔南多七世没有完全按照摄政团的要求，直接沿东海岸去巴伦西亚，而是先到萨拉戈萨，然后再去巴伦西亚。一路上，费尔南多七世始终受到民众的热烈欢迎，让他真正体验到了“万众企盼的”味道。

摄政团主席在巴伦西亚迎接费尔南多七世，后者强求前者行吻手礼——这是一个不祥之兆。费尔南多七世接见英国大使亨利·威尔斯利。威尔斯利表示对加的斯议会及其宪法不以为然，但劝他最好还是暂时接受，以为权宜之计。4月17日，巴伦西亚军事长官哈维尔·埃利奥宣布费尔南多七世为军队最高统帅。5月4日，费尔南多七世下令起草一部“国王敕令”，并于5月11日，当他已经在军队保护下进入马德里之后予以公布：取缔议会，废除宪法，废除议会发布的一切法律、法令，取消集会和言论自由，“就当这一切都没有发生过”。

费尔南多七世的专制复辟实现了。他立即对自由派和进步力量进行疯狂报复，大批在独立战争中英勇斗争过的爱国志士被捕、被流放、被杀害。

1814年7月21日，费尔南多七世下令恢复被拿破仑和加的斯议会取缔的宗教裁判所。10月1日，战胜国在维也纳举行会议，成立了反动的“神圣同盟”，向各国资产阶级进步力量进行反扑。神圣同盟对费尔南多

七世的倒行逆施大力支持。西班牙第一次资产阶级革命宣告失败。

2.第二次资产阶级革命

费尔南多七世的倒行逆施在那样的环境下必然引来无数的反抗与革命,毕竟从1808年起西班牙各地民众已经尝试过各式各样的自治形式,随着抵抗法国占领的独立战争而发生的资产阶级革命在全国各地早已深入人心。从1814年米纳叔侄（弗朗西斯科·哈维尔·米纳,1789—1817年,曾在西班牙抗击法国侵略者,也曾在墨西哥反抗费尔南多七世专制；弗朗西斯科·埃斯波斯·米纳,1781—1836年，哈维尔·米纳的叔叔，西班牙军队著名将领，曾以一支3000人的部队对抗3万法军)的斗争到1818年底比达尔上校(?—1819年)在巴伦西亚的密谋,各地发生了不少分散的斗争与革命。各种矛盾不断积累,终于在1820年爆发了西班牙第二次资产阶级革命。这次革命爆发的契机与美洲殖民地有关。

1810年以来西班牙美洲殖民地掀起了轰轰烈烈的独立运动。1808年拿破仑占领伊比利亚半岛以后,消息很快就传到了美洲。1809年,约瑟夫一世和西班牙中央洪达都派人去美洲,争取当地的支持。美洲各地几乎一致地选择了后者。其实,美洲各阶层民众对西班牙统治的不满早就已经积蓄。有一首当时在美洲民间流行的歌曲唱道：

> 我们所有的权利
> 遭到侵犯；
> 沉重的苛捐杂税
> 使我们无法抬头；
> 如果有人问起,为何我无遮体之衣,
> 是国王的税哟,
> 害得我赤身露体。
> 地方行政长官,积极协助暴君,
> 共同携手暴饮

美洲人民的鲜血。

——E.布拉德福德·伯恩斯著《简明拉丁美洲史》

美洲选择支持西班牙中央洪达是由于：

第一，各地仍然在原西班牙殖民体制之内，掌权的基本上都是西班牙人；即使当地土生白人上层，也大多是旧体制的受益者，与普通民众利益有冲突。

第二，美洲人都担心革命的法国对他们的天主教信仰，以及他们所信赖的天主教会不利。于是，美洲也像西班牙本土各城市一样，纷纷以忠于费尔南多七世的名义，兴起了自治。

“南美解放者”玻利瓦尔的画像

但是，美洲并没有像西班牙本土一样直接面对法国侵略者，客观环境无法让他们求大同存小异地把枪口一致对外，也就是说这里的主要矛盾不是西法民族矛盾，而是西班牙人或“上流社会”与土著或混血人之间，也即与广大中下层民众之间的社会矛盾。法国启蒙思想、美国革命理论，早就在当地知识分子间流传。远一点儿有美国独立的榜样，近一点儿有海地黑人共和国的榜样，使得拉丁美洲人民也都走上了争取自身独立的道路。拉丁美洲独立运动有三个中心，或者说典型事例，分别为：墨西哥、委内瑞拉和阿根廷。到1825年，西班牙在美洲的殖民地大多独立。

圣马丁在南美的独立运动中建立了不朽的功勋，他后来担任了阿根廷北方军的总司令，并被阿根廷、秘鲁、智利三个国家尊为“国父”

1819年，费尔南多七世决定向美洲增兵，在南方组建起一支2万人的远征军，征讨布宜诺斯艾利斯的起义者。不料这支军队却成了革命思想和活动的渊薮，以至于他们的总司令在采取了扑灭行动之后还是被撤换。新任总司令也没能阻止自由主义思想的传播和自由党、共济会在士兵中的秘密串联。

1820年1月1日，拉斐尔·德尔·列戈（1785—

1823年)在塞维利亚揭竿而起。当时,他只是阿斯图里亚斯团一个营队的中尉指挥官,起义开始后却成了革命的象征。列戈宣布恢复《1812年加的斯宪法》,重建立法机构。列戈的主张刚一提出,马上就有新的营队加入起义行列。列戈率队发起向“安达卢西亚进军”,提出“反对君主专制”“还人民以自由”等口号和主张,在全国得到强烈响应。他们向阿尔赫西拉斯、马拉加进军,又向科尔多瓦进军。起初非常顺利,起义队伍迅速扩大。但是之后在与前来镇压的敌人的战役中,他们却连吃败仗。这使他们无法向首都进发,只好掉头向西,进入埃斯特雷马杜拉。

拉斐尔·德尔·列戈,西班牙将军和自由主义政治家

列戈的起义是一颗火种,使革命烈火在两三个月内就燃遍了全国各地,包括遥远的北方。1820年2月21日,拉科鲁尼亚发生军队哗变,军队扣押了高级指挥官们,并成立了加利西亚革命洪达和爱国协会。3月5日,萨拉戈萨军民起义,宣布效忠《1812年加的斯宪法》。当然,巴塞罗那也不会落后。在那里,立宪运动很快发展成大规模民众运动,各行各业的人们都加入进来。革命中,群众将保皇派的大人物们都赶出了这座城市。3月7日,马德里也发生暴动。

派大部队镇压列戈已经是很吃力的事情,要去镇压全国各地不断爆发的革命和起义又谈何容易?何况眼前,首都民众也行动了起来。费尔南多七世如今已经非常有心计。他马上同意恢复《1812年加的斯宪法》,废除宗教裁判所,成立临时洪达,并召集议会,举行议会选举。3月9日,开始落实,宣布恢复《1812年加的斯宪法》赋予人民群众的自由权利,成立临时洪达,任命临时内阁,成员多为具有一些自由主义倾向的贵族和教士。

可是3月10日,加的斯群众上街庆祝革命胜利的时候却遭到反动军人开枪镇压。“3·10惨案”令欧洲震惊,令人民群众义愤填膺,却让费尔南多七世内心受到鼓舞。

7月9日，临时洪达原打算在6月份召开的议会终于开幕了。费尔南多七世在议会面前对宪法宣了誓。这届议会涌现出许多出类拔萃的知识分子，提出了要使西班牙国家现代化、政府管理民主化等进步主张，资产阶级革命思想充溢会场。在他们的努力下，议会制定了一系列新的法律、法令，包括西班牙的第一部刑法和公共教育法，采取了很多典型的资产阶级革命措施，包括：废除宗教裁判所，没收并拍卖很多教会组织的闲置土地，取消领主裁判权、狩猎权，取消国内关卡，废除很多垄断行会，迫使教会将什一税减少一半，等等。但是，本届议会的这些进步代表大都属于温和派，代表社会上层利益，至少也是代表大资产阶级的利益，并且对国王费尔南多七世始终抱有幻想，希望他能为社会进步、国家发展着想，支持改革。另一方面，议会中势力最大的还是大贵族、大教士等保守派，他们的活动给本届议会以相反的色彩。9月间，议会发布法令，限制出版、集会和结社自由，解散列戈的安达卢西亚起义军等革命武装。列戈奉命前来与临时政府及议会谈判，却遭到逮捕，并被流放。此后，议会内部自由派与保皇派、保守派的斗争日益激烈。矛盾在10月份的全会上表现十分突出，双方的争论非常激烈。11月9日休会，费尔南多七世的爪牙肆无忌惮，密谋政变。

费尔南多七世采取突然行动，擅自派人替换马德里军事长官，被他解职的加斯帕尔拒绝交出兵权。事件激起各地不同程度的动乱。1821年3月1日，议会重新举行全会，费尔南多七世指出近来各地都不安定，对政府工作表示不满，导致内阁辞职。随后，费尔南多七世提出并任命了新一届政府，成员大多换成了保皇派、保守派。可是，无论他们怎样努力，都无法平息各地群众要求改革、要求自由的斗争浪潮。

1822年初的议会选举，激进自由派取得胜利。一度被流放的列戈进入议会并成为议会主席。他过去的参谋长圣米格尔被推选、任命为新政府的首脑。激进派政府自然要采取一些新的改革措施，尤其是土地政策，将不少荒地分配给了参加革命的士兵和无地农民。但他们的措施不能一下子解决那么多问题，而且他们的激进政策还必然引起大量新的矛盾。所以，各地的动乱仍然此伏彼起地不断发生。保皇派、保守派的活

动也日益频繁、日益暴烈。5月，西班牙发生了全国性的反革命游行。阿兰胡埃斯的游行者高呼：“国王和专制万岁！”巴伦西亚，保守派与自由派发生武装的暴力冲突。7月7日，马德里皇家卫队部分官兵暴动，杀死了当值的中尉，冲进王宫，高呼“国王万岁”“专制万岁”。

面对日益高涨的革命形势，费尔南多七世派密使向欧洲各国君主求援。1822年10月，神圣同盟在维也纳召开会议，做出决议，支持法国出兵干涉，镇压西班牙革命。不赞成这一决定的只有英国。神圣同盟成员国驻马德里的大使们向西班牙政府递交照会施压。作为反击，西班牙政府驱逐神圣同盟国大使，并挟持费尔南多七世国王迁到南方的塞维利亚城。

4月7日，10万法军越过边界进入西班牙，未遇抵抗。4月9日，保皇派“另立山头儿”组建了一个“摄政团”。大教士们煽动农民反对立宪政府。5月23日，法军进入马德里。

4月11日，议会继续挟持费尔南多七世转移到加的斯，对外宣称国王痴呆，成立一个3人摄政团代行他的权力，充任非常时期的政府首脑。加的斯城是宪法诞生地，可能更有号召力，议会希望能够动员全国再次发动抗法战争。但是看来效果并不像他们预期的那么好。坚持到8月，政府军无力抵御反动势力进攻，形势对革命日益不利。这个月的最后一天，自由派的最后堡垒沦陷。法军开始与革命者谈判，要求释放国王。9月30日，费尔南多七世在声明决不对自由派进行报复之后被释放。革命者逃往直布罗陀。

10月1日，费尔南多七世发布敕令，恢复其专制统治，宣布1820年3月以来的法律、法令无效。

10月13日，费尔南多七世回到马德里，任命了一个军事委员会，责成他们开始对发动第二次资产阶级革命的自由派进行疯狂而残暴的迫害。在反动教会和军队的支持下，全国各地进行了大清洗。大批自由派人士，尤其是资产阶级革命中的积极分子，被枪杀、被判刑、被流放、被迫害。作为革命象征的列戈被捕后，遭到游街和绞刑，并且还被五马分尸。从这个时候起直到费尔南多七世去世的1833年，恐怖气氛笼罩全国，西班牙史称“黑暗十年”。

费尔南多七世共有4次婚姻。

第一次是1802年他还是王子的时候，与那不勒斯公主玛丽娅·安东尼娅结婚。1806年妻子去世。

第二次是1816年，与葡萄牙国王若昂六世的女儿、他自己的表妹玛丽娅·伊莎贝尔·德·布拉干萨结婚。1818年他们生下一个女儿，但仅存活了5个月，不久孩子的母亲也去世了。

1819年10月，费尔南多七世第三次结婚，新娘是萨克森公主玛丽娅·何塞法·阿玛利亚。这次婚姻存续10年，直至1829年5月阿玛利亚王后去世依然没有生育。费尔南多七世已经45岁，很为无嗣着急。

1829年10月，费尔南多七世又与自己的侄女玛丽娅·克里斯蒂娜成婚。第二年得知妻子怀孕，他又担心孩子是男是女，能否存活，万一是女，王位有旁落危险。1830年3月29日，费尔南多七世发布了一道敕令，宣布按照1789年经议会批准的卡洛斯四世的密旨，女嗣有权继承王位。没想到，当年10月10日，王后真的为他生了一个女孩。他立即宣布这个女孩就是王位继承人。

第六章
风雨飘摇

一、卡洛斯战争

二、孤儿寡母

三、第一共和国

四、世纪之末

一、卡洛斯战争

中世纪的时候，伊比利亚半岛上的基督教诸国是承认女嗣继承权的；哈布斯堡王朝时代却没有明确的规定。

西班牙国王菲利普五世

到了波旁王朝，1713年，它的开朝国王菲利普五世在西班牙王位继承战争结束时宣布，本朝将实行“撒利继承法”——女嗣没有继承权。

1789年，卡洛斯四世在议会上提出要废止“撒利继承法”，议会表决通过，但没有对外宣布。

西班牙国王费尔南多七世

1830年，费尔南多七世公开了这一秘密决议，并敕令生效。不久，费尔南多七世就有了一个女儿。他很高兴自己的决定，若不是提前发布敕令废止了“撒利继承法”，他这宝贝女儿如何能有资格继承王位呢？

其实，在费尔南多七世身边的近臣当中一直都有人劝他放弃废止“撒利继承法”的决定，因为这个决定显然就是专为新王后做出的。新王后远道而来，正开始在宫廷中培植自己的势力。这种派系之争本是司空见惯、可想而知的。费尔南多七世本人看来并未能很好地驾驭和平衡这种派系之争，他除了在1832年病重的时候有过松动之外，始终坚持要让女儿继承王位。

事实上，若非王后逝世、国王再娶、新王后怀孕，人们心中预期的国王一直是费尔南多七世的弟弟卡洛斯·马利亚·伊西德罗·波旁(1788—

1855年)。

卡洛斯·马利亚·伊西德罗·波旁

卡洛斯·马利亚·伊西德罗·波旁出生在马德里,受过精心的培养教育;拿破仑占领时期,随王室一起被囚法国,直到1814年回国。他本是懦弱之人,性情温和,只对文学艺术感兴趣,与一些文人学者、艺术家过从密切,曾为几所大学的保护人和圣费尔南多学会主席。直到与他的第二任妻子玛丽娅·特蕾莎·德·布拉干萨结婚后,卡洛斯才开始对国家政治有所关注。其实早在1825—1830年他就已经成为了西班牙正统派的旗帜。1830年费尔南多七世发布取缔“撒利继承法”的敕令以后,卡洛斯表示反对,被驱逐出国,去了葡萄牙。

所谓正统派就是拥护专制主义的人当中最极端的那些人。在他们眼里,普通的所谓保皇派们都还属于温和派。他们不赞成改变波旁王朝的规矩,由一个襁褓中的女孩,在她妈妈的监护下继承大统。那无疑是个垂帘听政的结果。而对这位即将听政的太后,他们还不甚了解。尽管她同样出身于波旁家族,但是否值得他们信任乃至拥戴,还是未知数。

襁褓中的女孩名叫伊莎贝尔,1830年10月10日出生在马德里。她还没有出生父母就打定主意,要她做王位继承人。只是还不敢确保她是否能长大成人,所以一时并未宣布她为王储。1832—1833年,正统派的活动越来越频繁,费尔南多七世自己也曾有些犹豫,但考虑卡洛斯毕竟不是一个办事果断的人,而且他身边那些文人学者之中具有自由主义思想倾向的恐怕也还大有人在,于是他在1833年6月20日召集群臣,举行了正式册封女儿为阿斯图里亚斯女亲王伊莎贝尔二世(即王储)的仪式。

西班牙女王伊莎贝尔二世

以后不久,当年9月29日,费尔南多七世中风死去。10月1日，卡洛斯·马利亚·伊西德罗·波旁发表声明，不承认他侄女的继承权，并自称西班牙国王卡洛斯五世。全国各地的正统派纷纷响应。事实上，这个派别并非新近形成，他们早在独立战争时期就很活跃，甚至在加的斯议会中也占有一席之地，那时他们坚决反对约瑟夫一世国王的法国自由主义政府。

10月3日，就在费尔南多七世的葬礼在埃尔埃斯科利亚尔皇家修道院举行的前一天，在古都托莱多附近的塔拉维拉镇，卡洛斯派发动两个连的士兵，聚集到广场上，升起卡洛斯五世的旗帜，宣布武装起事。

10月24日，伊莎贝尔二世正式登基，因年纪太小，由她母亲摄政。孤儿寡母在宫廷和议会，乃至全国都得不到多少保守派的支持，很多人倒向了正统派一边。正统派指出，先王费尔南多七世原本在1832年9月18日写下过一份遗嘱，明确规定将由他的弟弟卡洛斯·马利亚·伊西德罗·波旁继承王位。摄政女王玛丽娅·克里斯蒂娜(1806—1878年)辩驳说，费尔南多七世是在病情严重、神志不清的情况下签署那份遗嘱的，一旦病情好转，神智恢复，他就转变立场，宣布那份遗嘱无效了；而那份遗嘱的原件早已被费尔南多七世与他前妻的女儿、年幼的路易莎·卡洛塔公主撕碎了。

北方的巴斯克地区，包括纳瓦拉和拉里奥哈，以及阿拉贡、加泰罗尼亚等地发生了卡洛斯派叛乱。首都马德里附近的卡斯蒂利亚和巴伦西亚也发生暴乱。全国局势动荡。教皇国和葡萄牙支持卡洛斯，欧洲列强态度暧昧。摄政女王克里斯蒂娜看到，能够帮助她们母女的唯有自由派。1832年10月她就曾以大赦取悦过自由派，如今自由派对她的支持已经变得举足轻重了。她于是决定大大倚重自由派。她任命佩德罗·萨尔斯菲尔德将军(？—1837年)为军队总指挥，前往镇压卡洛斯派叛乱。萨尔斯菲尔德将军很快平息了首都附近的卡洛斯派叛乱。然后率军北上，渡过埃布罗河，迅速占领了拉里奥哈首府洛格罗尼奥以及维多利亚和毕尔巴鄂。

摄政女王克里斯蒂娜决定不惜一切代价，要将卡洛斯赶尽杀绝。为此，西班牙向葡萄牙施加了一切可能的外交压力，包括断交、军事入侵，还有潜入葡萄牙的自由派，四处追杀所谓卡洛斯五世。最后，卡洛斯被迫离开葡萄牙前往英国。西班牙驻英大使找到他，提出只要他放弃对王位的诉求，可提供3万英镑年薪，让他过上安逸生活。卡洛斯毫不犹豫地予以拒绝，并在不久之后就回国，亲身投入叛乱（1835年）。

摄政女王克里斯蒂娜

那时，国内卡洛斯派已经组织了自己的正规军，并在托马斯·苏马拉卡雷吉（1788—1835年）的指挥下取得了一系列军事胜利。卡洛斯亲临战场使叛军大受鼓舞，全军上下士气大振，加上苏马拉卡雷吉卓越的军事才能，叛军连连取得较重大的军事胜利。但是，卡洛斯不听从苏马拉卡雷吉的劝告，坚持攻打毕尔巴鄂。结果，在攻打这座城池的战斗中，苏马拉卡雷吉被子弹击中，后来死于破伤风。毕尔巴鄂没有攻下，卡洛斯军队却失去了最优秀的指挥官。以后的战局就越来越不利于卡洛斯。

1836年8月，专制主义者在国会所在的拉戈兰哈宫鼓动下层军官暴乱，但卡洛斯派没能很好把握时机，哗变很快被镇压。

1837年深秋，卡洛斯率军南下，将战场扩大到安达卢西亚，虽然占领了塞维利亚等城市，但在战场上却连遭败北。

塞维利亚的主教座堂、王宫

1839年8月29日，卡洛斯军

队总指挥拉斐尔·马洛托(1788—1847年)与自由派政府军首领巴尔多梅罗·艾斯帕特罗(1793—1879年)签订《维尔加拉协议》停火。第一次卡洛斯战争结束。

第一次卡洛斯战争

卡洛斯率残部逃往法国,1844年让位给他的儿子蒙特莫林伯爵卡洛斯·路易斯(1818—1861年)。卡洛斯后来一直尝试逃离法国,最终去了日内瓦,之后又辗转到意大利,1855年在的里亚斯特去世。

第一次卡洛斯战争虽然结束了,但它的影响极其深远。卡洛斯派作为一支极右派或极端保守派的政治骨干力量一直活跃在西班牙政治之中,他们甚至时常拥有自己的武装力量。

卡洛斯战争在西班牙历史上曾爆发过三次。

1833—1839年,第一次卡洛斯战争。

1846—1849年,第二次卡洛斯战争。

1872—1876年,第三次卡洛斯战争。

二、孤儿寡母

1.制宪

第一次卡洛斯战争期间,国家政局动荡,政府内阁的更换像走马灯一样的频繁。

摄政女王克里斯蒂娜任命的内阁,起初是支持她们母女的保守派,之后是温和派自由主义者。克里斯蒂娜母女面临着内外交困的极度困难局面,国内是卡洛斯派叛乱引发的内战,国际上则只有英国和法国承认她们是合法政府。为了转变这种不利形势，克里斯蒂娜不得不批准温和派的建议，于1834年4月颁布了一个“皇家条例”，以改变自己的专制形象。

“皇家条例”没有恢复《1812年加的斯宪法》，但承认人民主权，规定国王和代表人民的议会共同享有主权；议会将由贵族院和平民院两院组成；国王将凌驾于议会和政府之上，充当它们间的仲裁者。这份“皇家条例”不单无法满足自由派的要求，更招致保守派的反对。

“皇家条例”实行了不到2年，克里斯蒂娜的支持者越来越少，她只好宣布取消“皇家条例”，接受宪法，但要求议会对《1812年加的斯宪法》进行修订，于是便产生了《1837年宪法》。

1836年9月，根据《1812年加的斯宪法》选举产生了新一届议会。新议会任命了起草委员会，他们在当年最后一周提交了新宪法的草案。经过全会谈论，新宪法于1837年5月22日表决通过。6月17日，克里斯蒂娜代表伊莎贝尔二世正式签署并颁布了《1837年宪法》。该宪法共13章79条，依然宣布：“立法权归国会和国王。”国会由参众两院组成。关于国王的规定很多，所赋予的权力很大，说明王室是多么舍不得他们的绝对主义专制统治。

我们不妨引述几条：

第四十四条，国王神圣不可侵犯，不承担任何责任，责任由大臣承担。

第四十五条，宣布法律生效的权力归国王……

第四十六条，国王核准和颁布法律。

第四十七条，除宪法赋予的权力外，国王还享有如下权力：

1.……发布敕令、限令、训诫等；

……

3.依法宣布赦免罪犯；

4.在以文字形式通知国会后可宣布战争和恢复和平；

……

9.按照法律规定任命官员,授予各种荣誉称号;

10.自由任免大臣。

第四十八条,根据特别法规定,国王有权:

1.出让、放弃或交换西班牙部分领土;

2.接受外国军事力量进入王国;

3.批准与外国签订的军事同盟条约、商业特别规定、对外赔偿协定;

……

——参照潘灯、单艳芳译《西班牙宪法典》

《1837年宪法》是自由派、保守派、极端专制主义者等在当时具有较大影响力的各政治派别相互妥协的结果,尽管包含上述专制色彩,但其基调还是资产阶级自由主义的。

值得注意的是,该宪法第一章即“西班牙公民”,其中强调公民的言论自由;强调私有财产不可侵犯,而且“永远不得对他人处以没收全部财产的刑罚”;法律面前人人平等,“法律在王国全境具有效力。公共法、民法和刑法不得授予任何西班牙人以任何特权”;尊重人权,“非按法律规定的情况和方式,不得对任何西班牙公民实行逮捕、囚禁,不得拆散其家庭,不得强行进入其住宅”。

2.争斗

在制定宪法的1837年到卡洛斯战争结束的1839年之间的这段时间,与军事斗争同时进行的是激烈的政治斗争。

军事斗争是在政府军与卡洛斯派之间进行,而政治斗争则是在自由派或称进步派、温和派、保守派等之间进行,也就是可以认为,这里所说的政治斗争是在战场上政府军所代表的这一方的内部进行的。而且,这些政治斗争之中也不时见到下层群众的身影,包括下层军官的拉戈兰哈宫哗变,更包括许多城市暴动中的市民群众。形势之复杂,斗争之激烈,使得议会频繁选举,政府频繁换届。政府换届之快,甚至达到几天一换这样难以想象的频繁程度。更严重的是,在各地的暴动之中又涌现了洪达,它们此伏彼起形成了“洪达运动”。这是对政府的否认,是自立政府或另立政府,是一种无政府的极端混乱的局面。

摄政女王克里斯蒂娜为了平衡政治,或者为了平稳局面,有时不得不力邀某位政治领袖或军事领袖出面主持政府,但随后又无法接受新政府提出的施政纲领。这种事情一而再再而三地出现,使得政府和她本人的威信日益下降。克里斯蒂娜觉得身心憔悴,疲劳不堪。

玛丽娅·克里斯蒂娜来西班牙做王后的时候23岁,年轻貌美,活力无限,25岁起使西班牙宫廷“克里斯蒂娜化”。而她开始做太后和摄政女王的时候,也只有27岁,依然很年轻。若非那么复杂的政治斗争,若非要为波旁家族和女儿保住基业的重大责任,她也是一位十分浪漫、十分新潮的年轻贵族女性。丈夫去世仅三个月,克里斯蒂娜就爱上了身边一位年轻英俊的平民出身的卫士,并与他结成了“跨等级婚姻”。第二任丈夫名叫奥古斯都·费尔南多·穆尼奥兹(1808?—1873年),是克里斯蒂娜前夫去世后才与她相识的。摄政女王的身份使他们的婚姻很尴尬,无法对外公布(他们这段“跨等级婚姻”是在伊莎贝尔二世正式登基的一年之后才向社会公布的),但穆尼奥兹陪她度过了卡洛斯战争的全过程,而且他们还生育了几个孩子。事实上,这次战争差不多贯穿了克里斯蒂娜的整个摄政期。

巴尔多梅罗·艾斯帕特罗

1840年6月,克里斯蒂娜和她支持的进步派试图倚重战争功臣巴尔多梅罗·艾斯帕特罗。为此,克里斯蒂娜专程前往巴塞罗那会见艾斯帕特罗。在7月30日的会谈之后,她发现艾斯帕特罗的政治态度其实很不明朗,让他支持新近在议会选举中获胜的进步派也是有很多令人难以接受的条件的。此后,克里斯蒂娜与自己请出的这位军事将领之间的关系一直无法协调。

克里斯蒂娜频繁更换政府，局面日益恶化。

9月1日，趁着克里斯蒂娜前往巴伦西亚的机会，马德里发生动乱，并迅速蔓延到外地许多城市。克里斯蒂娜希望艾斯帕特罗前往镇压，却惹来后者在9月4日发表了一个颇富煽动性的声明，指责她对宪法不够尊重，偏袒温和派，要求她解散议会，重组政府。

事态日益扩大，局势日益严峻。克里斯蒂娜被迫接受艾斯帕特罗的条件，并直接任命他为首相，重新组阁。艾斯帕特罗提出了新政府的施政纲领。克里斯蒂娜阅后认为自己实在无法认同，予以坚决否决。正是从9月4日艾斯帕特罗发表声明的时候起，克里斯蒂娜陷入了众叛亲离的境地。她越来越失望，越来越觉得这些政治斗争太复杂、太黑暗，自己实在应付不来。

9月17日，克里斯蒂娜放弃摄政女王的宝座，并且留下两个女儿——伊莎贝尔二世和路易莎·费尔南达·德·波旁公主(1832—1897年)，于10月12日只身前往法国凡尔赛。

阿尔卡拉门是马德里的一个重要地标，以前的商人从这里进入，到市内的星期日市场售卖货物

1841年5月10日，国会任命艾斯帕特罗顶替克里斯蒂娜太后为摄政。可是，艾斯帕特罗也一样无法控制混乱形势。

自由派、进步派的斗争日益顽强，“洪达运动”仍在蔓延，又加上不少试图恢复克里斯蒂娜统治的暴动，艾斯帕特罗被搞得焦头烂额。

马德里的王宫与主教座堂

1843年夏天，从北方的

巴塞罗那到南部沿海的马拉加，全国许多城市都掀起了反艾斯帕特罗的武装斗争。原先艾斯帕特罗的一些部将也加入到了反对派的行列。

7月23日，起义者拉蒙·马利亚·纳尔瓦埃斯(1800—1868年)率军从巴伦西亚方向逼近首都，在马德里的门户托雷洪击败了艾斯帕特罗责成驻守的军队，进而控制了马德里。艾斯帕特罗当时正在亲征安达卢西亚，一得到消息便乘船逃往英国了。

史家评论，艾斯帕特罗是一个个人野心家，他伪装成进步派，并以政变推翻克里斯蒂娜摄政府，而他自己的专制之路事实上还没有开始就垮台了，他流亡英国直到1848年。

13岁的伊莎贝尔成为西班牙女王

前政府内务部长、进步派律师华金·马利亚·洛佩斯(1798—1855年)出面组成临时政府，并召集议会，决定提前宣布伊莎贝尔二世成年。

3.动荡

1843年11月10日，伊莎贝尔二世向《1837年宪法》宣誓，正式登基为西班牙国王，时年13岁。

伊莎贝尔二世登基后连换了两届政府，都极短命。

1844年5月3日，她任命推翻艾斯帕特罗的功臣拉蒙·马利亚·纳尔瓦埃斯为首相。

加的斯公爵弗朗西斯科·德·阿西斯

纳尔瓦埃斯是一名军人，在对卡洛斯派军队作战时屡建功勋；1838年当选议员，进入政界，成为温和派的一位骨干；同年秋又曾在塞维利亚发动起义，但被艾斯帕特罗挫败。纳尔瓦埃斯的这届政府执政将近2年。期间，有两件最大的事情：第一，逐渐平息各地“洪达运动”；第二，召集制宪议会，制定了《1845年宪法》。

《1845年宪法》是一部保守主义宪法，其中关于国王的规定与《1837年宪法》基本一致。

纳尔瓦埃斯的这次执政对伊莎贝尔二世能够将其统治维持下去十分重要。导致1846年2月11日纳尔瓦埃斯辞职的是伊莎贝尔二世的婚姻问题。

伊莎贝尔二世和她的丈夫

伊莎贝尔二世的婚姻问题，不仅在西班牙掌权的温和派内部产生了分歧，在国际上还牵涉到英国、法国、教皇国等。最终她决定嫁给自己的堂兄加的斯公爵弗朗西斯科·德·阿西斯（1822—1902年）。阿西斯的父亲是费尔南多七世的弟弟宝拉王子。

1846年10月10日，伊莎贝尔二世和阿西斯在马德里举行了婚礼。

同一天，女王的妹妹路易莎·费尔南达·德·波旁公主嫁给了一位法国王子。若非英国反对，伊莎贝尔二世本人就可能会嫁给一位法国王子。妹妹的婚姻是波旁王室对西班牙王位继承权的某种保障。其实，19世纪的世界已经进入民族国家时代，再在王室成员的政治联姻上大动脑筋就显得有些冥顽不化、不合时宜了。伊莎贝尔二世本人也对此十分不悦，但只有如此才息事宁人，国王与政府、与议会间的关系才得以缓和，各派政治力量间的较量才无由激化，国际上也才太平无事。

尽管伊莎贝尔二世用尽苦心，政府换了一届又一届，也不乏第一流最杰出的政治家，无奈西班牙国内政治形势始终混乱不堪，经济不振，社会动荡。

1846—1849年，发生了第二次卡洛斯战争。虽然卡洛斯派的叛乱再次被平息，但战火加剧了国家困难形势，国计民生进一步恶化，人民群众生活在水深火热之中。

1848年是全欧洲的革命之年。

资产阶级革命烈火遍地燃烧，无产阶级也登上了政治舞台，各种社会主义、无政府主义思潮从法国大量涌来，西班牙的无产阶级也开始觉醒，工人运动、社会主义运动、无政府主义运动都蓬蓬勃勃地开展起来。

1854年，在一连串政治斗争加军事斗争之后，西班牙成立了“自由联盟”。它是温和派与进步派的暂时联合。“自由联盟”组阁成立的政府维持2年，在当时就算是很成功的。他们还组织了制宪议会，制定了《1856年宪法》。

这是一次比较激进的制宪活动，所制定的也是一部比较彻底的自由主义宪法。新宪法第一条就与之前的两部不同，增加了关于人民主权的内容：

> 主权属于西班牙人民，所有国家权力均来源于此。

伊莎贝尔二世没有签署这部宪法，再加上当时一些其他政治因素，使得《1856年宪法》成了西班牙历史上一部未颁行的进步宪法。此后，国家形势日益混乱，终于在1868年爆发了“九月革命”，伊莎贝尔二世被推翻，流亡到法国。

从费尔南多七世逝世到1868年“九月革命”，包括玛丽娅·克里斯蒂娜和艾斯帕特罗的摄政，共35年可算入伊莎贝尔二世王朝统治。这期间，经历了两次卡洛斯战争，3次制宪，近60届政府。研究者按照历届政府的政治倾向等因素将其大致划分为8个阶段：

(1)1833—1836年，自由主义时期；

(2)1836—1840年，激进自由主义时期；

(3)1840—1843年，艾斯帕特罗摄政；

(4)1844—1854年，温和派10年；

(5)1854—1856年，进步主义2年；

(6)1856—1858年，温和派反扑；

(7)1858—1864年,“自由联盟”时期;

(8)1864—1868年,妥协而放纵的最后4年。

通过这种分期,可以看出当年西班牙政治形势的复杂和政治斗争的尖锐,同时也可以看出当年政治斗争的主角是温和派和进步派(或自由派),连伊莎贝尔二世女王本人都曾设想是否实行两派轮流执政?但这种轮流在客观上难以实行,因为当年并未形成政党制的政治环境,两大派别都没有统一的政党,政治分野相当含混。

三、第一共和国

1.取缔国王立法权

1858—1864年,由莱奥波尔多·奥唐奈(1809—1867年)任首相的自由联盟政府使伊莎贝尔二世的西班牙度过了一段相对平稳的时期。

1859年,摩洛哥政府就梅利利亚和休达两地向西班牙提出领土要求。同年10月22日,西班牙对摩洛哥宣战。莱奥波尔多·奥唐奈亲任军队总司令打败了摩洛哥军队。

1861年10月30日,西班牙、摩洛哥两国在马德里签订和约,西班牙保住了飞地并得到战争赔偿。同年,西班牙又伙同英国、法国对1854年以来发生革命的墨西哥实施武装干涉。西班牙充当了马前卒。胡安·普里穆将军(1814—1870年)率领一支西班牙远征军于1861年12月在维拉克鲁斯港登陆,随后英、法军队也来与他会合,1863年6月10日进占首都墨西哥城,帮助拿破仑三世的傀儡、奥地利皇帝的弟弟马克西米里

正在发动进攻的西班牙步兵(18世纪40年代)

安大公(1832—1867年)登上了墨西哥“国王”的宝座。西班牙从中得到一些经济上的好处。这两次成功的对外战争都对西班牙的平稳起到了积极作用。

奥唐奈和纳尔瓦埃斯，这两位军人充当了伊莎贝尔二世统治时期(尤其是其统治晚期）的支柱角色。他们二人在1867年和1868年的相继去世预示了伊莎贝尔二世统治的终结。

1866年6月22日，马德里圣西尔兵营发生军人暴动，奥唐奈予以严厉镇压，处决66人。这次事件导致奥唐奈下台，纳尔瓦埃斯接替。但纳尔瓦埃斯继续奥唐奈的高压政策，马德里及各大城市笼罩在恐怖气氛下，大批进步人士逃亡，很多人去了国外。

1866年8月16日，45位流落国外的进步政治家在比利时的奥斯坦德开会讨论祖国前途，最后订立了一份影响深远的“奥斯坦德协议”，提出要摧毁西班牙现有国家机构，成立临时政府，选举国会，并推选曾经率军去墨西哥镇压革命的胡安·普里穆将军领导这次革命运动。

1867年6月30日，原属于“自由联盟”的民主派、共和派、进步派的代表们在布鲁塞尔举行大会，批准“奥斯坦德协议”。“自由联盟”从此变成了一个要推翻伊莎贝尔二世统治的联盟。

1868年9月17日，加的斯驻军发动起义，导致一场新的资产阶级革命的爆发，胡安·普里穆等流亡者纷纷回到国内，高举“主权属于民族”的旗帜，要求伊莎贝尔二世退位，成立能够代表人民利益和意志的新政府。9月28日起义军在科尔多瓦附近击败前来镇压的政府军，向马德里进军。沿途政府军纷纷倒戈。起义者来势汹涌、势如破竹。伊莎贝尔二世9月30日携家眷逃往法国。

塞拉诺·多明戈斯(1810—1885年)和胡安·普里穆的起义军进入首都马德里，受到广大市民的热烈欢迎。

1868年10月8日，西班牙成立临时政府，塞拉诺·多明戈斯担任主席。

10月25日，临时政府发表充满革命精神的声明，宣告人民主权，人民有信仰、结社和出版的自由，有受教育和政治选举权，废除死刑，废除奴隶制，废除一些不合理的苛捐杂税等。

11月9日，宣布将在下一年的1月15—18日举行直接选举，选出的议会将于2月11日成立，年满25岁以上的男性公民有选举权。这次选举的结果，以普里穆为首的进步党获胜，取得156个议席，共和党获得85个议席，“自由联盟”获得69席，联邦共和派69席，民主党20席，统一共和党20席，卡洛斯派20席，温和派20席。议会授权塞拉诺的临时政府继续行使国家行政权。成立了由各派代表13人组成宪法起草委员会。该委员会于1869年3月底提出了最初的草案，交由大会于4月初开始讨论。6月1日进行表决，以214票赞成、55票反对而通过。6月6日颁布了作为1868年“九月革命”成果的《1869年宪法》。

《1869年宪法》是一部有进步意义的资产阶级革命宪法。这部宪法宣布西班牙为立宪君主国；第一次在西班牙宣布实行三权分立；强调尊重人权。尊重人权主要体现在关于公民权利的条款。

从第二条直至第三十一条；规定公民“非因犯罪不得被逮捕和囚禁”，规定了从逮捕到审判的各段程序的时限；规定未经同意，“任何人不得进入西班牙人或外国人在西班牙的住宅”；“非依司法判决，不得暂时或永久地对任何人的财产和权利进行剥夺”；规定西班牙人有居住和离境的自由；不得非法征税；“西班牙公民充分享有选举国会参议员和众议员、省议员和市议员的权利，该权利不得被剥夺”；“西班牙公民的以下权利亦不得剥夺：①通过口述、书写、印刷或类似方式自由表达意志和观点的权利；②和平聚会的权利；③与公共利益不相冲突的前提下，基于生活的各种要求结社的权利；④向国会、国王和管理机构表达个人或集体请愿的权利”，以及宗教信仰自由的权利等。

《1869年宪法》关于国家主权和三权分立的规定如下：

第二章　公共权力

第三十二条，国家主权属于西班牙人民，国家权力概源于此。

第三十三条，西班牙的国体为王国。

第三十四条，立法权归国会。国王批准并公布法律。

第三十五条，行政权归国王，国王通过各部行使该权。

第三十六条，法院行使司法权。

第三十七条，城市和省范围内各种事务的管理权，根据法律，由相应的市政委员会和省议会行使。

——参照潘灯、单艳芳译《西班牙宪法典》

《1869年宪法》在西班牙第一次取缔了国王的立法权，将“国王神圣不可侵犯”改为了“人身不受侵犯”，国王对每届国会只可以终止一次，而且“不得中止开会”，“国王解散一院或两院后，必须在3个月内重新召集国会。”

对于由谁来继承国王的问题，国会和临时政府都进行了激烈的争论，欧洲列强自然也要干预。但首先排除了波旁家族。

第一个候选人是伊莎贝尔二世的妹夫蒙特蓬谢尔公爵，塞拉诺的政府支持，但普里穆的进步派反对，法国拿破仑三世皇帝也反对。正当争执不下的时候，这位公爵本人却自毁前程，与人决斗，并杀死了对方。

第二个考虑的是前葡萄牙摄政王费尔南多，但他本人拒绝。

第三个考虑的是德国王子，但德国正与法国交战，拿破仑三世坚决反对，很多人指出保持中立的西班牙此时请德国人来继承王位显然是不明智的。

阿马德奥一世

根据18世纪初的《乌特勒支条约》，在波旁家族之外最有权力继承西班牙王位的是意大利的萨沃伊家族，于是意大利国王维克多·曼努埃尔二世的次子阿马德奥(1845—1890年)浮出水面。普里穆和塞拉诺一致认为他是最合适的人选，1870年11月16日国会进行了表决，以191票赞成、100票反对、19票弃权通过。反对者主要是共和派、卡洛斯派和支持伊莎贝尔二世的儿子阿方索的人。

阿马德奥1870年12月30日来到西班牙，1月2日向宪法宣誓登基，号称阿马德奥一世国王。可是，他本来可以指望倚重的普里穆已经在他来到的前一天遇刺身亡,现在只能继续由塞拉诺组阁,建立一个各党派的联合政府。政府内部各派之间矛盾尖锐,龙争虎斗,无法驾驭,以致塞拉诺不久辞职。阿马德奥一世之后又组织了几届政府,各个短命。

1873年2月11日,西班牙建立第一共和国。

2.共和失败

在王位如此变动的形势下,卡洛斯派不会安分。“卡洛斯五世”卡洛斯·马利亚·伊西德罗·波旁1844年将他的王位继承权禅让给了儿子蒙特莫林伯爵卡洛斯·路易斯,称“卡洛斯六世”。他先是争取做伊莎贝尔二世的丈夫,失败后在1846—1849年,发动了第二次卡洛斯战争。战争失败后,卡洛斯·路易斯还不甘心。1860年3月,其党羽试图在首都发动军事政变,未果,但随后卡洛斯派又从海外组织了一支3000余人的队伍在巴伦西亚沿海登陆。他们指望能迅速扩充军队,没想到实际情况刚好相反,不但没有什么人前来投奔,而且从国外来的士兵们当听说是为卡洛斯六世服务后也纷纷放下武器,拒绝参加战斗。这支部队的军事指挥官以及卡洛斯六世本人和他的一个兄弟一同被俘。指挥官遭枪决,卡洛斯六世及其兄弟在同意放弃王位继承权后被释放。

卡洛斯派对王位的威胁本该消除了,但他们却像百足之虫死而不僵,并且不久就死灰复燃了。他们又找到了一位新的卡洛斯。这位卡洛斯是卡洛斯六世的侄儿,即卡洛斯六世的三弟唐·胡安的儿子卡洛斯·马利亚·德·洛斯·多洛雷斯(1848—1909年)。多洛雷斯的父亲和两位伯父都已经弃权,放弃了对王位的要求。或许连他本人也未曾想到,有一天(1863年)他的奶奶忽然在一封“致西班牙人民书”中宣布由他接替卡洛斯六世做西班牙王位继承人。

1866年,多洛雷斯发布文告,确认和宣布自己是卡洛斯派复国运动的首领。

1868年“九月革命”后,卡洛斯派开始在全国各地大肆活动。

1869年,多洛雷斯开始使用“马德里公爵”的头衔,实际领导卡洛斯派运动。可是,1870年国会却从意大利请来了阿马德奥一世做西班牙国王。卡洛斯派怒不可遏，终于在1872—1876年发动了第三次卡洛斯战争。

这一次，卡洛斯派首先组织武装人员穿越比利牛斯山的西法边界，在西班牙北部开展分散的游击战。1873年5月卡洛斯派将北方的各路武装整合成了正规军，击败了前来镇压的政府军，取得令他们士气大振的军事胜利。7月，他们接连攻取纳瓦拉的数座城镇，并有一支新的生力军从法国越境而来明显加强了他们的力量，武装部队总人数超过了10万。8月24日，卡洛斯亲自指挥攻陷了埃斯特利亚城，并在该城定都。之后他们继续保持对政府军的接连攻势，不断取得军事胜利，北方多数地区逐渐被他们控制。他们的胜利在国际上引起反响，一些国家开始承认卡洛斯为西班牙国王。

西班牙国王阿方索十二世

1873年2月，在卡洛斯派游击战的炮火声中，阿马德奥一世退位，西班牙第一共和国成立。随后发生了两起政变，均被平息。共和国内部，联邦主义、地方主义、无政府主义思潮涌起。加泰罗尼亚兴起民族主义运动，巴伦西亚和阿拉贡要求地方自治的呼声也很高。6月8日，国会确定共和国的政体为联邦共和制。但从7月份起，很多地方还是发生了武装起义，要求自治。无政府主义者也凑热闹，在一些地方发动暴乱。第一共和国直接陷入卡洛斯战争及各式各样武装暴乱的火海之中。

1874年9月，普拉塞德斯·马特奥·萨加斯塔（1827—1903年）组织并主持了共和国的最后一届政府。12月29日，正在加泰罗尼亚指挥军队与卡洛斯派作战的阿尔塞尼奥·马丁内斯·坎波斯将军（1831—1900年）在萨贡托城郊发出一份声明，宣布拥立伊莎贝尔二世之子阿方索为西班牙国王，称阿方索十二世。萨加斯塔政府随之解散。西班牙的第一次共和尝试就这样结束了。

在此之前，1848年马克思、恩格斯发表《共产党宣言》；1867年马克思出版《资本论》第一卷；1871年3—5月，法国的巴黎公社起义尝试了世界上的第一个无产阶级专政政权。

西班牙的落后是显而易见的，无论在政治上还是经济上，西班牙都远远地落后于它的欧洲邻居们。

四、世纪之末

1.君主立宪与两党制

阿方索十二世(1857—1885年)是伊莎贝尔二世的长子，1868年“九月革命”后随母亲流亡在外。1870年伊莎贝尔二世宣布将王位让给儿子阿方索。但是他的王权没有人承认，阿方索便利用这段时间在巴黎、维也纳留学，之后又去了英国，在圣赫斯特英国陆军高等军官学校学习军事。母子俩将复国之计委托给卡诺瓦斯·德尔·卡斯蒂略(1828—1897年)。

卡诺瓦斯是一位著名学者，一位历史学家，五六十年代曾担任过政府内务部长、海外部长等职务，1866年后一度脱离政界，潜心治史。“九月革命”推翻伊莎贝尔二世之事令他震惊，但他没有立即表态。一段时间后，他发表了几份文告，批评阿马德奥一世统治及随后的共和国，并指出祖国的前途在于改善君主制，主张拥立阿方索为国王，但他反对武力，认为应当政治解决。

1874年底，卡诺瓦斯认为时机已经成熟，便为阿方索起草了一份文告。他说这是对所有拥护君主制的人，对所有未参加卡洛斯派武装的天主教徒，更是对一切不满于共和国革命的人的呼吁和总动员。文告称：立宪君主制依然是西班牙的唯一出路，应当在国王领导下建立一个立宪的、议会制的政府，将西班牙建设成和平稳定的社会，我愿成为西班牙国王，承担这份职责，在西班牙复辟君主制，并将没有报复，没有迫害，尽快恢复和平。

12月1日，阿方索在英国圣赫斯特签署了这份文告，史称《圣赫斯特声明》。

《圣赫斯特声明》在西班牙国内外都引起了极大反响，得到广泛支持。不出一个月，西班牙军界实力派人物马丁内斯·坎波斯将军的“萨贡托声明”支持阿方索。

阿方索从英国回到巴黎，与母亲一起过圣诞节和元旦，不想国内竟传来“萨贡托声明”及共和国瓦解的大喜讯。1875年1月4日，作为国王的阿方索十二世离开巴黎，第二天便从马赛乘船回国；9日到达巴塞罗那；11日到达巴伦西亚；14日，进入马德里。卡诺瓦斯已经在他到来之前就组织起了一个临时内阁，阿方索十二世来到马德里之后要做的第一件事就是对他们给予正式授权。4天后，阿方索十二世就离京去北方战场视察了。他从马德里直奔萨拉戈萨和图德拉，之后是潘普洛纳、洛格罗尼奥，在那里会见政府军的将领们包括塞拉诺，授权他们组织了最高军事指挥洪达，然后才又重新回到马德里。

让历史学家吃惊的是，在那烽火连天的岁月，一介书生的卡诺瓦斯最终成了最具权威的人物，军阀们无一人可出其右，无一人不予认可。在卡诺瓦斯的主持下进行了议会选举，紧接着便开始制定新的宪法，这一部宪法被称作《1876年宪法》，它是参照英国宪法而制定的。卡诺瓦斯认为英国是最成功的君主立宪制国家。

新的宪法包括13章89条加一个“临时性条款”，于1876年6月30日颁布并生效。不过，《1876年宪法》比《1869年宪法》要保守，宪法规定“立法权归国会和国王”，“国王神圣不可侵犯”，国王是西班牙各类武装力量的最高统帅，“司法权以国王的名义管理”，但是“国王的命令无大臣附署，应认为无效”；另外，议会选举从每3年一次改为每5年一次，规定由“法律确定的国家各团体和广大纳税人”进行选举。

卡诺瓦斯希望在西班牙建立两党制。当时的“两党”即以他本人为首的保守党（当时所谓“自由—保守党”，以原温和派为主）和以萨加斯塔为首的自由党（当时所谓“纯自由党”以原进步派为主）。卡诺瓦斯与萨加斯塔达成了共识，坚决捍卫《1876年宪法》，共同创造两党轮流执政的局面。从那时起直到1923年普里莫·德·里维拉独裁，西班牙基本上是由这两党轮流执政的。西班牙进入了一个政治相对稳定的时期。

从1875年下半年起，随着奥洛特战役的胜利，卡洛斯战争的局势开始扭转，政府军连连告捷。1876年初，西班牙政府调动25万大军横扫巴斯克地区不到8万人的卡洛斯派武装。1876年2月28日，卡洛斯本人携家眷逃出边界。3月3日，西班牙政府宣布第三次卡洛斯战争结束。

西班牙国王阿方索十三世

1878年1月23日，阿方索十二世与法国国王路易·菲利普的孙女玛丽娅·德拉斯·梅赛德斯(1860—1878年)成婚。但是这位18岁的波旁公主嫁给阿方索十二世之后仅仅5个月就去世了。王室和政府立即又为阿方索十二世选择了一位新的王后。求婚大使说，她即使不如前王后美丽，至少充满活力。当年11月29日，阿方索十二世在马德里与奥地利女公爵玛丽娅·克里斯蒂娜·德·哈布斯堡(1858—1929年)举行大婚。婚后，玛丽娅·克里斯蒂娜为阿方索十二世生了两位公主。

阿方索十二世虽然年轻却因常年颠沛，身体羸弱，后来就患上了肺结核。1885年病情急剧恶化，以致同年11月25日病逝，享年仅仅28岁。其时，玛丽娅·克里斯蒂娜王后正身怀六甲。1886年5月17日，阿方索十二世的遗腹子诞生，是个男丁。他一出生就被宣布为西班牙国王阿方索十三世，未满16岁之前由他母亲玛丽娅·克里斯蒂娜摄政。

真巧，之前伊莎贝尔二世幼时的摄政女王也名叫玛丽娅·克里斯蒂娜，她留给人们的印象并不很好，如今的这一位又会怎样呢？不久，阁僚们就传言表示满意了，人们说她老成稳重，谨言慎行，恪遵宪法。玛丽娅·克里斯蒂娜在朝野上下颇得良好口碑。

玛丽娅·克里斯蒂娜坚持像她丈夫一样依靠轮流执政的两党维持统治，政局基本稳定，但是稳定的统治下形形色色的政治思潮却在迅速发展，譬如各种社会主义、无政府主义，地方民族主义等。

2.海外殖民地的独立斗争

海外殖民地古巴在西班牙1868年“九月革命”后发动了第一次独立战争(1868—1878年)，马丁内斯·坎波斯亲自率军前往镇压，损失近10万士兵的生命才将起义平息。

何塞·马蒂

第一次古巴独立战争虽然结束了，但它的火种并没有被扑灭。1892年10月，古巴思想家、文学家、革命家何塞·马蒂(1853—1895年)在纽约召开古巴侨民各爱国团体代表大会，成立了统一的“古巴革命党”。1894年底，他们开始争取发动第二次独立战争。

何塞·马蒂纪念雕像

1893年2月26日，马蒂收到国内来电：“东部、西部，起义已经开始。”4月，马蒂等革命领导人回到国内。5月19日，马蒂在战斗中不幸中弹牺牲。马蒂虽然牺牲了，但他的思想、他的号召在古巴却产生了巨大影响，他的“灵魂”指引着起义军取得节节胜利，他的诗歌在古巴人民之中广为流传：

瞧吧，暴君，
你的专横引起了反抗的风暴。
你的挣扎亦将徒劳。
被你处死者的歌声滔滔：
　　他们死于你的魔爪，
　　他们永生在荣耀的怀抱。
……

> 杀吧，暴君，你杀吧，
> 血洗天空天更蓝，
> 大千世界更妖娆！

1896年2月，西班牙殖民军连遭重创，损失10万余人。殖民政府下令山区和偏僻农村居民全部搬到有军队把守的城镇，以孤立起义军。这种"集中营式清剿"不单没有能够消灭起义军，反而招致当地民众怨声载道。集中营人口密集，粮食奇缺，疾病流行，据说由于推行集中营制度，古巴人口减少了将近40万，约占全国人口1/3。

萨加斯塔在国会上说：

> 在我们派出了20万人，流了那么多血之后，在这个岛上，除了我们士兵脚下踩着的土地以外，再没有一块土地是属于我们的。

卡诺瓦斯和萨加斯塔都打算在古巴实行一些改革。卡诺瓦斯让古巴选派40名代表作为议员参加国会，但在这个议员团之中只有4名是出生在古巴的人。1897年萨加斯塔的自由党组阁后，给予安的列斯群岛自主权，令古巴成立自治政府，但是起义者已经建立了"古巴共和国"，他们针锋相对地召开了自己的制宪大会，并在宣言中指出：

> 特别法也好，改革也好，自治也好……对于结束当前的斗争都没有作用。不独立不生还——这永远是我们不可违背的神圣口号。我们应当胜利，我们一定会胜利。
>
> ——朱庭光主编《外国历史大事集》

1898年初，起义军增加到5.3万人，差不多解放了古巴三分之二的土地。他们也是"农村包围城市"的策略，控制了全国大部分农村地区及交通要道。

西班牙驻军总指挥在一份报告中写道：

统治正处于最后的混乱阶段，疲惫而又苍白的士兵都躺在医院里，没有力气打仗，甚至拿不起武器；在城市的周围，堆着30万具死于饥饿的尸体；这个遭受了真正灾难的破烂不堪的国家，不得不放弃自己的所有权，它正在极端残酷的暴政下呻吟，它找不到摆脱可怕处境的出路，造反的人群便日益增多了。

——朱庭光主编

《外国历史大事集》

美国务卿亚当斯。被认为是美国历史上"最有成就的国务卿之一"

3.美国挑战西班牙

美国在19世纪晚期已崛起为世界大国，触角伸向全世界，但与老牌儿列强相比它缺少了"前进基地"。它于是在美洲以外，尤其在中国，要求"机会均等"，而在美洲美国则提出"门罗主义"——"美洲是美洲人的美洲"，视拉丁美洲为自己的后院儿，力排欧洲势力。拉丁美洲曾是西班牙的产业，虽然绝大部分已经脱离它而独立了，但它的文化影响是根深蒂固的。而且西班牙还保有古巴和波多黎各，这两个站立在美国家门口儿的殖民地，还有亚洲的菲律宾，都是美国志在必得的地方。

早在1823年，美国务卿亚当斯就对古巴制定了"熟果政策"，他说古巴一旦脱离西班牙，必然受到美国吸引而投向其怀抱，"就如一个被风吹落的果子即使不想也不能不落到地上一样"。要催化这果子成熟，而且要加大自己的引力，美国先从经济领域入手。古巴对于美国来讲，不仅具有重大战略意义，同时也有着同样重大而具体的经济利益。经过七八十年的努力，美国已经垄断了古巴蔗糖的产生和贸易，总投资5000余万美元，吸纳古巴出口蔗糖的90%。此外它还垄断古巴矿产，占据古巴出口矿石的3/4。1896年美古双边贸易额达1亿美元。美国政府在给国会的

一份报告中说："古巴虽然在政治上仍是西班牙的附属国，但它在商业上已经依附于美国。"这颗果子渐渐成熟了。

美国总统克利夫兰

1896年底，美国总统克利夫兰在致国会的咨文中说：

> 当情况表明西班牙不能有效镇压叛乱，它在古巴的统治无论如何也要垮台的时候……我们就须另作考虑。届时，我们对西班牙主权承担的义务将为更高尚的义务所代替。
>
> ——朱庭光主编《外国历史大事集》

美国总统麦金莱

于是，当古巴人民反抗西班牙殖民统治的斗争即将取得胜利的时候，1898年2月初，美国政府以保护侨民人身安全和商业利益为借口派遣"缅因号"战列舰前往古巴，停靠哈瓦那港。15日晚，"缅因号"突然爆炸沉没，260名官兵丧生，爆炸原因不明。此前美国政府已经在国内做好舆论准备，2月9日《纽约日报》刊登西班牙驻美公使的一封私人信件，其中指责美国新总统麦金莱"软弱""哗众取宠"，是一个"自命不凡的政客"……这一报道引起美国社会大众对西班牙的强烈不满。"缅因号"事件更令美国舆论哗然。

3月17日，刚从古巴旅行回国的参议员普鲁特克在美国会发表演说，断言西班牙要进行改革已为时过晚，古巴自治已不可能，古巴企业家需要的是美国的保护和兼并，或者完全独立。《华尔街日报》评论说，这篇演讲使"华尔街许多人的思想发生了转变"，要求政府采取更强硬的态度。

1898年1月25日"缅因号"驶入哈瓦那港的照片

3月19日,美国向西班牙发出最后通牒,要求西班牙政府立即废止有关集中营的法令,并在10月1日之前与古巴起义者缔结休战条约,限令两天内答复。西班牙政府被迫接受了美国的要求。它于3月30日宣布废止了集中营策略,并建议将"缅因号"事件交由国际仲裁;4月初宣布停止在古巴的军事行动。同时,西班牙紧急求助于欧洲列强。欧洲列强虽不愿直接干涉,但4月7日英、德、法、奥、俄、意六国公使在华盛顿向美国总统麦金莱递交了一份联合照会,希望和平解决古巴事件。照会遭到麦金莱拒绝,他在声明中说:美国政府高度尊重这些国家照会的人道主义和大公无私,但希望他们也能认清美国力图尽快结束古巴的"不能容忍的"局势同样也是"大公无私的"努力。

4月19日美国国会通过决议:①古巴应当独立,②西班牙应当立即放弃古巴,③授权美国总统调集陆海军及各州民兵落实决议,④行动结束后将管理权交还给古巴人民。

4月22日,麦金莱下令封锁古巴港口。

4月23日,麦金莱下令征募12.5万志愿人员入伍(后来他们实际征召了22.3万人)。西班牙政府得知这些消息后,断绝了与美国的外交关系,并于4月24日向美国宣战。

25日,美国国会宣布:自4月21日起,美国已与西班牙处于战争状态。"美西战争"(亦被定义为"西—古美战争")正式爆发。

事实上，早在2月份美国海军就已经在中国的香港集结待命。战争开始后，4月25日，他们得到命令将舰队开往距中国海岸30海里的大鹏湾，一共集结了4艘巡洋舰和2艘炮舰。27日，美驻马尼拉领事带来了关于西班牙在菲律宾驻军和舰队的情报后，美国舰队驶往菲律宾。5月1日清晨，他们进入了马尼拉湾，遭到海岸炮台和西班牙军舰的炮击。5时41分，美舰队布阵投入战斗。西班牙的老式军舰难以抵挡美国新式战舰的攻击，顽抗到中午时分便全军覆没了，包括1艘装甲巡洋舰、4艘中型巡洋舰，还有一艘木制战船。不过，美国要占领菲律宾还需一些时日。

4月29日，能征惯战的西班牙海军少将塞尔维拉（1839—1909年）临危受命，率领一支由4艘巡洋舰和3艘炮舰组成的舰队驰援古巴。

马尼拉海战

5月19日，西班牙舰队驶入古巴东南重要港口圣地亚哥。塞尔维拉是一位经验丰富的海军将领，他很清楚自己这支小舰队无法击败美国的新式战列舰，于是小心翼翼地躲开了美军的监视。美国人10天之后才发现塞尔维拉的舰队已经停靠在圣地亚哥港。

6月10日，美国海军陆战队600人在圣地亚哥东部的关塔那摩登陆，得到当地起义军的支持，建立了美军的第一个据点。

6月19日，大批美军共1.7万人在关塔那摩附近登陆。

7月1日，美军开始攻打西班牙军把守的两个高地。西班牙人进行了顽强抵抗，美军付出了1500人伤亡的沉重代价才得以攻克。这是美国在这次战争中损失最重的一场战斗。

7月3日，塞尔维拉率领西班牙海军舰队离开圣地亚哥，不久遭到美军舰队的截击。美方拥有9艘新式战舰。经过激战,西班牙舰队被全歼,战死375人,受伤和被俘1700余人。塞尔维拉本人也做了俘虏。而美军仅1人死亡,10人受伤。接下来的,是美军和古巴起义军对圣地亚哥城的围困。圣地亚哥没有坚持多久就于7月17日宣布投降。

塞尔维拉的失败对整个战局发生了极大影响,伤亡对比太过悬殊,在古巴的所有西班牙军人心头都蒙上了重重的阴影,没人再有信心赢得胜利。所以,在古巴的战事至此就基本结束了。同时,西班牙政府知道败局已定,开始寻求停战的途径。

7月底,美军1.1万人在梅里特少将指挥下抵达菲律宾,在菲律宾起义者的配合下开始攻打马尼拉城。8月13日,马尼拉被占领,美军仅20人阵亡,105人负伤。

7月26日,法国驻华盛顿大使康邦代表西班牙向麦金莱政府探询停战条件。

7月30日,美国政府做出答复:要求西班牙放弃对古巴的一切权利;将波多黎各和马里亚纳群岛的一个岛屿让给美国;菲律宾暂由美国管理,以待确定其归属。西班牙政府只能屈就。双方约定10月1日起在巴黎开始和谈。

1898年12月10日,西班牙与美国签订正式和约。和约规定:西班牙放弃对古巴的主权及其他一切特权,将古巴交由美国代管,代管期间美国负责保障西班牙侨民的生命财产安全;西班牙将波多黎各岛和西印度群岛中归属西班牙的其他岛屿以及马里亚纳群岛中的关岛让与美国;西班牙将菲律宾群岛让与美国,作为补偿美国将在条约生效后3个月内付给西班牙2000万美元。

19世纪,西班牙经济停滞不前、衰败不堪,工业化迟之又迟、步履维艰,民众生活每况愈下,居民大半文盲(超过60%)。同时,阶级矛盾尖锐,政治斗争剧烈,且战火频仍。至1898年的美西战争,一切似乎发展到了极致,西班牙积弱积贫积腐积乱,只能眼睁睁地看着战争失败。失败使人们猛省,西班牙早已大大落后于时代。在国际上,它不仅早已不是大国强国，而且已经沦为最贫穷落后的国家。西班牙把美西战争称作“灾难”。在“灾难”的忧患之中，知识分子们奋力崛起，涌现出“九八一代”，像我们的五四新文化运动一样，将崭新的思想观念灌输给他们苦难的民族。不过，这也预示西班牙即将上演更深刻的悲剧。

19世纪，西班牙以1898年的一场“灾难”结束。

第七章
内战与流亡

一、第二共和国

二、漂泊海外

三、血战

一、第二共和国

1.摩洛哥战争和1917年大危机

1902年5月，阿方索十三世国王成年。5月12日，玛丽娅·克里斯蒂娜还政给儿子，阿方索十三世向《1876年宪法》宣誓，正式即位为国王。

阿方索十三世即位后依然指定萨加斯塔为首相，之后也一直坚持保守党、自由党轮流执政。但他不满于处处受制于国会，不满于人们时不时拿宪法跟他说事儿。他便不断想办法提高国王的权威，而让国会两院务必俯首听命。他与军界保持了密切的联系，把自己的统治建立在军队支持的基础之上。社会上早早地就开始有些风言风语，指责他是个任性的小暴君。

西班牙国王阿方索十三世

1906年5月31日，阿方索十三世与英国爱德华七世的侄女维多利亚·欧亨尼娅公主(1887—1969年)结婚。婚礼结束后，在返回王宫的途中，有人从马约尔大街88号的阳台上投掷下来一枚炸弹，造成28人死亡，40余人受伤，幸好新婚的国王夫妇无恙。之后，阿方索十三世一再遇刺，但他不单总能平安无事，而且十分冷静。因此就有人称赞他勇敢、沉着。

维多利亚·欧亨尼娅公主

阿方索十三世遇到的大麻烦首先来自北方的加泰罗尼亚和巴斯克的民族主义者，他们为了本民族的权益能够受到尊重和保护，为了能够享有自治权而开展了无比顽强的斗争。阿方索十三世对此一直坚持采取高压政策。

1909年7月9日，梅利利亚一个矿区的铁路工地遭到摩洛哥人的袭击，4名西班牙人被打死。时任首相的安东尼奥·毛拉错误地估计了形势，决定出兵开战。结果，不但战争失利，成千上万名士兵在摩洛哥战场上流血牺牲，而且在国内引发了严重动乱，尤其是在巴塞罗那还发生了“工人团结”党领导下的有组织的大规模示威游行和大罢工。马德里政府污蔑这是地方民族主义分裂分子乘机作乱。7月30日，政府从萨拉戈萨、巴伦西亚等地调来军队前往镇压。巴塞罗那陷入恐怖的镇压之中，许多人被处死，几千人被逮捕，175人被流放，59人被判无期徒刑。这一事件被人们斥责为“灾难一周”，导致了国内外舆论一派哗然，政府倒台，包括新任首相在内的一些政要遭到暗杀。但是，对摩洛哥的战争还在日益糟糕地进行。1912年11月27日，政府不得不接受不利条件而结束这场战争。阿方索十三世的政府本以为可以通过这场战争巩固并扩大在北非的利益，本以为可以通过这场战争重振1898年“灾难”以来一直低落的士气，如今却是“偷鸡不成蚀把米”。

1914年欧战爆发(也就是第一次世界大战)。阿方索十三世学乖了，宣布西班牙中立。西班牙没有因这场战争使民众吃苦，反而借机发展了经济。阿方索十三世因而受到各界赞扬，暂时稳定了社会和自己的统治。

可是，19世纪末和20世纪初在全世界范围社会主义运动、工人运动蓬勃发展，西班牙也不能例外。各种各样的社会主义组织和工会组织层出不穷。

1879年5月2日，马德里成立了西班牙工人社会党。

1888年8月12日，巴塞罗那成立了劳工总会。

1910年，无政府主义者的全国劳工联盟建立，短短10年它就发展到近60万成员。

1921年，从工人社会党分裂出来的左派成员成立了西班牙共产党。

在许多传统大城市或工业区，尤其是加泰罗尼亚，工人运动和社会主义运动开展得轰轰烈烈、风起云涌，大大小小的罢工示威活动此起彼伏。同时，政府频繁换届，像走马灯一样让人目眩。

1917年8月，全国工人大罢工，马德里、巴塞罗那、萨拉戈萨、巴伦西亚、莱昂、帕伦西亚、卡塔赫纳、阿斯图里亚斯矿区等都掀起了罢工浪潮。政府派警察镇压，罢工群众同警察发生冲突。政府又出动军队，军队在巴塞罗那向罢工群众架起了大炮，在马德里向群众开枪，造成血案，并逮捕了2000多人。领导罢工的多位西班牙工人社会党人被判终身囚禁。

与工人运动并驾齐驱的是加泰罗尼亚和巴斯克的民族主义运动，争取独立也好，要求自治也罢，总之是反对中央集权和对地方民族文化的压制。随着摩洛哥战争失利的耻辱，军队中也出现了反对派团体。整个军界从此越来越多地干预政治。传统的两党体制日益破碎，日益颓废不堪。历史学家们把这些概括为1917年大危机，相信只是由于各反对派的分散以及他们自己内部的矛盾，才让阿方索十三世得以苟安，没有遭遇几个月前沙皇尼古拉二世的命运。

2.不要独裁要共和

1923年9月13日，加泰罗尼亚军区司令普里莫·德·里维拉(1870—1930年)发动政变，提出必须取缔一切政党，将政权交由军事当局掌管，并呼吁其他军区响应和支持。14日，阿方索十三世将普里莫·德·里维拉召到马德里，授意他建立独裁政府。紧紧依靠军人专制似乎成了拯救阿方索十三世的唯一出路。而西班牙的表面民主和所谓立宪的开明君主制也就在1923年结束了。

普里莫·德·里维拉的独裁统治维持到1929年，初期确实起到了稳定社会的作用，他镇压了无政府主义及各种革命思潮在北方城市和南方农村的群众革命运动，镇压了加泰罗尼亚民族主义，结束了摩洛哥战争。但后来，各地革命运动重新燃起，且愈演愈烈；统治集团分崩离析；普里莫·德·里维拉独裁统治摇摇欲坠，颓势难撑。

眼见在革命浪潮的冲击下，在统治集团内部的分歧中，普里莫·德·里维拉军政权渐渐支撑不下去了，阿方索十三世提出可以让阿尔瓦公爵暂时接替他，建立一个过渡政府。普里莫·德·里维拉拒绝接受这一提议，觉得自己还有能力扭转和稳定局势。但是，3个月之后，军界、政界的大多数人都表明了不再支持他的态度。同时普里莫·德·里维拉获悉已经有人在策划推翻他的政变。1930年1月30日，普里莫·德·里维拉不得不承认革命烈火无法扑灭、统治集团难以驾驭的事实，终于向阿方索十三世提出辞职，远遁国外。

这时，旧的政党体系早已湮灭，一时难以重拾，阿方索十三世只好请其他军队将领出面接替普里莫·德·里维拉，并向一种新格局下的“民主制”过渡。可是，这事实上是无济于事的。

1930年8月，各共和派组织在圣塞巴斯蒂安举行了一次大会，决议必须推翻君主制，他们共同签署了一份公约，组成了一个革命委员会。10月，西班牙工人社会党加入“圣塞巴斯蒂安公约”和革命委员会。12月，军队中的一些共和派在阿拉贡的哈卡发动武装起义，虽被镇压，但革命声势壮大起来。阿方索十三世为了缓和局势，只好授意政府组织地方大选，称这是向代议制民主政治过渡的第一阶段，确定了大选将从1931年4月开始举行，先进行市政选举，5月进行省级选举，6月进行全国议会选举。预计共和派很可能会在各大城镇取得优势，但更广大的农村还仍掌握在君主派手中，那样的结果对阿方索十三世来说虽然心有不甘，但总比内战，或者直接被推翻好一些。

4月12日举行的市政选举，出现了30%的弃权票，但共和派和工人社会党等左派还是取得了胜利。他们在全国50个省会城市中的41个取得了多数。选举结果宣布后，马德里市民涌上街头大肆庆祝，手举共和国的旗帜，高呼要求建立共和国的口号。巴塞罗那省议会甚至宣布成立加泰罗尼亚共和国。紧接着，圣塞巴斯蒂安、萨拉戈萨、拉科鲁尼亚、萨拉曼卡等许多城市也都宣布建立共和国。工人罢工，学生罢课，反君主制运动像脱了缰的野马，再也难以控制。

14日，新当选的共和派和左派市议员占领了马德里市政厅，革命群众把共和国的旗帜插到了邮政大楼的楼顶。政府令军队驱赶示威游行的民众，但走上街头的士兵却纷纷加入到游行队伍中，倒向了共和派一方。在当天举行的最后一次内阁会议上，有大臣报告已经调集了军队，随时准备开入马德里进行镇压，阿方索十三世摇头说：不要，已经无济于事，只会造成大规模流血和残酷战争。

西班牙第二共和国国徽

1931年4月14日晚，阿方索十三世离开马德里，取道卡塔赫纳前往法国避难。“圣塞巴斯蒂安公约”和革命委员会组成临时政府，宣告西班牙第二共和国成立。

临时政府在6月下旬组织全国大选，选举出一个立宪议会，拥护新政体的派别取得大胜，左翼取得大胜。前临时政府军事部长曼努埃尔·阿萨尼亚（1880—1940年）成为共和国总统。共和国政府采取了一系列非常激进的改革措施，尤其令人瞩目的是其反教会的态度和措施。

曼努埃尔·阿萨尼亚

1931年11月，共和国议会宣布阿方索十三世国王犯有叛国罪，不受法律保护，并将其财产全部充公。

同年12月9日公布了《西班牙共和国宪法》：

第一条　西班牙为各劳动阶级，依据自由和正义，所组成的民主共和国。西班牙共和国一切机构的权力来源于人民……

第二条　法律面前西班牙国民一律平等。

第三条　西班牙共和国无国教。

……

第六十七条　大总统为国家元首，代表国家……

第六十八条　大总统由国会议员与同国会议员数目相同的大总统选举人共同选举产生……

二、漂泊海外

在法国,阿方索十三世带领全家住在枫丹白露的萨沃伊酒店。他们出走时,三王子唐·胡安(1913—1993年)正在加的斯海军学校学习,没能随王室一同启程,所以胡安比他们晚到了10天。

阿方索十三世的长子和他本人一样也叫阿方索 (1907—1938年)。阿方索王子曾经是王储阿斯图里亚斯亲王, 但1933年他与一位古巴平民结婚,因此放弃了王位继承权,去了美国。

阿方索十三世的次子名叫海梅,天生残疾,又聋又哑,并且也娶了一位平民女子(事实上她家是没有在王室注册的小贵族,但在王室的人眼中那只是平民出身的普通乡绅)做妻子。所以,阿方索十三世将王储的位子交给了正在伦敦一所海军学校留学的三王子胡安。胡安从1933年时起直到1941年一直拥有阿斯图里亚斯亲王头衔。

1935年10月12日,胡安在罗马与两西西里王国的玛丽娅·德·拉斯梅赛德斯公主(1935—2000年)结婚。

那时,西班牙国内形势已经发生很大变化。左翼政府的一些激进的改革措施引发了许多问题和矛盾。最招惹不起的是那些宗教界人士,他们通过各种布道方式,随时随地大施诋毁、攻击之能事。在俗界和军界、左翼和右翼冲突都向极端发展, 矛盾日益激化和扩大。西班牙出现了“国家工团主义奋进会”和“传统主义长枪党”等法西斯或准法西斯组织, 他们像某种恶性肿瘤一样,行为嚣张,发展迅速。还有传统的极右势力卡洛斯派, 他们与阿方索十三世的王室秘密签订《洛桑条约》,联手反对共和国。终于,在1933年11月的大选中, 左翼失败了。右翼一上台,立即翻

长枪党的标志

开变天账，一切都须翻转过来，再加上法西斯分子肆无忌惮的横行霸道，形势之恶劣可想而知。不过，这一切对流亡的波旁王室来说并非坏事，王室成员们觉得形势正朝着对他们有利的方向发展。

1936年1月，各派左翼以大局为重，求大同存小异，联合组成人民阵线。2月大选，形势紧张得令人窒息。左派以为，如果右翼获胜很可能将导致“法西斯主义”；而右翼以为，如果人民阵线获胜将可能会导向“布尔什维克化”。结果，人民阵线取得了胜利。阿萨尼亚重新出面组阁。共和国重启改革之路，数千名政治犯获得自由。极右分子气急败坏；法西斯分子四处闹事儿；长枪党与社会党人发生了武装冲突。双方矛盾越来越深，不断激化。海外的王室成员更觉得有希望了，阿方索十三世说：这么严重动荡的社会或许需要一位国王来起稳定作用，如果他们不反对，我是愿意回去尽些绵力的。

可是，西班牙形势的发展并非如阿方索十三世所希望的，人们并没有设法使社会安定，反而蓄势待发要进行一次决死的大搏斗，要以武力相拼。法西斯的暴力团、卡洛斯派的“义勇军”，都公开地随时准备投入任何反共和国武装叛乱。阿方索保皇派和大多数教会组织支持一切反共和国行动。最重要的是军界，如果他们不介入，所发生的只会是骚乱、暴动、冲突等，可他们中的一些人早在1934年就开始策划军事政变或武装叛乱，甚至不惜引发大规模内战。他们在军中的势力越来越大，影响越来越广。政府方面不单加紧整顿军队，而且决定要武装全国劳工总会和劳工联盟，誓死保卫共和国。

政治的混乱和过激，法西斯的鼓噪，教会的煽动，旧贵族的怂恿与支持，加上军人的密谋，第二共和国已经风雨满楼、岌岌可危。人们称那是1936年“不祥的春天”。

春天过去就是夏天。7月13日夜晚，几名左翼警察来到君主派领袖卡尔沃·索特洛的寓所。第二天清晨，人们在一座公墓的墙脚下发现了他的尸体。有人说是左派警察们为了给他们被杀的伙伴报仇而杀死了卡尔沃；也有人说是他在议会为军队口出狂言而招致了祸殃。因为卡尔沃的身死，右翼民众的示威游行和长枪党暴徒的胡作非为造成了异常的混乱和紧张。情急之下，警察面对人群再次开枪，又造成2人死亡。这一切给了密谋者揭竿而起的极好借口和机会。

1936年时的弗朗西斯科·佛朗哥

1936年7月17日，摩洛哥和加那利群岛的驻军同时起事。18日、19日，本土多地卫戍部队加入叛乱。叛军的总头领是弗朗西斯科·佛朗哥将军(1892—1975年)。

战争开始了，人们评说这场战争表面是西班牙的内战，实则为世界反法西斯战争或第二次世界大战的序幕或预演，各种国际势力都牵涉其中。德国、意大利援助叛军，苏联援助共和国；英、法、美等国政府中立，但从那些国家来的大批进步人士却不惜流血牺牲英勇战斗在第一线，就连我们中国也有很多志士仁人，组成国际纵队“中国支队”，投入了反对国际法西斯、保卫西班牙共和国的战斗。

这时在狼烟四起的西班牙大地上很快出现了波旁王储胡安的身影。

1936年8月，胡安以胡安·洛佩斯的假名为掩护，从法国穿越边界来到了卡洛斯派的根据地潘普洛纳，换上了机械师制服，戴上了卡洛斯派部队的红色贝雷帽，声称这是“为了从无政府状态中拯救西班牙而应尽的爱国义务”。佛朗哥得知此事后立即指示当地指挥官，拒绝胡安加入叛军，并尽快派人护送他离开。12月7日，回到国外的胡安再次要求参加叛军。他写信给佛朗哥，希望能安排他到“巴利阿里群岛号”巡洋舰上服役。佛朗哥则再次拒绝，“您的特殊身份不允许您作为普通军官上船服役”。后来佛朗哥在回忆此事的时候说，自己当时很想让胡安登基做国王：

> 因此，当他要求来同我们一起为拯救西班牙而战斗的时候，我没有同意让他去冒生命危险。
>
> ——贾诚先、刘迎红著《旧梦重温的西班牙王室》

不过，无论如何佛朗哥们的叛乱还是貌似要在西班牙恢复波旁王室的王权。这让阿方索十三世的王室充满了期望。

三、血战

1.援助与“不干涉”

1936年7月叛乱之后，第二共和国不仅面临被军事推翻的危险，而且同样面临内部的分裂。

在共和国控制的大部分地区，由于地方议会和警察得不到左派群众的信任，基层权力大多转移到了“反法西斯委员会”手中。在巴斯克地区，由于已经与共和国中心地区相隔离，出现了独立的“巴斯克共和国”。加泰罗尼亚和阿拉贡也都分别组织了自己的委员会，独立于马德里而管理着他们自己的地区。不少地方的权力转移伴随着社会革命，包括生产资料的集体化。然而苏联和西班牙共产党都一再声明，他们的目的只在于支持民主政府进行反法西斯斗争，而不是社会革命。真正推行社会革命的是无政府主义的全国劳工联盟、劳工总会中的极左分子以及加泰罗尼亚的“马克思主义统一工人党”。在许多地区，伴随社会革命而来的是群众暴力，立即处死当地统治阶级——豪绅、地主、警察还有教士，据说仅教士就有6000人被杀。

但其实，共和国控制地区的暴力行为与叛军方面的相比较就小巫见大巫了。叛军在他们占领的地区对左派进行了大批的、蓄意的、持续地追捕与杀害。他们有时是把抓来的人统统赶进斗牛场，然后用机关枪扫射，巴达霍斯就曾有大约2000人被这样杀害。至内战结束，在战场之外被叛军处死的“敌人”多达20余万名。

内战爆发时，共和国首脑是卡萨雷斯·基罗加。他大大低估了叛乱者“可笑的阴谋”，结果自己惊慌失措地让位给了右翼较容易接受的马丁内斯·巴里奥。巴里奥打电话给叛乱者尝试妥协，失败后，当天就辞了职。总统职位又转给了何塞·希拉尔。希拉尔主持政府，做出了武装工会民兵的困难决定，正是这个决定使得共和国在以后的日子里有力量同叛军抗衡。

武装工会的同时，希拉尔他们当然也想到了寻求国际援助。

在这方面，法国和英国是希拉尔的首选。尤其是法国，它在当年5月也选举出了一个民主阵线政府。7月19日，希拉尔向法国总理、社会党人莱昂·布鲁姆提出了飞机和武器的援助要求，并得到了布鲁姆的首肯。半个多月后，少量法国飞机被送到了第二共和国手中。可是，布鲁姆的决定在法国议会立即引起了轩然大波，右派坚决反对，以致内阁面临分裂。同时，英国鲍德温政府也明确表示不赞成法国的做法。于是，布鲁姆政府只好改变初衷，放弃了它起初的承诺。同时，法国提议，欧洲各主要国家政府对西班牙一致采取“不干涉”政策。他们以为，如果内战双方都得不到国际援助，那对共和国将是有利的。8月底，“不干涉”在国际社会被确定下来，成为了现实。9月，在伦敦设立了“不干涉委员会”，对欧洲各国在实施“不干涉”政策方面的情况进行监督。

与此同时，苏联的斯大林在希特勒1933年1月登上德国总理宝座之后认为，国际法西斯已经不仅仅在欧洲国家内部对左派民主力量造成危害，同时也对苏联的安全构成了威胁。于是他提出要支持一切反对法西斯主义的人民阵线，接受并支持受到法西斯主义威胁的资产阶级民主政府。当西班牙被它的西方民主“同道”抛弃后，苏联就成了第二共和国可以指望的唯一大国了。这样，希拉尔政府便在武装工人阶级的同时，求助于苏联和共产国际的支持。苏联的第一批援助物资在1936年10月运到了第二共和国手中。不过，那时希拉尔早已让位给了拉尔戈·卡瓦耶罗，以卜瓦耶罗为首组成了一个主要由社会党人和共产党人参加的真正左派的人民阵线政府，不久无政府主义的全国劳工联盟也加入了进来。1936年11月，由于叛军主力已经到达马德里西郊，卡瓦耶罗政府撤离了被围的首都，转移到更加安全的东部沿海城市巴伦西亚。

人们普遍认为马德里的厄运怕是注定了。

事实上，早在10月底争夺马德里的战役就打响了，11月初佛朗哥的部队主力已经推进到距马德里市区13千米处。佛朗哥和他的将军们认为占领首都不过是几天甚至几小时的事情，所以佛朗哥已经就公共秩序、市场供应、政治任命等做出了一定安排，甚至已经为举行入城仪式做了物质准备，军官们都接到了关于进城以后举止规范的训令。叛军的另一位重要将领——莫拉将军，还说了那句后来被引进到全世界所有语言中的名言：

（除了从城外攻打马德里的4个纵队以外）他在城里还拥有一支“第五纵队”。

看来马德里终究是在劫难逃的。

可是，尽管佛朗哥的军队用尽了浑身解数，尽管在哈拉马（1937年2月）、瓜达拉哈拉（1937年3月）、布鲁内特（1937年7月）发动了最猛烈的攻势和最艰苦最残酷的战斗，双方伤亡惨重，但马德里依然故我，前线战况并没有发生多少变化。马德里的工人民兵表现得极其英勇、顽强，而由第三国际组织的国际纵队也已在关键的时刻及时地赶到了战场，并且发挥出了异乎寻常的战斗力。

然而，在马德里以外的战场，第二共和国的命运就没有这么好了。

在南方，1937年2月，叛军在意大利军队的参与下占领了马拉加，导致了对左翼的又一次血腥屠杀。

在北方，1937年4—9月，叛军攻占了比斯开、桑坦德、毕尔巴鄂以及阿斯图里亚斯等地，结束了“巴斯克共和国”短暂的生命。

这期间发生了西班牙内战中最臭名昭著的一幕：德国秃鹰军团遵照叛军最高司令部的指示，在一个集市日（4月26日）轰炸巴斯克的精神之都格尔尼卡3个半小时之久，大批妇女、儿童倒在血泊之中，军用战斗机紧追着逃向山林的群众疯狂

受到秃鹰军团轰炸的格尔尼卡

扫射。

国际纵队士兵宣誓效忠共和国政府

意大利和德国的坦克、苏联的战车都大批地出现在战场上;6万余名国际纵队的战士英勇地战斗在前线,但意大利也为佛朗哥派来了“志愿军”,而且他们的人数成倍地超过左翼的国际纵队;苏联派来了许多军事、政治顾问,而德国的飞行员、技术员、专家、顾问的人数也不少于他们;此外,德国的飞机和战舰帮助佛朗哥夺得了制空和制海权。

“不干涉”政策对德国、意大利和苏联起不到什么作用,但英、美等国不仅袖手旁观,甚至不允许第二共和国从他们那里购买战争物资,从而剥夺了一个民主的合法政府最正当的权利,相反一些英国商人却不顾政府禁令继续同西班牙右派做买卖,美国则坐视德国、意大利大批购买战争物资转运给佛朗哥,再加上其他国家的一些商人,包括法国右派商人的支持,佛朗哥在内战期间始终拥有充足的武器装备和粮草弹药。

内战结束一年后,丘吉尔不无幽默地说:

> 法国是中立的,而英国是严格中立的。

西方大国对国际法西斯主义威胁所采取的“绥靖政策”和在这种政策下对西班牙合法的民主政权的抛弃,是导致西班牙第二共和国最终失败的关键因素之一。

2.内战中的内战

卡瓦耶罗政府在共产党人的帮助下,以令人难以置信的效率在极其短暂的时间和极其困难的条件下,成功组建了共和国自己的正规军。西班牙共产党人数大大增加。共产党员、共产国际代表、苏联顾问,在共和国的军事和行政部门中起到日益突出的作用。再加上苏联的援助，共产党人和共产主义的影响无论在政府内还是在政府外都明显地扩大了。共产党成了共和国抵抗的中坚力量。但是在政治上，卡瓦耶罗并不能与西班牙共产党及共产国际保持一致，双方开始产生分歧。

1936年12月21日，斯大林与莫洛托夫、伏罗希洛夫共同签署了一封给拉尔戈·卡瓦耶罗的信，其中指出：

……

西班牙革命具有自己的道路，从各方面看都与俄国革命所遵循的道路不同。这种不同是由不同的社会、历史和地理条件决定的，是由目前的国际形势造成的问题有别于俄国革命所面临的问题决定的。议会行动在西班牙可能是一种比在俄国更加有效的革命活动方式。

……

我们在此向您提出4点朋友忠告：

1.应当考虑到农民，农民在一个像西班牙这样的农业国家里具有举足轻重的地位。应该颁布一些迎合农民利益的土地问题与税收的法规。应当适时地吸收农民参军，或在法西斯后方建立支队。颁布一些符合农民利益的法规，将有利于进行这项工作。

2.应当把城市中的中小资产阶级吸引到政府一边来，或者，无论如何，要保护他们免受任何查抄，尽可能保证他们自由地做买卖，使他们有可能采取有利于政府的中立态度。如果不是这样，中小资产阶级将会站到法西斯主义一边去。

3.不应排斥而应吸收共和派领袖人物参加政府，使他们共同担负政府工作的责任。特别需要使政府得到阿萨尼亚及其派别的支持，尽一切可能消除他的动摇。这是堵住西班牙的敌人认为西班牙是一个共产主义共和国之口所必需的，而这种看法目前是共和制西班牙的最大危险。

4.可以选择时机在报纸上宣布，西班牙政府不允许任何人试图损害居住在西班牙的外国人、一切不支持起义者的国家的公民的财产与合法利益。

——【西】萨尔瓦多·德·马达里亚加著《西班牙现代史论》附录二《斯大林的信》

卡瓦耶罗恰恰就是在这些方面难以赞同共产党的主张。而他的社会党同志、无政府主义者以及巴塞罗那的“马克思主义统一工人党”等极左革命组织成员，则比他更加强烈地反对共产党的“反革命”主张。这样，双方矛盾日益激化了起来。

1937年5月，坚持激进的社会革命政策的全国劳工联盟和“马克思主义统一工人党”在巴塞罗那与加泰罗尼亚共产党人发生了直接的武装冲突，双方展开激烈的巷战，历时4天之久，被称为“内战中的内战”。最后，共产党人取得了胜利。共产党要求解散“马克思主义统一工人党”并严惩其领导人，遭到卡瓦耶罗的拒绝。于是，他们策动了一次内阁危机，迫使卡瓦耶罗辞职，由内格林取代。内格林将政府迁到了巴塞罗那。

第二共和国人民阵线政府内部的不团结也是导致共和国失败的关键因素之一。

3.内战结束

第二共和国组建正规军以后，军队战斗力得到大幅提升，但在战略上却棋败一招。他们发动了几次较大的战役，以很大代价夺取了不多的土地。可是不久叛军又发动攻势，政府军立足未稳便再次失去这些土地，而且在这个得而复失的过程中部队损失更加惨重。

1937年12月，共和国军队攻占特鲁埃尔，取得一次重大的军事胜利，在胜利的鼓舞之下他们又开始进攻萨拉戈萨。可是，进攻的势头很快被遏止，共和国军队被迫一步一步地后退。特鲁埃尔守军经过了70天无休止的战斗以后，不得不放弃了这座具有重要战略地位的城池。进攻萨拉戈萨的部队退却后，佛朗哥军队一鼓作气占领了整个埃布罗河谷地，他们的占领区向东一直推进到了地中海，使加泰罗尼亚与马德里、巴伦西亚等“中心”地区隔断，共和国领土被分割成了相互隔绝的两个部分。

为了挽回局面,共和国军队在当年7—11月发动了最后一次大规模战役——埃布罗战役。

1938年9月,英、法、德、意四国首脑张伯伦、达拉第、希特勒、墨索里尼在慕尼黑签署了《关于捷克斯洛伐克割让苏台德领土给德国的协议》,即臭名昭著的《慕尼黑协议》,令苏联大为失望。于是,苏联不顾埃布罗前线战事正吃紧,而停止了对西班牙第二共和国的宝贵援助。第二共和国迅速陷入灾难的深渊。

战事进行到11月,共和国军队被一米一米地赶回了埃布罗河畔。15日,他们不得不再次渡河返回原来的地盘。仅在他们在大河对岸展开的最后的坚守的战斗中,就有上万名战士英勇牺牲。佛朗哥的军队没做多少休整便于1939年初径直扑向了巴塞罗那。德国人在这里试验了他们的新战术,使用机械化部队迅速突破防线,然后再展开口袋式的围剿。巴塞罗那的防线抵挡不住他们的“闪击战”,1939年1月26日巴塞罗那被攻破,共和国军民仓皇逃向比利牛斯山,逃去法国流亡。

1938年9月30日,英国首相张伯伦在机场对群众挥舞着与希特勒签署的和平协议

法国学者德科拉说,当时逃亡法国的约有50万人,25万军人,1万伤员,17万妇女儿童,6万男性平民。逃亡的队伍里也包括部长会议主席内格林和宣布辞职的共和国总统阿萨尼亚,以及西班牙第二共和国其他许多政府官员。不过,内格林等人不久又回到了西班牙,表示要坚持到底。

佛朗哥调集了32个师的军队、300架飞机,以及大批的坦克和重型火炮,准备对马德里发起总攻。而在内格林召开的一次高级军事长官会议上,到场的将领们大都已经不愿再继续作战,只有共产党人仍然坚定地支持内格林的主张:抵抗到底。

1939年3月5日,传来了卡塔赫纳海军叛变的消息。紧接着,马德里驻军首领卡萨多上校，组建了一个“国防委员会”，宣布接掌政权。于是，尽管马德里已经危在旦夕，还是发生了第二次“内战中的内战”。不过，这一次被打败的是共产党人。

卡萨多上校的委员会是由那些希望能够通过谈判结束内战的人组成的，委员会里包括了原来参加人民阵线的大多数党派的代表。他们提出的投降条件是：外国势力不得干涉，保证国家独立和完整，保证要求出国的人出国，保证不进行报复。但是，佛朗哥要求无条件投降。

3月25日，佛朗哥军队重新开始进攻。26日下午，佛朗哥的电台公布了接受投降的条件，其实是无条件的，只不过他们说可以宽大处理应当受到惩罚的人。当晚，国防委员会也通过电台发表了一份声明，把情况告诉广大居民。之后，这个委员会就销声匿迹了。

1939年4月1日，佛朗哥宣布内战结束。

但是就在同一年，3月15日德国侵占捷克斯洛伐克，9月1日进攻波兰，第二次世界大战爆发。希特勒在5月23日的一次秘密军事会议上说：“对英、法的战争将是生死的搏斗……我们必须破釜沉舟。”

阿方索十三世这几年一直在密切关注国内形势，一直盼望佛朗哥们的“邀请”，也一直尽力帮助佛朗哥们反共和国的战争。他支持儿子的“亲征”，并曾利用自己身在罗马而且与墨索里尼私交不错的便利为佛朗哥的叛军争取意大利法西斯的支持和援助。

然而，阿方索十三世没有等到什么“邀请”，却等来了第二次世界大战，看来战火不仅使他的西班牙变成一片焦土，还将蔓延整个欧洲甚至全世界。阿方索十三世真怕佛朗哥再跟着希特勒和墨索里尼疯狂从事更大规模的战争，因此公开发表谈话，断言希特勒必将战败，无论起初能取得多少胜利，进展会有多么顺利，但最后终将一败涂地。并说自己是凭借上一次世界大战的经验而谈的，希望各界务必慎重考虑。所幸佛朗哥政府宣布了中立，没有再让西班牙民众承受更多的战争灾难。

1941年1月15日，阿方索十三世让位给儿子胡安，2月28日死于罗马。意大利国王维克托·伊曼努尔主持了他的葬礼，并将他暂时安葬在蒙特

赛拉特西班牙教堂,36年后才由他的孙子胡安·卡洛斯一世国王把他迁葬在埃斯科利亚尔皇家修道院的波旁王室墓。

阿方索十三世生前一直没有承认退位,所以他的继承人本该称"胡安三世"国王。但是,胡安承认不在位的事实,坚称"巴塞罗那伯爵",希望日后有机会成为真正的"胡安三世"国王。可惜他的这一愿望未能实现,巴塞罗那伯爵的称号让他使用了一辈子。

第八章
佛朗哥

一、无冕国王

二、与佛朗哥周旋

三、《国家元首继承法》

一、无冕国王

1.成长之路

弗朗西斯科·佛朗哥

佛朗哥是一个全世界都熟知的名字，在大部分人的印象中他是一个典型的法西斯独裁者。是不是法西斯姑且不论，他从西班牙内战时期一直到1975年11月病殁始终维持着自己的独裁统治，是一个地地道道的大独裁者却是不争的事实。

佛朗哥老早就确定西班牙是君主国，但只要他自己活着，就不允许再有国王凌驾于自己之上。他让胡安明白，能够决定谁是王位继承人的是他佛朗哥而不是阿方索十三世。日后的事实是，现任国王胡安·卡洛斯一世是从佛朗哥手里继承了西班牙，而不是他爷爷阿方索十三，更不是他父亲巴塞罗那伯爵唐·胡安。以致人们不得不认定佛朗哥是一位真正的无冕之王，甚至在记述西班牙历代国王的时候都不得不将佛朗哥也作为某种特例列在其中。

佛朗哥，1892年12月4日出生在西班牙西北部的费罗尔城。他的全名是弗朗西斯科·帕乌利诺·埃尔梅内希尔多·特奥杜洛·佛朗哥·巴哈蒙德，其中巴哈蒙德是母姓，佛朗哥是父姓，所以他姓名的一般写法是弗朗西斯科·佛朗哥·巴哈蒙德。由于散居世界各地的西班牙犹太人的后裔多有叫作“Franco”这个名字的，所以一直都有人怀疑他具有犹太人血统。希特勒也曾密令调查此事，但始终没有查出结果。不过，有一点人们毫不怀疑：佛朗哥出生的家庭是信仰天主教的。

佛朗哥出身海军世家，父亲尼科拉斯·佛朗哥早年在古巴、菲律宾等地服役，官至后勤总管，大约相当于海军中将。据说，他家在他之前5辈都曾任此职。尼科拉斯1890年与琵拉尔·巴哈蒙德结婚，婚后生有5个子女，佛朗哥是他们的次子。

佛朗哥幼时除了绘画以外在各个方面都没有什么比较突出的表现，而且他性格内向，朋友不多。他在一所私立学校接受了启蒙教育，随后便报考海军学校，可是那所学校却因故关闭了，致使佛朗哥转而报考托莱多炮兵学院。1907年8月至1910年7月，佛朗哥在炮兵学院学习了3年，毕业后成为萨莫拉第8团的一名少尉军官。那时，佛朗哥年仅18岁。那支部队当时正驻守他的家乡费罗尔城，但佛朗哥报到不久便申请去非洲。1912年2月，佛朗哥如愿以偿，加入了非洲第68团。当年5月14日，佛朗哥随一支骑兵部队第一次参加了战斗。经过以后的一系列军事行动，他得到了提升。1915年，佛朗哥成为上尉。1916年9月29日，他第一次在战斗中负重伤。之后，他被授予“玛丽娅·克里斯蒂娜十字”勋章，并晋升为少校。1923年10月，已身为上校的佛朗哥在奥维多与卡门·保罗·马丁内斯·巴尔德斯结婚。1926年2月，33岁的佛朗哥成为欧洲当时最年轻的将军。两年后，1928年初，他被任命为由普里莫·德·里维拉建立的萨拉戈萨总军事学院院长。1931年第二共和国成立后，该学院被关闭，佛朗哥沦为后备役，但后来他又被任用为巴莱阿雷斯驻军司令。

在右翼获胜掌握共和国政府的那些日子里，佛朗哥获得了一展身手的机会。

1934年，时任军事部长的迭戈·伊达尔戈派遣佛朗哥率军镇压了左翼在阿斯图里亚斯的联合起义。

1935年，极右派领袖希尔·罗布莱斯出任军事部长，阴谋从政府内部控制军队，进而接管全部政权，他任用佛朗哥为总参谋部长官。

但好景不长，1936年2月，左翼组成人民阵线重新在大选中获胜后，将佛朗哥调往加那利群岛，任驻军司令。于是，佛朗哥投入了叛乱密谋。

其实，在密谋叛乱这件事情上，将军们的态度远不如中下级军官积极，尤其是那些受到法西斯主义影响的年轻人。可是，佛朗哥的个人经历和社会地位注定了他的政治立场必然属于极右派。他本人虽然不是法西斯分子，但却非常倾向法西斯，尤其他以后的活动在国内国外都十分依靠法西斯主义力量。他当初与法西斯组织的一个明显分歧是，他很

不赞成法西斯分子满大街无法无天地胡作非为,不满他们的暴力行径。所以,佛朗哥没有和法西斯主义组织建立联系。在叛乱开始时反共和国的各种力量中,佛朗哥仅属于单纯的叛乱军人。当抵达摩洛哥以后,他立即被驻非洲各叛乱部队拥戴为首领,同时他仍然是加那利群岛叛乱部队的首领,但他还不是全国的叛乱首领。

1936年7月18、19日,也就是叛乱爆发的第二天和第三天,西班牙本土许多地方的卫戍部队也都加入了叛乱,基本上是从南向北席卷各地,而且很快占领了一些地区,取得了最初的成功,譬如在潘普洛纳、布尔戈斯等地,但也在一些地区迅速地遭到失败,譬如在毕尔巴鄂、桑坦德、马拉加等城。各地的法西斯主义组织也都立刻行动了起来,他们以各种疯狂、野蛮的行动支持军队叛乱,颠覆共和国。形势越来越混乱,第二共和国在马德里的中央政府和在巴塞罗那的加泰罗尼亚自治政府都不得不紧急动员工人阶级参加保卫共和国、抵抗法西斯主义和军事叛乱的斗争。中央政府向劳工总会和全国劳工联盟分发了武器,而巴塞罗那的工人阶级则直接从兵工厂获得了武装。同时,共和国政府在巴伦西亚和圣塞瓦斯蒂安也是依靠武装的工人阶级才迅速稳住了阵脚。

叛乱一周后,叛乱者控制了全国接近一半的土地,主要是西北部地区和南方部分地区,而国家中心地区,最重要的东北部地区以及南方很多地区仍然在共和国的控制之下。双方的正规军人数,在陆军方面叛军略多于政府军,约有6万余人;空军方面政府占有3:2的优势;海军则大多站在共和国一方。这时,叛军要想打破平衡取得进展关键一步就是将驻扎在摩洛哥的2.4万精锐部队送过直布罗陀海峡,但是他们偏偏在海空军方面不如政府军力量强。

佛朗哥于是向意大利和德国寻求援助,与此同时共和国政府也在向英、法求助。墨索里尼经过一番犹豫,在7月29日派出了12架萨伏伊—81轰炸机,其中3架在飞往摩洛哥的途中坠毁,其余9架抵达。希特勒了解到叛军的当务之急是缺乏运送军队的工具后,立即派出了30架运输机。靠了国际法西斯援助的这些飞机,佛朗哥在7月底、8月初将非洲的大部分军队运到了塞维里亚。直布罗陀的英国人对此坐视不理。不久,佛朗哥又在意大利飞机的保护下通过海路最后完成了部队转移的全部工作，取得了他所谓“海峡战役”的胜利。

在北方，取得了一些进展的叛军在9月初开始南下，试图进攻首都马德里，但却被民兵围困在马德里北部的瓜达拉玛山区。在南方的安达卢西亚，叛军与共和国军队在一条十分漫长的战线上死缠烂打。佛朗哥则率军向北迅速地推进到埃斯特雷马杜拉，8月10日占领梅里达；14日占领巴达霍斯；9月2日，攻占了马德里前面的最后一座重要城镇塔拉韦拉。

佛朗哥在叛乱阵营中的重要地位日益突显。早在叛乱开始后不久，叛乱者就在布尔戈斯组成了他们的“国防委员会”。那时，佛朗哥还不是委员会成员，几周之后他才被吸收进去。9月底，委员会在萨拉曼卡召开会议，认为有必要推选一位军政总指挥。这时，经得起推敲的人选已经只有佛朗哥一人。9月28日，佛朗哥接受了军队最高统帅的职位。几天以后，他又使自己成为了“拥有新国家所有权力”的“西班牙国家元首”。

2.独裁专制

当时被卷入内战的绝非仅仅是军事组织，而对左右两个阵营的内部来讲，无论在军事上、组织上还是在思想意识上和政治主张上，也都十分混乱，亟待统一。拿右翼来说，虽然不遗余力地发动了叛乱，可是通过叛乱推翻共和国之后怎么办？恢复旧的王朝？建立一个新的、保守而专制的“共和国”？建立某种军事独裁政府？抑或仿效德国、意大利建立一个极权的法西斯政府？对于这些问题，叛乱者们始终就没有机会讨论。无论怀有哪种想法的人都只是一股脑儿地站到了叛乱的一方，拼尽全力地与共和国作战。

佛朗哥的头脑是清楚的，他所谋求的不仅仅是军事最高统帅，更重要的还是国家元首，他并不在意是什么主义、什么制度的国家，但这个国家不能再是乱糟糟的，不能把什么事情都没完没了地讨论。政党可以统一人们的思想，但政党多了人们的思想也就乱了。德国、意大利等法西斯主义国家的一党制，看起来是不错的榜样。因而，佛朗哥首先要解

决政党的问题，这是消除混乱的一个关键。

卡洛斯派的标志

在右翼政党中，最麻烦的是长枪党和卡洛斯派。他们都在内战爆发以来的短短时间内获得了巨大发展。卡洛斯派主要招收对法西斯主义心存疑虑的保守的天主教徒，它的“义勇军”曾经是一个很令人生畏的准军事组织。长枪党则是西班牙法西斯主义的核心。它原本人数不多却是鼓噪滋事的能手，因而影响相当之大。在内战爆发前后的短短时间里，它就像一个恶性肿瘤突然迸发病变，以令人目眩的速度急剧膨胀起来。它不仅合并了形形色色的分散的法西斯主义或法西斯主义色彩的小型组织，而且从各式各样的政治派别中吸收了成千上万的成员，甚至也包括许多原先的共和派或左翼分子。内战爆发之初，右翼的许多民间武装都受它的摆布。但是，这两个组织的内部纷争都很严重，缺乏众望所归的领袖。尤其是长枪党，其创建人安东尼奥·普里莫·德·里维拉在战争爆发之前就已经被共和国政府囚禁在阿利坎特的监狱中，1936年11月被处决，所以该党那时一直深受第二代可能的继任者们争权夺利的内部斗争之苦。

解决政党问题，佛朗哥必须从军事入手做好准备，那就是将一切右翼民间武装即民兵组织统统置于军队的领导和控制之下。随后，在1937年4月19日，佛朗哥颁布了“统一令”，合并长枪党、卡洛斯派以及其他一些右翼组织，创建由佛朗哥本人领导的全国唯一政党“西班牙传统主义长枪党与工团主义民族奋进会”(FET)。这就是后来的所谓“国民运动”的前身。

佛朗哥要想从国际上获得援助，非法西斯国家是不可能的，因为，第二共和国既是国家的合法代表，又是一个民主政府，在国际社会中必然占尽优势。何况，在内战爆发的头一两个星期里，佛朗哥就已经从国际法西斯主义那里尝到了甜头。要想继续获得国际法西斯主义源源不断的支持，佛朗哥和他的“新国家”很有必要仿效法西斯主义国家，或者至少也要具有足够的法西斯主义色彩。以长枪党为基础创建统一政党，并出任这一政党的最高领袖，足以使佛朗哥获得国际法西斯主义的充分信任。同时，这更是佛朗哥建立他个人独裁体制的重要步骤。在后来的岁月里，“国民运动”始终都是佛朗哥进行独裁专制统治最重要的工具。

弗朗西斯科·佛朗哥

佛朗哥掌握了最高军事指挥权和唯一政党之后，又在1938年组建了他的第一届内阁，至此他便将“新国家”党、政、军一切大权统统控制在了自己的手中。

佛朗哥为自己选择了一个既是地道西班牙特色又十分富于法西斯风格的称号——元首，或按照音译“考迪罗(Caudillo)”。考迪罗是旧时军事首长的一种称谓。他拥有对一支军队的最高指挥权，那支军队仅维持对他个人的忠诚；而他个人可以凭借军事力量随意干涉政治，或者干脆直接行使政府权力。所以，对汉语来讲，“考迪罗”可以很准确地直接翻译为“军阀”。但是，“军阀”在汉语中充满贬义，而“考迪罗”在西班牙语中却没有贬义的意思，所以大家才没有将“Caudillo”直接翻译为“军阀”，而是采取了音译的办法。墨索里尼在意大利语中为自己选择了“Duce”一词作为专用称谓，这个词与西班牙语的“Caudillo”正好是同义词。

二、与佛朗哥周旋

1.佛朗哥主义

佛朗哥的统治和佛朗哥独裁体制如今被统称为“Franquismo”(佛朗哥主义)。

佛朗哥说：

我们必须量体裁衣，自由制度和政党制度对于其他一些比较复杂的民族来说还算可行，但对西班牙人却是毁坏性的，与我们……完全不相容。

——【西】何塞·曼努埃尔·萨宾·罗德里格斯著《佛朗哥专制(1936—1975年)——文章与文献》

1937年，佛朗哥就说过：

西班牙将实行合作方式，结束毒害人民的自由体制。西班牙将遵守法律规则，推进对祖国的崇拜，发展社会公正，实行保护中产阶级和劳动者。简言之，西班牙将借鉴德国和意大利的经验，但使之符合民族特性。我们将使它成为适合民族尺寸的衣服。

1940年，佛朗哥于西班牙接见纳粹德国党卫军首脑希姆莱

20年后，佛朗哥又对《费加罗报》的记者说：

我们的现行制度绝对源于西班牙历史、我们的传统、我们的体制、我们的心灵，并以之为基础。自由主义正是丢失了、污染了这些源泉。忘记了西班牙心灵的需要，是我们在19世纪和20世纪大部分时间受到折磨，使我们付出了丢失帝国和灾难性的衰落的代价。当世界其他强国在那段时间得以建立他们的实力时，我们却沉没于百年的昏睡中。

——【法】让·德科拉著《西班牙史》，管震湖译

在对“Franquismo”的具体研究中，多数学者将它划分为三个阶段：

一般是1939—1950年、1950—1960年、1960—1975年；或者1939—1951年、1951—1965年、1966—1975年。

第一个阶段是其建立与巩固的阶段，主要手段是：血腥镇压、政治反动、在世界大战中采取比较灵活的中立立场，同时确立君主国国体，与流亡王室周旋，有条件地承认王室权力（不准“国王”登基，却接受其子为王储；王储必须回国接受教育，否则另选王室），以获得“Franquismo”统治的合法性。

第二个阶段是第二次世界大战后继续寻求生存的摸索阶段，主要手段是：在国际上投靠美国，坚持反共，摆脱法西斯之嫌，以获得一席赖以残存之地，而在国内则是欺骗性宣传、继续镇压各种反对派政治力量，发展自给自足经济。

第三个阶段是经济改革阶段，主要手段是：进行市场经济改造，与国际接轨，吸引外国资本与技术，以改善国家经济状况及人民生活，并逐步摆脱在国际上的孤立窘境。佛朗哥的经济改革十分有效，改革后西班牙的经济和社会都发生了巨大变化，以致一些学者不同意上述分期方法，而仅将“Franquismo”划分为1939—1959年的前期和1960—1975年的后期。

1942年5月12日，佛朗哥第一次亲自写信给波旁王室的代表巴塞罗那伯爵胡安，表示已考虑实行君主制，但君主必须是内战胜利者的代表。那时，在西班牙的监狱里关押着不少于100万名被指称“赤色分子”的政治犯。至于究竟有多少人被杀害？或许永远都是无法弄清的无头案。

1942年11月11日，巴塞罗那伯爵胡安在《日内瓦日报》发表声明：

> 我不是叛乱首领，而是西班牙王权这一世代相传的政治财产的合法继承人。我相信君主制必将恢复。当西班牙的利益要求这样做的时候……当西班牙人民认为这一时机到来的时候，我将毫不迟疑地立即为之效力。我最大的愿望是成为一个全体西班牙人最终相互谅解、和睦相处的西班牙的国王。

可见从最初的接触起，双方的矛盾就十分明显而且深刻。佛朗哥要坚持残酷镇压，令内战敌对者永世不得翻身；而胡安则坚决反对，要求宽恕，呼吁民族和解。佛朗哥从此不再考虑让巴塞罗那伯爵胡安即位恢复王权，除非他彻底改变立场。

1943年3月8日，胡安致信给佛朗哥：

> 阁下作为我国命运的最高仲裁者，所以我要提请您注意，世界大战即将结束，形势逼人……如果漫不经心，阁下在此时刻定会对历史承担严重责任……我特此郑重地吁请阁下拿出西班牙人的良心。

但佛朗哥回信只是严厉告诫胡安，在西班牙一切都必须由他安排，别人无权说三道四。看来他并不明白胡安的用意。不久，墨索里尼政权垮台了。

胡安再次致信佛朗哥，把话说得更明白：

> 最近的战事正在改变欧洲的命运，其速度之快令人印象深刻，唯有在世界大战中没有勾结敌人这种污点的政权，才能在和平来临之时有效地维护本国的正当利益……防止种种危险的办法只有一个，即立刻恢复君主政权。它在这一可悲的时期没有干预过西班牙事务，所以理所当然地可以采取某种和解和建设性的行动。

同年秋，佛朗哥下令撤回了1941年夏天去援助德军进攻苏联的志愿兵“蓝色师团”，它由大约1.6万名志愿人员组成，曾是一支颇具杀伤力的武装力量。

事实上，自珍珠港事件后美国一参战，佛朗哥就开始调整西班牙的中立立场，轴心国都指责他正偷偷朝着更有利于敌方的立场转变。

1942年11月8日，美军在北非登陆，佛朗哥事先与美国达成默契，保证会严守中立，按兵不动，同时他也得到罗斯福总统的亲自保证：盟军不会威胁西班牙在北非的存在和利益。日后，美国国务卿科德尔·赫尔说：

如果没有西班牙的中立，我们攻入非洲是不可能的。

美国国务卿科德尔·赫尔

2.保持中立

1943年，当战争出现决定性的转折之后，佛朗哥更加公开地转向了同盟国阵营。他还写信给丘吉尔，建议由他出面调停，以结束战争。

1944年，丘吉尔在英国下院说：

无可置疑，假如西班牙在那个危急关头向德国谄媚并屈服于它的压力，我们的负担就会沉重得多。毫无疑问，最要紧的是西班牙决心置身于冲突之外。

1944年6月6日，盟军在诺曼底登陆。8月25日，巴黎解放。1945年1月，华沙解放；2月同盟国首脑在雅尔塔召开会议。3月15日，巴塞罗那伯爵胡安在洛桑发表宣言：

西班牙人民：

我了解你们的痛苦处境，我分担你们的恐惧……

从1931年4月以来……西班牙便进入了其历史上最富于悲剧性的时期。在共和国的5年时间里，由于无休止的暴乱、罢工和各种各样的混乱现象而造成的不安全和无政府状态，导致了3年内战……

佛朗哥建立的制度从最初起就受到轴心国列强极权制度的启发，它与我国人民的秉性和传统是完全抵触的……

唯有传统的君主制是和平与协调的工具，它能使西班牙人和

解……

自从1941年阿方索十三世国王退位并且随后去世之时起，我即承担了西班牙王朝的责任和权力。我表示了不能苟同佛朗哥将军执行的内政外交政策……表明了我与佛朗哥将军所代表的体制之间的分歧。并且在我向报界发表的声明中曾两次表示，在一些根本问题上我持截然相反的立场。

……我决心向佛朗哥将军大声疾呼要求他承认其国家极权观念的失败，要求他放弃权力并允许恢复西班牙的传统政体，只有这个传统政体才能保障宗教、秩序和自由。

在善于调停、主持正义和具有宽容态度的君主制度之下，为民族利益所要求的任何改革都可以进行。首要的任务是：立即由公民投票通过一部宪法，承认人的一切固有权利并保障有关的政治自由，建立一个由全国选举产生的立法代表大会，承认地区差异，进行广泛的政治大赦，对财富进行公平分配，取消不公平的社会对立；这类社会对立不仅为基督教教规所反对，而且与我们时代的政治、政治要求也大相径庭。

……

我光明磊落，笃信上帝，勇于行使我的权力并承担极大的责任。我期待着能实现我的最大愿望——全体西班牙人的和平与和谐这一时刻的到来。

——贾诚先、刘迎红著《旧梦重温的西班牙王室》

胡安的《洛桑宣言》令佛朗哥大为震怒，但他并未立即回击。他不能让毫无结果的争论吸引世界的眼球，他知道越是争辩，宣言的影响就会越大。但他更不能坐视胡安的政治追随者对宣言的响应。有一些议员发起了签署一份要求君主制的请愿书的活动，驻伦敦大使阿尔瓦公爵也签了名。佛朗哥没做任何说明就免除了他们的职务，并且还吊销了阿尔瓦公爵的护照。同时被革职的还有一批大学教授，情节严重者甚至遭到了流放。

1945年，苏联红军在东线发起大规模反攻，得到盟军在西线的支持。4月26日，红军与英、美等同盟国军队在易北河畔胜利会师。5月2日，攻陷柏林；希特勒自杀身亡。5月4日，德军向蒙哥马利元帅投降。7日，签订了停战协议，德国无条件投降。

第二次世界大战以法西斯的失败告终。

3.利益交换

佛朗哥在全世界大多数左派进步人士眼中都可算作国际法西斯主义头目之一，他的政权从一开始就是依靠国际法西斯主义势力起家的，在他的极权统治下，就如当年《泰晤士报》所描述的：

> 战胜者一方把脚踩在战败者的脖子上，战败者一方依然满腔怒火。

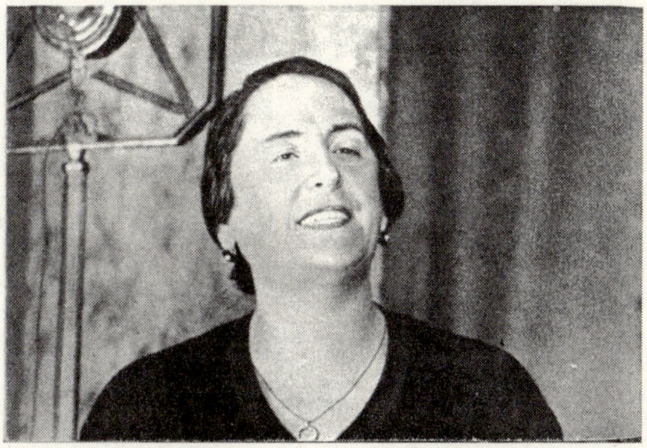

多洛雷斯·伊巴露丽。西班牙工人阶级的领袖，国际共产主义运动著名活动家

随着德国和意大利法西斯的失败，佛朗哥的日子难过起来。国内的反对派纷纷开始活动，加泰罗尼亚、巴伦西亚，甚至马德里都爆发了罢工。在卡斯蒂利亚的山区也出现了游击队。最让佛朗哥担心是法国抵抗运动军事组织中的大批西班牙人，他们大多是原第二共和国的军官，他们会不会重新组织起来，越过比利牛斯山脉，回西班牙再次发动内战？从法国解放开始，佛朗哥就赶紧向西法边境加派大量驻军，紧张地监视来自法国一侧的每一个路口。幸而没有发生他最担心的那种事。

可是，流亡在外的共和国政府及各种反对派组织也没有闲着。无线电里不断传来西班牙共产党总书记伊巴露丽从莫斯科广播电台发出的热情而略带沙哑的声音，号召西班牙人民拿起武器打倒法西斯。巴斯克和加泰罗尼亚民族主义者分别在巴黎成立了他们的“政府”。第二共和国的国会则在墨西哥积极活动；马丁内斯·巴里奥接替了去世的阿萨尼亚的共和国总统职务。所幸第二共和国的许多内部矛盾到那时仍然没有解决，他们内部仍然争吵不休。

1945年7月17日至8月2日，同盟国首脑举行波茨坦会议，会议公报指出：

> （英、美、苏）三国政府觉得有必要申明，将不保证由西班牙现政府提出的任何加入申请，因为这一政府是在轴心国列强的支持下建立的；鉴于这个政府的来源、性质、行为以及同那些侵略国家的密切关系，它不具备正当进入的必要条件。

佛朗哥早就感觉到事情不妙，于波茨坦会议的同时，1945年7月20日宣布改组自己的政府，宣称这是“从精神上和物质上重建西班牙的另一阶段”。紧接着，他颁布了一个《西班牙人权法》。10月份宣布：以后在决定涉及国家利益的重大问题时将进行全民公决。也就是从这个时候起，西班牙报刊对佛朗哥的称呼也从“元首”改为了“国家首脑”。佛朗哥还大大削弱了长枪党的地位和权力，并尽力减轻其法西斯主义色彩。在媒体的用语中不再使用长枪党而仅用“国民运动”这一称呼。其实，佛朗哥早已对长枪党进行了长期的改造，使它越来越不是一个法西斯主义政党组织，而是自己进行个人独裁、控制社会的工具。

1946年初，第二共和国在巴黎正式成立了它的新政府，并且得到墨西哥、危地马拉、巴拿马、波兰、南斯拉夫、罗马尼亚、匈牙利、保加利亚、捷克斯洛伐克等国的承认。法国政府照会伦敦和华盛顿，建议对佛朗哥政权采取共同政策。

1946年2月9日，成立不久的联合国以45票对2票的表决结果决定把西班牙驱逐出一切国际机构。与此同时，西班牙国内却传来了处决10位共和主义者的消息。于是，法国政府尽管没有得到英、美两国的明确答复，仍决心采取实际步骤表明自己的道义立场，3月1日法国关闭了与西班牙的边界。3月4日，英国和美国政府终于同法国政府一起发表了一份声明，声明中提到：

“只要佛朗哥将军继续统治西班牙，西班牙人民就不可能指望与那些已打败希特勒的国家取得全面和真诚的合作”，相信“西班牙的爱国和自由的领导人，不久会找到通过和平手段消除佛朗哥的方式”。

——【西】萨尔瓦多·德·马达里亚加著
《西班牙现代史论》，朱伦译

法国政府建议断绝与佛朗哥政权的政治和经济的一切关系，并把问题提交联合国安理会。这一次英国和美国表示了反对。但过了不久(4月6日)，波兰又在安理会把法国提案重新提了出来。于是，组成了一个调查委员会。调查结果对佛朗哥不利，认为西班牙现制度危及国际和平与安全。10月，联合国举行全体大会的时候，再次就“佛朗哥案”进行辩论。12月12日，联合国以34票赞成、6票反对、13票弃权通过了决议，要求成员国召回驻马德里的外交使团，将西班牙开除出联合国及其一切附属机构和组织。但是，这个决议的具体措辞是很含糊的，譬如提到：如果在合理期限内情况没有变化，安理会“将认为措施适当”，成员国将撤回其各自的使团团长。

谁能想到，佛朗哥政权在这样的形势下仍然得以存活主要是靠美国。

1945年3月，罗斯福总统就曾在致美国驻马德里大使的信函中指示：

1959年艾森豪威尔和佛朗哥于马德里会晤

我们没有干涉别国内政的习惯，除非存在着对国际和平的威胁。西班牙的政府形式以及这个

政府奉行的政策是西班牙人民自己的事情。

同时，美国对一些拉美国家与佛朗哥政府断绝外交关系表示反对。1946年，美国又阻止法国把西班牙问题提交联合国安理会。

事实上，第二次世界大战一结束，大战中的盟友就变成了对手，美国的首要敌人将是苏联。在美国设想针对苏联的欧洲防御体系中，怎能不包括西班牙这个有着重要战略地位的国家呢？

1947年，美国便开始与西班牙谈判，商量使用西班牙机场和设立美军基地的问题了。同年，马歇尔将军也建议美国各大银行向西班牙提供贷款。朝鲜战争打响以后，美国加紧了与佛朗哥握手的节奏。

1950年，一些美洲国家在联合国提出一项议案，要求取消关于从马德里撤回外交使团团长的决议，美国大力支持，终于成功。

1951年7月，美军参谋长联席会议成员海军上将舒尔曼被派到马德里担任大使。他到达当天就受到了佛朗哥的接见。从此开始了一场很长的、涉及了许多技术细节的谈判，直到1953年9月26日双方才正式签订了关于防御和经济援助的三项协议。这些协议使美国获得了一些海军基地（特别是卡塔赫纳和加的斯附近的两处）、一些空军基地（尤其是塞维利亚、马德里和萨拉戈萨一带的几处）的使用权，同时在这些基地上仍挂着西班牙国旗。而这些协议的一些秘密附则允许了美国在这些基地装备和使用核武器。而根据经济援助协议，美国提供给佛朗哥西班牙的物资和贷款等共折合118380万美元，其中贷款53760万美元，其余多为救济和捐赠。这些数字的时限大约是1951—1956年。它们无疑为佛朗哥渡过战后危机发挥了至关重要的作用。

在美国的庇护下西班牙1952年11月加入了联合国教科文组织；1955年12月正式加入了联合国。

三、《国家元首继承法》

1947年7月6日，佛朗哥令政府组织了关于是否同意“西班牙为君主国”的全民投票。坚持地下斗争的左翼反对派立即指出了这次投票的虚伪，指出只要参加投票，无论投什么票都是对佛朗哥反动政权的支持，而投票的结果必定是早已被佛朗哥设计好了。官方最终宣布了投票的结果：1717万人参加了投票，1414万人投了赞成票，72.2万人投了反对票，33.5万人弃权。

佛朗哥的这次公投的实际目的是为了即将颁布的《国家元首继承法》，为了使它更具有合法性和欺骗性。这一法律已于当年3月28日提交议会审议。之后，由佛朗哥的得力助手卡雷罗·布兰科前往胡安当时的驻地葡萄牙的埃斯托里尔，做胡安的“工作”。胡安听后愤怒地说：“好啊，这是让人挑挑拣拣的国王了！”不久后，胡安发表了《埃斯托里尔宣言》，指出：

> 在祖国的政治稳定处于如此危急的关头，我作为你们君主制的合法代表，不得不向你们大家表明我对有人进行如此严重的图谋表明自己的态度……祖国在世界上受到敌视，这主要是由佛朗哥将军担任国家元首引起的，他现在的打算则纯粹是把他的个人独裁变为终身制，稳住他那些迄今仍不可靠的职务，并用君主制这一体面的外衣掩盖……那种任由政府随心所欲活动的制度……要我不履行维护王朝权利的神圣义务，而且要我表示赞同，这是万万不能的。
>
> ——【西】何塞·曼努埃尔·萨宾·罗德里格斯著
>
> 《佛朗哥专政（1936—1975年）——文章与文献》

但是，胡安的宣言只能进一步激怒佛朗哥，他授意对该法作了进一步修改，不再提到波旁王室有优先权，同时将行文改得更加强硬。

1947年7月26日，《国家公报》公布了3月31日议会通过的《国家元首继承法》。该法宣布：

> 西班牙是一个“天主教的、社会的和代议制的”王国；

国家元首的职位授予佛朗哥；

佛朗哥有权指定以国王身份继承他的国家元首职位的人选；

建立辅助并保障佛朗哥职位继承的机构；

继任国王人选必须是出身王族的男性西班牙人，年龄30岁以上，信奉天主教，必须遵守“国民运动”的原则，必须向“基本法”（佛朗哥时期的所谓“Leyes Fundamentales”是其独裁体制的“法律”保障）宣誓。

胡安·卡洛斯

《国家元首继承法》当然也是所谓“基本法”的重要内容之一。它保证西班牙是一个王国，但不是国王的佛朗哥是这个国家的终身元首，国王只能做他的继承人，而且人选必须由佛朗哥本人或者佛朗哥指定的人选组成的特定机构来确定。重要的是，这个《国家元首继承法》是经过全民公决的，这就是向全世界宣布，西班牙王国要由佛朗哥这个“无冕之王”进行终身的独裁统治，这一点乃是“全体”西班牙人“自愿”决定的！

而在自己身后继承王位的具体人选方面，佛朗哥看上了胡安尚未成年的儿子胡安·卡洛斯王子，条件是他必须回国，接受佛朗哥亲自为他安排的“必要”的教育。

1954年12月29日，佛朗哥在埃斯特雷马杜拉的一个私人禁猎区会见了王位继承人。而后，从1955年开始胡安·卡洛斯来到马德里居住半年，由拉托雷公爵将军监护，准备进入萨拉戈萨军事学院学习。那所军校的第一院长就是佛朗哥将军本人。

第九章
胡安·卡洛斯国王

一、王子归国
二、《我的学校：最初印象》
三、军校和大学
四、萨尔苏埃拉宫
五、六年的等待
六、全体西班牙人的国王

一、王子归国

1975年11月20日凌晨4点20分，躺在马德里北面不远的和平医疗中心（拉巴斯医院）特别急救室病床上的佛朗哥终于结束了他83年的生命,也结束了他个人对古老的西班牙长达39年的独裁统治。

佛朗哥统治下的西班牙人民等待这一天已经不知有多长时间,可是当这一时刻真的到来的时候,在他们的心里,无论是对他的统治真心拥护的人,还是虽然不满却从来都逆来顺受俯首帖耳的人,甚至是始终对独裁制度深恶痛绝的人,在所有西班牙人的心里,忐忑不安都远远多于欢欣鼓舞。因而在表面的平静之下掩藏的是异常的紧张。绝大多数人选择了等待和观望,不过他们所等待的绝不是内战和动乱,而且也不是动荡和不安定。所以也没有谁站出来反对佛朗哥亲自指定的继承人唐·胡安·卡洛斯·德·波旁(简称胡安·卡洛斯)接掌国家权力,登基为国王。

西班牙国王胡安·卡洛斯一世

胡安·卡洛斯,1938年1月5日出生在罗马,1939年升任教皇的红衣主教庇护十二世为他做了洗礼。胡安·卡洛斯是家中的长子,但在他上面有一个姐姐，下面有一个妹妹和一个弟弟。妹妹是盲人。弟弟很小的时候就因玩弄一支小手枪发生意外而身亡。胡安·卡洛斯是家里的希望。

巴塞罗那伯爵胡安虽然迟迟不能登上王位,甚至也无法回到祖国,但在他心目中,儿子胡安·卡洛斯始终都是地地道道的王储,迟早总要成为国王。为此,对儿子的教育问题一直都是头等重要的大事。为了锻炼儿子胡安·卡洛斯的意志和自立能力,在胡安·卡洛斯8岁的时候,就让他独自前往瑞士弗里堡住读。

胡安夫妇后来移居到葡萄牙的埃斯托里尔。1946年4月,胡安·卡洛斯也来到了埃斯托里尔。从那年春天到第二年夏末,他在这里在父母亲的身边度过了一段非常幸福的快乐时光。1947年秋到1948年夏，胡安·卡洛斯再次来到瑞士的一所修道院接受教育。由王室派来为他担任辅导教师的是父亲原来的政治秘书欧亨尼奥·维加斯。胡安要求，一定要把儿子胡安·卡洛斯培养成“一个名副其实的真正的天主教徒和西班牙王子”。

当第一次在父母的带领下走进修道院院长办公室时，胡安·卡洛斯用他那响亮的童声表示：“我的朋友们可以称呼我小胡安。”他当时的一位教师回忆说，他和他的父母都要求与其他同学一视同仁，绝对不要任何特殊待遇，在随后的学习生活中最令他不悦的事情就是被他发现受到了与同学们不同的待遇。可是，他的身份毕竟不同，譬如他总是收到许许多多的来信，他常抱怨说，这些信当然是应当回的，但是“我的手都写酸了”。更让他窘迫的是，常有很多自称终身忠君派的西班牙妇女专程来到瑞士看望小王子，一旦见到，不管什么场合，立刻诚惶诚恐地鞠躬行礼并亲吻王子的手。

胡安·卡洛斯的祖母维多利亚·欧亨尼娅住在洛桑，她特别关注胡安·卡洛斯的西班牙语学习，因为她本人就曾为自己的英国口音大伤脑筋。她利用胡安·卡洛斯每周末来探望的机会，不断督促他一定要讲一口地道的西班牙语，她甚至还亲自教他西班牙语的发音和语调。

胡安·卡洛斯在瑞士所受的教育，虽然时间不长，但却是正统的王室教育，内容包括了王朝观念和礼仪，西班牙历史、文化、风俗和语言。这一切为他日后到西班牙在佛朗哥安排下学习和生活做好了必要的准备。

事实上，胡安·卡洛斯的这次学习真的就好像是去西班牙学习的预备课，而且为时很短很短。1948年8月25日中午，在西班牙圣塞巴斯蒂安的外海海面，胡安与佛朗哥进行了一次历史性的会晤。会晤是在佛朗哥的“苍鹰号”游艇上进行的。这是他们第一次见面。胡安称佛朗哥为阁下；佛朗哥称胡安为殿下，并为胡安未加冕不能称陛下而表示了歉意。在政治和恢复王位的问题上，双方始终谈不拢。佛朗哥便把话题转到了另一个议题，那就是关于胡安·卡洛斯王子的教育。

这是双方都非常重视的议题。佛朗哥说这才是他最关心的,并且不指名地批评在英国军校受过正规海军教育的胡安,说近代以来几代西班牙王储都受到外国的“恶劣影响”。所以,他要求胡安·卡洛斯王储一定要回到西班牙接受真正正统的传统教育,并承诺王子在国内一定受到与其身份相符的礼遇。

胡安立即拒绝,说儿子的教育问题完全是他个人的事情。要知道王子回国是要冒很大风险的。西班牙国内的忠君派还在遭受迫害,呼喊“国王万岁”还是被禁止甚至是“违法”的。尤其让胡安担心的是佛朗哥这个人,他总让人捉摸不定,他的狡猾在全世界都是出了名的。

但是,佛朗哥说一切都可以改变,只要胡安同意把儿子送到西班牙国内接受佛朗哥为他安排的教育,一切就都可以改变。为了让胡安·卡洛斯将来能够成为西班牙国王,就必须马上送他到国内接受教育,否则一切都将成为泡影,佛朗哥不能保证胡安所代表的王室是否一直都能享有在西班牙即位的权力。

佛朗哥说,王子必须先在军事学院预科学习基础数学,可能就在维尔法诺斯海军学院学习,那里的爱国气氛非常浓厚。然后,他要到军官总校去学习一年,再到海军学院学习半年,再到空军学院学习,这样他才可以接触西班牙未来的军官们,熟悉西班牙军队的军事装备和技术,并且感受将来会在军队中一直延续下去的那种气氛。在完成了这些军事课程之后,王子还需要到西班牙的普通大学去学习一段时间,不单要学习文科知识,也必须学习理科,以便让他了解知识界所关心的问题。王子还应当了解工会和他们所负担的任务,尤其必须了解长枪党,与长枪党相结合,信仰长枪党,熟知它的宗旨和历史。王子还得接受纯正的宗教教育,深入学习天主教神学知识,以便能够赢得宗教高层人士的拥戴。王子需要接触当今的西班牙社会精英,就是知识界、工业界、金融界、军界、艺术界等众多领域的突出人物,他们才是国王可以依靠的真正贵族,国王不能指望依靠那些如今已毫无影响、仅仅拥有贵族头衔的贵族。

最后,佛朗哥威胁说,如果胡安真的不让儿子到西班牙来接受这种教育，或者他的儿子本人拒绝来受教育，那么王子就不必来了，那就意味着他放弃了继承王位的权力，佛朗哥将不对他承担任何义务。

胡安虽然拒绝了，但是他的口气含糊了。

结束了“苍鹰号”的会见以后，胡安心里充满了矛盾。他讨厌佛朗哥，不信任佛朗哥，但又确信让儿子回西班牙接受佛朗哥为他安排的教育真的是保障王室利益的必要决定，何况那些教育的安排听起来还是很不错的。如果拒绝，惹恼了佛朗哥，说不准他真的会去寻求欧洲的其他王室，抑或干脆完全放弃君主制。所以，即便是对自己本人不利，但为了王室和整个西班牙的利益，似乎是不得不让步了。可是，这一让步所带来的很可能就是胡安自己这一辈子再也别想登上王位了。

这时候，王室的另一位最重要的人物，王太后维多利亚·欧亨尼娅也明确地表示，是该考虑改变策略，改变王室一直以来所坚持的路线，做出一定的牺牲，以确保长远利益，“祈求上帝让人们在我儿子的赞同下所做的牺牲能够产生令人满意的结果”。

维多利亚·欧亨尼娅和她的子女合影

胡安·卡洛斯王子于是被从瑞士迅速召回。瑞士的学习生活已成过去，等待他的是充满未知数的西班牙。

1948年11月9日，胡安·卡洛斯在一些忠君派人士的陪同下，乘坐鲁西塔尼亚快车进入了西班牙。官方媒体对王子归国仅作了低调报道。但影响最大的《ABC》报却在第一版，用了整整一版刊登一幅胡安·卡洛斯低头读书的照片，照片中的王子无比俊秀，一头卷曲的金发特别惹人喜爱。

随后就发生了一件意外：一个名叫卡洛斯·门德斯的学生因散发主张君主制的传单而被捕入狱，在狱中备受摧残，不幸死去。大约2000多位不同政治派别的人前往参加了为这名学生举行的葬礼。葬礼变成了拥护君主制的示威。葬礼之后，不愿散去的示威者又前往拉斯哈里利亚斯学校向刚刚抵达这里的胡安·卡洛斯王子致敬，表达他们对王室的忠诚和对君主制的企盼。

这件事使佛朗哥推迟了本来安排要立即进行的对王子的接见。直到11月24日，门德斯事件引起的公愤有所平息之后，佛朗哥才在他的官邸帕尔多宫第一次接见胡安·卡洛斯。

佛朗哥见到小王子十分高兴，这是他对巴塞罗那伯爵胡安的一次决定性的胜利。尽管胡安在各方面都坚持毫不妥协的政治立场，但在王子的教育问题上终于还是做出了让步。而这一让步就决定了佛朗哥的胜利，他可以再也不用顾忌巴塞罗那伯爵代表的王室，可以跳过胡安而立王子，更可以“挟太子以令诸侯”，至少能把自己的地位维持20年以上。

佛朗哥亲切地询问了胡安·卡洛斯的学习情况。听说王子已经学习过西班牙古代史，便给他出了个题目，要求他凭记忆说出西哥特时期历代国王的名字，王子如数家珍般地做了回答，佛朗哥连声称赞。

二、《我的学校：最初印象》

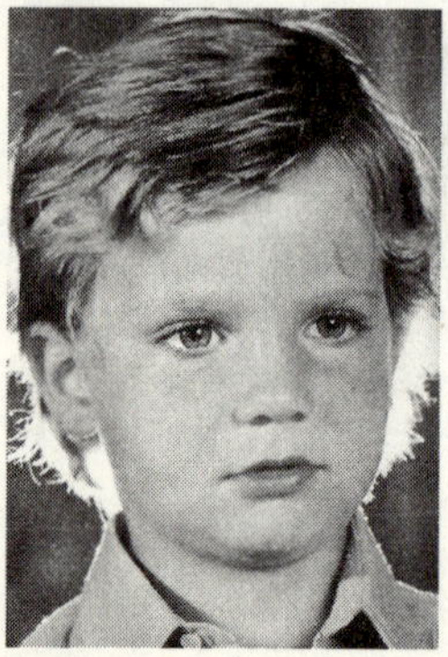

幼时的胡安·卡洛斯一世

胡安·卡洛斯回到西班牙以后进入的第一所学校——拉斯哈里利亚斯学校，不是社会上的普通学校，而是一所小型的特殊教育机构。它坐落在离开市区很远的地方，但离帕尔多宫不很远。主持这所学校的是教育家何塞·加里多·卡萨诺瓦。学校的第二号人物是伊格纳西奥·德·苏卢埃塔神父。加里多比较开通，而伊格纳西奥则更加拘谨、严格，或者说古板。

刚到达那一天，学校打出了一条横幅，写着：“很高兴见到您，殿下。”陪同王子住读的学生一共只有8名，除了后来在苏亚雷斯政府中任经济部长的何塞·路易斯·莱亚尔以外，都是贵族子弟，包括胡安·卡洛斯的一位堂兄弟，名叫卡洛斯·德·波旁·西西利亚。

学校的体育教师埃略多罗·鲁伊斯·阿里亚斯也是胡安·卡洛斯印

象最深的人物之一，他每周来上3次课，他发现胡安·卡洛斯很有体育天分，而且几乎对每一种体育项目都很感兴趣，进步也特别快。

《我的学校：最初印象》是小王子来校不久按照老师要求写出的一篇作文。他在作文中写道：

> 我到达的那天，小伙伴们都在门口等着我，我很不好意思，跟在阿丽西娅阿姨后面走着，上了楼。我们的房间很漂亮，是我和堂兄弟卡洛斯·德·波旁的寝室。他很可爱，但是太贫嘴。

3个月之后，1949年2月28日，佛朗哥亲自在埃尔埃斯科利亚尔修道院主持了纪念阿方索十三世国王逝世8周年的宗教活动，内阁成员全体出席，场面极其隆重。胡安·卡洛斯自然被安排出席。这正是佛朗哥在向全世界表示，他的“新国家”是一个“正统”的王国。

到了4月1日，小王子又被安排出席了佛朗哥举行的庆祝内战胜利10周年的阅兵式。他被安排站在一个离佛朗哥检阅台不远的、较低一些的看台上接受军队的致敬。这是表示，太子和王室是站在佛朗哥军队一边的。

除此之外，胡安·卡洛斯的学习生活是平静的，没有人来打扰。而他本人也一直都全身心地投入到自己的学习中。他的学习成绩在同学们当中只算是中游。但教师们都指出，重要的是他学习很自觉很努力。

胡安·卡洛斯最突出的是为人和蔼、宽厚，尽管才那么小年纪，却表现出十分的成熟，他对人诚恳、平等、宽宏大量而又热情，非常有风度，非常受爱戴。无论对服务员、卫兵，还是当地农民，他永远都那么和蔼可亲，而且很有礼貌。

那年夏天，学校放暑假，胡安·卡洛斯被准许回到葡萄牙父母的身边。但是，家里显得很冷清，整个王室情绪低落，因为佛朗哥的政权似乎越来越稳固了，恢复君主制的希望越来越渺茫。

到了快开学的日子，是否再让王子回西班牙又成了一个问题。这一次，还是欧亨尼娅太后最坚决，父亲则是有些无可奈何。最终，王子当然还是得回到西班牙,继续接受佛朗哥为他安排的教育。

这一次，与胡安·卡洛斯一同前往学习的甚至还有他的弟弟阿方索。他们被安排在圣塞巴斯蒂安的米拉马尔宫。这是王室自己的产业，是由胡安·卡洛斯的曾祖母玛丽娅·克里斯蒂娜王后在她摄政时期的1893年建造的一座行宫。圣塞巴斯蒂安是欧洲天主教的圣地之一,前往那里朝圣已经是千百年来古老习俗，每年总有无数教徒从欧洲各地赶来。安排王子们在这样一个宗教气氛浓郁的地点,而且在自己的“家”中学习,对巴塞罗那伯爵来讲无论如何总是一种安慰。

胡安·卡洛斯在米拉马尔宫的同学大部分还是原先的那些小伙伴儿。当地一些最优秀的教师定期来宫里的“学校”为他们授课。对他们的要求也越来越严格，期末考试的时候他们得到马德里的圣伊西德罗学院接受公开考试。这是王室的传统。胡安·卡洛斯的学习成绩逐渐好了起来。1954年6月之前,他在这里完成了自己的中学课程。

那段时期，胡安·卡洛斯十分迷恋古典音乐和西班牙传统的小歌剧。另外，加里多老师还推荐了一本令胡安·卡洛斯爱不释手的好书——《我和白毛驴》，书的作者是不久后荣获诺贝尔文学奖的西班牙流亡诗人胡安·拉蒙·希门内斯。小王子甚至连到马德里考试的时候都随身带着这本书,好像它能为他在考试中带来好运。1954年6月22日,胡安·卡洛斯在马德里圣伊西德罗学院通过了他中学时代的最后一次考试。这一次王子成绩特别好,他比主考教师讲出的法语还要流利,那正是他早先在瑞士学习的成果。

西班牙诗人胡安·拉蒙·希门内斯

一个阶段的学习结束了，等待胡安·卡洛斯的是高等教育。这时,王室的一些政治顾问又提出应该把王子送到国外去接受普通大学教育。佛朗哥于是又要费心与巴塞罗那伯爵重新进行沟通，不过这时对他一切都已经容易得多。佛朗哥重申要安排王子到国内几所军事院校学习4年,之后再去普通大学学习其他方面的知识。这一次巴塞罗那伯爵胡安没有反对。

三、军校和大学

按照佛朗哥的安排，胡安·卡洛斯王子1955年底来到了萨拉戈萨军事学院。佛朗哥任命卡洛斯·马丁内斯·坎波斯·塞拉诺将军(西班牙当代著名军事家和历史学家，亲身参加过很多战役，著有《昨天》《历史人物》《芬兰》《北欧》《战时西班牙》等名作，曾是西班牙皇家语言和历史学院院士)为负责对胡安·卡洛斯王子进行军事教育的一个特别行政处处长。组成这个处的共有5人，3位高级军官（每人代表一个军种)，1位教士——阿吉拉尔修士，以及1位大学教授——安赫尔·洛佩斯·阿莫。

胡安·卡洛斯回忆刚刚进入萨拉戈萨军事学院时的情形时说，那时候很有一些人对他有偏见，有的人把他看成被溺爱的孩子，有的认为他不过是一个仰仗父亲权势的没出息的人，也有的认为他是一个特殊人物要小心对他敬而远之才对。总之，胡安·卡洛斯的一个首要的任务就是处理好和同学、老师们的人际关系，争取让大家抛开成见而平等地对待他。这一点，他很快就做到了，他的法宝还是他那特有的宽厚，平易近人，真诚与和蔼。

胡安·卡洛斯是萨拉戈萨军事学院第14期学员。他的同学们发现西班牙王储就在他们之中，都很惊奇，也很自豪。他们又发现这位王储竟然是这么的平易近人，而且喜欢交朋友，很快绝大多数同学就都对他极其友好了。与胡安·卡洛斯同期在萨拉戈萨军事学院学习的一位同学回忆说："他是个好伙伴儿。从士兵到清洁女工大家都喜欢他。他自己选择了一些人做知心朋友，还经常设法扩大这个圈子，但他从来不让人取笑或利用。"

胡安·卡洛斯是一个用功读书但成绩不算太好的学生，而且总好像有些偏科。他特别喜爱体育，对应用力学的兴趣本能地超过对理论和思考的兴趣。数学也是他长期不感兴趣的课程，他自己说，直到当他理解了数学同航海和弹道学的重要关系以后，才开始喜欢这门功课。相反，

胡安·卡洛斯一直热衷于电子学,更喜欢历史。而在外语方面,他从幼年起就不愿学习英语,因为英国一直霸占着直布罗陀。

胡安·卡洛斯从小笃信宗教。他的同学们对这一点印象都很深刻。他怀着完全真诚的宗教感情,每天早晨祈祷,毫不勉强。他严格履行宗教义务,从来不会有丝毫的怠慢。

胡安·卡洛斯受父亲影响很大,他从父亲那儿继承了很多性格方面的优点,譬如为人豪放,待人和蔼,常以最通情达理的态度宽容别人的缺点等,特别是他有着一种非常坚毅的韧性,同时像他父亲一样有一种不容曲解的价值观和行为规范。

胡安·卡洛斯在进入萨拉戈萨军事学院以后,学院为他和他的同学们举行了向军旗宣誓的隆重仪式。仪式之后他就要成为一名西班牙军官了,就要成为佛朗哥手下的一名军官了。这可真的又是一个关口,如果宣了誓他的父亲离恢复王位的距离就更远了,但他在佛朗哥身后继承王位的希望却又大多了。

1955年12月15日,胡安·卡洛斯向军旗宣誓的仪式顺利举行。王子深情地亲吻了由他曾祖母、摄政女王玛丽娅·克里斯蒂娜亲手绣制的一面红黄双色的旗帜。随后他向父亲发去了一封电报:

> 我已经在军旗前向西班牙保证,要做一名模范的士兵。

1958年春,胡安·卡洛斯作为见习船员随海军教学船“胡安·塞瓦斯蒂安·艾尔卡诺号”前往美国。父亲胡安听说后立即决定也要乘自己的“萨尔蒂略号”前往,以使儿子的这次实习也成为他们父子团聚的一次大好时机。时任驻美大使的何塞·马利亚·德·阿雷尔萨是一位坚决拥护君主制的自由派人士。他为胡安父子安排好了一切,使他们有机会团聚了好几天。这位大使数年后做了巴塞罗那伯爵胡安私人顾问委员会的秘书长。

1959年12月12日,胡安·卡洛斯结束了4年的军事学习生活,下一步是要转入普通大学了。为此,佛朗哥再次亲自与巴塞罗那伯爵胡安进行了直接会晤。会晤中,佛朗哥尽管也做出了一些让步,但他仍然掌握着主动权,一切都还是由他决定。根据双方达成的协议,成立了一个分别由佛朗哥和胡安指定的混合委员会,负责胡安·卡洛斯王子的普通高等教育工作。

佛朗哥安排王子住进了著名的埃尔埃斯科利亚尔皇家修道院。那里名为修道院,实际是当年菲利普二世国王建造的宫殿,他的宫廷就曾长期设在这里。建筑群的正中央是大教堂。教堂的圆顶高达92米,是整个建筑群的制高点。建筑群中除了大教堂之外还有皇宫、修道院、图书馆、神学院、慈善堂等。大教堂的主祭坛下方是皇家陵寝。

大学生活使胡安·卡洛斯接触到更广泛的西班牙现实社会。

根据1943年颁布的"教育法"规定:大学必须使自己的教学符合"国民运动"的纲领,不遵从"国民运动"基本原则的人不能担任教授,全体学生都应当是西班牙大学生联合会会员。大学是培养未来社会精英的场所,也是各种社会意识形态理论的滋生地。佛朗哥当然很注意对大学严加控制。但是他很快就发现,大学实在是难以控制的,控制得太紧,反而招致全国知识界的强烈反抗,不仅不利于稳定,而且会大大损害他的国家形象,可是,只要稍稍放松,自由化就立刻泛滥,各种反对派就立即在这里抬头。于是,他便采取了一种"软禁"的政策,就是给予那些知识分子一定的自由空间,但决不准许他们的这种自由影响到社会。大学生和教授们便利用这一点点自由尽力反抗佛朗哥的专制统治。

1955年10月,哲学家何塞·奥尔特加·加塞特的逝世在马德里大学引起了一系列反对长枪党统治大学校园的示威活动。奥尔特加是一位拥有很高国际声誉的学者,他后来虽然已经只是一位十分本分的教授,但却曾经为第二共和国效力,在当局眼中是他仍然是自由思想的代表性人物,所以大学当局一直都不掩饰对他的敌视。奥尔特加去世后,

西班牙哲学家何塞·奥尔特加·加塞特

世界各地发来了很多唁电，国内各界也都有很大反响，许多新闻媒体都准备使用大量版面来纪念这位著名的学者。然而，西班牙新闻部却下达了明确指令：每份报纸最多可以刊发3篇有关文章——1篇传记和2篇评论；所有文章都应该更强调宗教方面问题；而且各报刊一律不得使用他生前的真实照片，只可以使用石膏像。于是，奥尔特加的葬礼和对奥尔特加的纪念活动一下子就变成了知识分子们反迫害争自由的示威。

1956年2月4日，马德里大学法学系举行大学联合会代表选举大会，官方的正式候选人没有获得通过。当局不承认这次选举。几天后发生了学生们与学校“国民运动”当局的严重冲突。学生们示威，并推倒障碍物，占领了联合会办公室，还烧毁了那里的许多文件。2月9日，大学生的示威转移到了大街上，长枪党也派出了他们的青年组织的队伍，与进步学生对垒，冲突中突然传来枪声，不知从哪打来一粒子弹，击中了1名长枪党人，致使他当场毙命。事后，“国民运动”当局开列了一份黑名单，威胁要处死100名敌对的知识分子。许多被列入黑名单的人逃离了马德里，长枪党人在整个校园里四处游行，大肆恐吓。被他们认为是反对派的人遭到肆意迫害。再后来，这所大学就被暂时停课了。

几年后的1960年，正是这所大学的法学系，胡安·卡洛斯在几名强悍的警察保护下前来报到。迎候在门前的学生们当中有十几个极右分子忽然高呼“滚回去”以及其他一些很不友好的口号。王子参加了一堂讨论课，除了他以外只有其他4名学生上这堂课，可是前来围观的学生却有好几百人。

拥护胡安·卡洛斯的君主派学生于是也组织了起来，他们奉劝胡安·卡洛斯不要让警察跟随他来学校，而一定要像普通学生一样来上学。但是，警察们还总是在他身后不远处尾随着。尽管他们脱去了制服，但旁人还是看得出来他们的特殊身份。10月29日，七八十名卡洛斯派分子上大街去进行了反对巴塞罗那伯爵胡安的游行，同时也呼喊侮辱王子、阻止他来学校上课的口号。君主派师生立即做出反应，他们大约有200多人前往王子居住地，护送胡安·卡洛斯前往学校上课。除了听课以外，他们还到大学生酒吧里坐了一个来小时。大家选出10位身强力壮的学生，从此负责保护王子自由进出马德里大学。警察也从此不再时时刻刻紧随他的身后。

在大学里，胡安·卡洛斯结识了一些新朋友。无论学生还是教师，他觉得他们都与自己过去所认识的那些人很不同。他看到世界是那么的广大，社会是那么的复杂，应该学习的东西实在是太多了。知识的世界就像汪洋大海，从大学这个码头向着无边无际的远方无限地延展。而他自己并没有机会沿着某一个确定的航线前往探索，他的身份要求他尽量多学几种专业的基本课程，却不能和不必完成其中某一专业的全部课程。他父亲已经同意了佛朗哥的这种安排，而且对一个未来的国王来讲，这似乎的确是合理的甚至是理想的安排。

胡安·卡洛斯在大学里学习的课程包括：历史、文学、哲学、政治经济学、公共财政、法律导论、国际法、民法、行政法、国家行政管理、应用科学以及工业技术等。他十分认真十分努力地完成了自己的各项学习任务。

四、萨尔苏埃拉宫

1954年的一天，胡安·卡洛斯参加了在爱琴海各岛屿之间的一次旅行，欧洲大部分王室都有人参加。在希腊王室御用的“阿加门农”号游艇上，胡安·卡洛斯邂逅了希腊公主索菲娅，与她建立了最初的友谊。后来，他们又多次见面，逐渐培养起真挚的感情。1961年，他们决定结婚了。

西班牙王后索菲娅

这是一件大事，除王室的人以外，佛朗哥第一个得知了这个消息，而且是巴塞罗那伯爵胡安本人亲自通知他的。但胡安没有像有些人建议的那样征求佛朗哥的意见，并由佛朗哥把这件事提交西班牙的所谓国会去审议和通过。令很多人意外的是，第一个被通知已经让佛朗哥非常满意，他当即对此表示了感谢与祝贺。而且，他还派了一位海军上将率领“加那利”号巡洋舰和一支军乐队前往助兴。

5月14日，婚礼在雅典的圣迪奥尼修教堂举行。由于索菲娅公主信奉东正教，而胡安·卡洛斯信奉天主教，所以婚礼的宗教仪式不得不进行两次，一次按天主教仪式进行，一次按东正教仪式进行。

这次婚礼是欧洲“年度社交大事”，欧洲大部分王室都派出了自己的代表，总人数达137位。大街上，道路两旁站满了雅典市民和来自各地的群众，大约达到50万之众，他们热情地向新郎和新娘欢呼祝贺，气氛热烈至极。西班牙海军“加那利”号巡洋舰带来的120名海军军官，高擎他们的军旗，在教堂大门前列队致敬；军乐队演奏了《国王进行曲》。

婚后不久，胡安·卡洛斯听从祖母的建议，携新婚妻子一同拜访了教皇约翰二十三世，随后便专程到西班牙看望佛朗哥。这使佛朗哥非常高兴，而且他对索菲娅公主的印象也特别好。他说：“他们在这里和我们一起进午餐。公主的西班牙语讲得相当好，她还在勤奋地学习。她非常讨人喜欢，很聪明，很有教养。”

更让佛朗哥满意的是，胡安·卡洛斯夫妇决定继续听从他的安排，在西班牙定居。在这件事情上，佛朗哥与胡安又发生过争执。佛朗哥要求，胡安·卡洛斯虽然结束了他在西班牙国内十几年的学习生活，但如果想要成为一位真正合格的出色的西班牙王位继承人，他还应该继续留在国内，进一步了解、熟悉西班牙社会的情况，尤其要更多地了解西班牙各界精英，了解西班牙国家的组织机构，了解国家各部门各机构的职能和运行情况。但胡安实在希望儿子能够回到自己的身边。他如今倒并不怀疑佛朗哥会对儿子不利，一直以来佛朗哥对儿子甚至都好得有些过分。可是，儿子离开他已经十几年，要见一面实在很难，所以他确实希望儿子能够回到他的身边，哪怕只是暂时的一两年时间。于是，他就在自己居住的埃斯托里尔附近给儿子找好了住处，希望儿子回来。佛朗哥比胡安狡猾，也比胡安还要积极，他一听说王子准备结婚，就立即安排赶修马德里近郊的一处宫殿——萨尔苏埃拉宫，提供给新婚的王子使用。

萨尔苏埃拉宫始建于16世纪初期，曾经是专供王室成员狩猎时休息用的行宫。宫殿前后长满了黑莓，萨尔苏埃拉就是黑莓之地的意思。萨尔苏埃拉宫如今坐落在一个大公园之中，离市区不远但绝无都市的喧哗。那里有大片的橡树林，林中不时可以看见鹿和狍子自由自在地迈着它们优美、矫健的步伐。急于了解自己的新国家的索非娅公主非常喜欢萨尔苏埃拉宫。这里是一所亲切、舒适，并不奢华的理想住所。胡安·卡洛斯夫妇在这里定居直到他们成为国王，而且一直住到了今日。

胡安·卡洛斯在结束了大学生活并建立了自己的独立家庭之后，根据佛朗哥的安排，主要是加强与国家的各种权力和管理机构的联系，加强与社会政治和文化生活的接触。数月之中，他频繁往来于公共工程部、内务部、农业部、财政部、商业部、外交部、司法部……之间，大大地加深了对它们的了解。同时，在得到佛朗哥允许的条件下，胡安·卡洛斯夫妇开始对西班牙的一些省份进行访问。

索非娅公主学习西班牙语非常认真，大约两年之后就能讲一口十分地道的西班牙语了，听起来和马德里人没大区别。她热衷于考古和艺术史，不久进了马德里自治大学读书，并且一直坚持学完了她的全部课程。他们婚后的生活非常美满，先后生育了3个子女：艾伦娜(1963年12月20日出生)，克里斯蒂娜(1965年6月13日出生)和费利佩王子(1968年1月30日出生)。

那时，在西班牙，左右两翼反对派事实上都反对胡安·卡洛斯住在国内，生活在佛朗哥的羽翼下，这既是为佛朗哥的独裁体制涂脂抹粉、提供合法性又有接受佛朗哥的培育、准备为佛朗哥延续他的体制之嫌。但是，到了佛朗哥死后，胡安·卡洛斯登基并立即着手进行政治改革之后再看这段历史，人们就发现原来这位了不起的王子这段日子不啻卧薪尝胆。

在当时的西班牙上层出现了所谓“胡安·卡洛斯派”，但这些人并不是胡安·卡洛斯的追随者，而是佛朗哥的铁杆“粉丝”。他们是一丝不苟贯彻佛朗哥计谋的人，其目标是要等到佛朗哥去世以后才由胡安·卡洛

斯即位称王，而后者必须保证忠实于佛朗哥的“国民运动”，成为内战胜利者的国王。后来被“埃塔”暗杀的首相路易斯·卡雷罗·布兰科海军上将就是一位典型的“胡安·卡洛斯派”。

20世纪60年代以来，佛朗哥年事已高，而他的政权、他的独裁地位似乎也都日益巩固，于是成为人们关注焦点的问题日益从推翻他向他身后的事情转移，他的继承人问题当然首当其冲。

1969年7月22日，在马德里圣赫罗尼莫大街的议会大厦，佛朗哥身穿元首制服，面对他的500余名国会议员，因帕金森氏综合征而颤抖不止的双手翻动着讲稿，用单调的声音宣告了他关于继承人问题的决定：

> 我了解我在上帝和历史面前的责任，我完全客观地评价集中体现在胡安·卡洛斯王储——他属于统治西班牙达几个世纪之久的那个王朝——身上的各种品德，他清楚地表明了他对现政权的原则和体制的忠诚，他与陆海空军保持着紧密的联系，他曾在那里锤炼了自己的品格。20年时间过去了，他受到全面的教育，能够接受授予他的崇高使命……我决定向全国推荐他成为我的继承人。

胡安·卡洛斯就坐在佛朗哥的身旁，表情十分镇静。佛朗哥接着说：

> 为了尽心竭力地效忠上帝和祖国，我献出了我的一生。但是，当我由于自然规律而不再对你们履行我的统帅职责的时候——这一时刻必将无情地到来，我们今天要采取的决策就将看出是明智的。这一决策将极大地有助于使将来的一切都“稳固可靠”……下面议长先生将宣读一项法令，这项法令获得法律批准之后，王权将在我们今天推举出的继承人身上得到恢复。

议长站起身来宣读了事先早已准备好的法令草案，然后进行了大会表决。议员们被依次叫到名字，答“到”后必须当着佛朗哥的面大声说出自己赞成与否。结果491票赞成，19票反对，9票弃权。佛朗哥十分满意。

第二天，7月23日上午，胡安·卡洛斯在萨尔苏埃拉宫，当着司法部长——王国最高公证人的面，正式签署了对议会任命的接受书。

当天下午，胡安·卡洛斯穿着陆军礼服，同佛朗哥一起乘车再次前往议会大厦。他将在这里宣誓效忠佛朗哥和“国民运动”，并第一次向西班牙议会和全国人民发表演说，演说的内容当然是经过佛朗哥亲自审查和批准的。佛朗哥删去了其中一句赞扬他父亲巴塞罗那伯爵爱国精神的话，说那容易引起议会和政府中某些人的非议。

演说开始，胡安·卡洛斯用平缓而坚定的语气讲道：

> 首先，我想表明，我从国家元首佛朗哥大元帅阁下手中接受起源于1936年9月18日的政治正统王权。当时为了使我们祖国重新走上康庄大道，人民做出了巨大的牺牲，遭受了无数的苦难，虽然这是令人悲伤的，但却是必要的……

最后，胡安·卡洛斯说：

> 我坚信，为了捍卫我刚刚宣誓效忠的各项原则与法律，我决不会胆怯。此刻，我请求上帝的帮助。如我所坚信的，如果我们以自己的言行和工作使我们无愧于这种帮助，那么上帝会恩赐我们的。

在这里他非常明确地确认了，他将不是继承他父亲或者祖父的王位，而是“接受起源于1936年9月18日的”“正统王权”。他说：

> 如果善于真正恰到好处地保持各种权力机构的平衡，那么君主制可以并应该成为一种有效的政治制度。

会场里响起长时间的掌声，佛朗哥也高兴地鼓起了掌。可是，胡安·卡洛斯心里明白，尽管承认佛朗哥，承认如今已经不能从自己父亲那里继承正统王权，甚至也已经发誓效忠于佛朗哥他们的“国民运动”，尽管今天终于正式从佛朗哥的议会这里获得了“西班牙王储”的称号，但通向王位之路还十分漫长，在西班牙错综复杂的政治形势面前他还须尽量保持低调，保持沉默，还须忍辱负重，卧薪尝胆，真正是任重而道远。正是为了区别于巴塞罗那伯爵胡安所代表的王朝，佛朗哥拒绝使用西班牙传统的“阿斯图里亚斯亲王”的称号来称呼被他们刚刚任命的王储，而采用了直接称“西班牙王储”的做法。

但是，无论如何，胡安·卡洛斯在“曲线救国”的路上总算又迈出了一大步。这一步是很重要的，它符合西班牙人民、王室和国家的利益。如果没有这一步，西班牙的前途将更加迷茫。

事实上，那年6月，胡安·卡洛斯曾经前往他父亲居住的葡萄牙埃斯托里尔，与父亲进行了一次长谈，把佛朗哥有可能确定自己为其继承人的消息提前告知父亲，并征求他的意见。“那不可能！他怎会现在就确定并宣布继任者呢？”巴塞罗那伯爵胡安很感意外，但胡安·卡洛斯告诉他这事真的马上就要发生，而且要确定的人选恰恰就是自己。巴塞罗那伯爵胡安无可奈何，几十年来他除了发表一些文告，争取国内外舆论支持以外，实在也没有别的作为，而在儿子的问题上，他也只能故作矜持，实际上是每次都不得不忍让佛朗哥，一切都是佛朗哥说了算。

7月16日，巴塞罗那伯爵胡安收到两封信，一封是儿子派人专程送来的，通知他佛朗哥已经明确指定自己做接班人，请父亲为此祝福。另一封是西班牙驻里斯本大使馆转交来的佛朗哥的信：

亲爱的殿下：

“继承法”授权我向议会推荐我的继承人人选。考虑到各种条件及公众舆论，我决定推荐您的儿子胡安·卡洛斯。我的决定可能会引起您的不快，这是毋庸讳言的。我想，在殿下的心里，一些相互矛盾的感情会彼此斗争。但是我希望，您能像您的父亲阿方索十三世国王所做的那样，学会克服一切个人问题以更好地为祖国效力。您的某些顾问会把这一决定看成是您的政治希望的破灭，因而我也认为您应该不理会他们的看法。我相信这一决定是对西班牙最有利的做法，所以我愿意提前告诉您。

顺致敬意。

弗朗西斯科·佛朗哥

巴塞罗那伯爵胡安为此发表了声明，指出佛朗哥指定继承人所依据的所谓“继承法”本身不符合西班牙的历史传统，他不赞成；而这一次他完全是局外人，旁观者，没有被征求过意见。

胡安说：

在最近的30年中，我时常向西班牙人民发表讲话，向他们阐明什么是我认为的未来君主制的本质：国王应该是全体西班牙人的国王，他以法治国；君主制应作为一个为人民服务的国家政治工具而发挥作用；王朝应该处于超脱状态，凌驾于国内各组织和派别之上而掌握仲裁权。除此之外，还要有真正的人民代表性，民族意愿应在政治生活的各个机构中得到体现，社会舆论能通过现有的言论渠道自由表达，集体的和个人的自由应得到可靠保障。能够做到这些，就可以达到西欧的政治水准。西班牙是欧洲的组成部分。

我过去希望，现在仍然希望我的人民享有上述的一切，而这正是君主制的基本目标……我仍相信，现行制度必须和平地向着开放和民主的方向过渡。这是唯一可以保障我们祖国前途安定的办法。我作为一个西班牙人，将继续为祖国服务，并且真诚地期望它有一个和平而繁荣的未来。

五、六年的等待

从1969年7月22日被确定为佛朗哥的继承人到1975年11月22日正式即位为西班牙国王，胡安·卡洛斯苦熬了6年零4个月。说苦熬是因为他在这期间始终都必须谨慎处事，而且最关键的是他内心并不愿意像在接受任命时的宣誓中说的那样一心一意地将佛朗哥的专制制度不断延续下去，他认为必须对西班牙的政治制度进行民主改造，使西班牙广大人民能够过上如西欧其他国家人民那样的享有充分权利的自由生活。

6年中发生了许多事情。

有1969年当年发生的政府高官牵涉其中的严重经济丑闻；有1970年底发生的臭名昭著的布尔戈斯审判案，宣判6名政治犯死刑；更有1973年新任首相卡雷罗·布兰科被"埃塔"暗杀的惊人案件，还有……而无论发生怎样的事情，胡安·卡洛斯都必须特别谨慎，绝对不可以随便发表讲话，弄得不好，不是遭到左翼反对派的严厉谴责，就是被佛朗哥体制内外的极右派强烈指责，而事实上他的继承人地位并不十分稳固。胡安·卡洛斯曾对人说："装成傻瓜并不是总那么容易办到的。"

那是一个不可以随便讲话的年代，作为王储和佛朗哥继承人的胡安·卡洛斯比普通老百姓更不能随便讲话。但不随便讲话并不是不讲话，问题在于要知道在什么时间什么地点讲什么话，而且讲话要有分寸、有艺术。佛朗哥本人也曾指点他的继承人应当怎样讲话。1970年2月，胡安·卡洛斯访问了美国，尼克松总统以对国家元首的礼仪接待了他，同时他也不得不大量地回答记者们的问题。一回国，他就尽快去见佛朗哥，汇报访问情况，并亲自把一些美国报刊的报道翻译给佛朗哥听。佛朗哥听过以后，对他说："别忘了，有些话可以甚至应该在国外讲，可是不能在西班牙讲。你在国外讲的话很可能不宜在这里传播；同样，你在这里讲的话有时也最好不要传到国外去。"

美国总统尼克松

《纽约时报》当时驻马德里的一名记者曾经写过一篇对胡安·卡洛斯的采访，他说：

西班牙政治舞台上的许多活跃人物并没有注意到，王储决心

> 在佛朗哥身后推行一些积极的改革：
>
> 他希望允许他在西班牙国内外进行广泛的访问，与人民交谈，关注他们的问题；允许他开始用自己的声音讲话，并让西班牙人相信：他不只是佛朗哥将军签署并保存在保险箱中的一份保险单。
>
> 他的活动在很大程度上受制于政府。尽管他希望树立起自己的独立形象，但只要政府持否定态度，报纸便不会予以宣传。此外，如果佛朗哥将军对他不满，可能会撤销对他的任命。到此时为止，胡安·卡洛斯找到了唯一的一种打破其孤立状态的办法，那就是在萨尔苏埃拉宫接见来自越来越广泛阶层的觐见者，包括相当一批政府方面的人士。他并且谨慎地扩大了接见范围，一些外国记者，甚至一些无党派人士也都在被接见之列。与他交谈过的人发现他很成熟，他的消息十分灵通，而且他比大家预想的要坚强得多。同时，来访者也发现他在某些方面还很彷徨，譬如他将来要采取的行动的方式，这些行动应当走多远，可以依靠哪些人？

这篇文章发表时的标题和副标题特别引人注目：《胡安·卡洛斯保证建立一个民主政权——我是佛朗哥的继承者，但我也是西班牙的继承者》。

胡安·卡洛斯每星期一下午都去帕尔多宫同佛朗哥会面，每次大约要待一个小时左右。这使佛朗哥感觉心里挺踏实，对胡安·卡洛斯也越来越满意。后来有一次在谈到出国访问的时候，佛朗哥对他说："有些事我不能做，但你至少可以到处走走。"于是，胡安·卡洛斯开始十分频繁地出国旅行。

1972年，胡安·卡洛斯去了美国、伊朗、日本、埃塞俄比亚和德意志联邦国和国；1973年，胡安·卡洛斯去了法国；1974年，胡安·卡洛斯去了沙特阿拉伯、菲律宾和印度。胡安·卡洛斯还出席欧洲各王室的庆典，观看各国军事演习，参加各种周年纪念活动。

1974年7月9日，佛朗哥被告知他的右腿患有静脉炎，同时伴有脑血栓征兆，不得不住院治疗。佛朗哥想到了死亡，说这也许就是"结局的开始”。于是佛朗哥要求起草有关法令，准备向胡安·卡洛斯移交权力。

法令起草好了，但胡安·卡洛斯对佛朗哥说：

> 我的将军，您仍脑力健全。我不愿让人感到我在着急。到了时候，我希望能以国王的身份继任您的职务，请您考虑。

7月19日上午，佛朗哥经受了两次血栓性胃炎并发症引起的大出血。面对这种情况，胡安·卡洛斯只得接受了代理国家元首职务。胡安·卡洛斯就职后的头两项公务，一是在格兰哈宫主持纪念全国起义的传统招待会；二是代表西班牙签署了西美联合声明。

得知佛朗哥病重消息时，巴塞罗那伯爵胡安正在乘坐他的新游艇“希拉尔达号”在地中海航行。他同王子通了一次长时间的电话，便匆匆赶回葡萄牙静观西班牙国内事态的发展。

7月30日，佛朗哥出院；8月17日，他离开马德里，启程回家乡加利西亚疗养。

这些日子，胡安·卡洛斯尽一切可能谨慎从事，不授人话柄；佛朗哥的健康状况有所好转以后，他更是处处小心。

9月1日。胡安·卡洛斯和首相阿里亚斯刚刚离开佛朗哥的疗养地，就分别接到他的电话，宣布自己已经完全康复，可以复职了。

从1974年夏天到1975年的冬天，佛朗哥虽然紧握权柄，但已心力交瘁，疾病缠身。10月14日，佛朗哥患轻度流感，身体衰弱，帕金森氏综合征严重。可是他还不想放弃手中的权力，仍然主持内阁会议。21日，佛朗哥患心肌梗死，后并发肺气肿、肠胃出血和腹膜炎。22日，政府发布第1号佛朗哥医疗公报。掩饰地声称他的病是“冠状动脉供血不足”。直到30日，佛朗哥才不得不决定像去年7月那样由王储再次担任代理国家元首职务。而这一次具体交接工作一直被拖延着，一直到11月7日佛朗哥同意住进医院时才得以进行。

像1974年夏一样，胡安·卡洛斯承担了国家元首的工作责任，事态的发展已使他别无选择。但是这一次他知道自己不会再去充当王储了，虽然可以预见，在佛朗哥死亡和他本人成为西班牙国王之间还需要用一小段时间来解决权力的连续性问题。去年夏天，胡安·卡洛斯在代理国家元首时，行动极其谨慎，故意同职务保持一定的距离。相反，这一次他显得积极主动多了，尤其是在对外事务方面。

在胡安·卡洛斯的主持下，在11月初，西班牙同摩洛哥政府妥善地解决了困扰西班牙多年的西撒哈拉问题。令内阁大臣们对他的政治能力和外交才干刮目相看。两次代理国家元首已使胡安·卡洛斯为正式登基做好了准备。

六、全体西班牙人的国王

11月初，佛朗哥住院后，经过32位著名医生和3次手术的艰苦努力，仍无法挽救这位83岁高龄的尊贵病人。20日，星期五，凌晨4点17分，在位于马德里北部的和平医疗中心，一位值班大夫发现，一切都完结了。

历史性的时刻终于到来了。

当局为防不测，预先安排了一个规模庞大的警备计划，20日清晨付诸实施，但显然没有派上用场，平静的气氛笼罩着整个国家。佛朗哥死后54小时，胡安·卡洛斯一世国王庄严即位。

1975年11月22日下午13点20分，位于马德里圣赫洛尼莫大街的西班牙议会大厦里，胡安·卡洛斯一世国王的登基仪式正在进行。数百万人通过电视屏幕注视着仪式的过程，他们未能发现在胡安·卡洛斯脸上有任何特殊的表情和任何值得议论的反应。他紧绷着嘴唇，目光炯炯，像出席仪式的其他所有人士一样静静地聆听着议长等人的讲话。

佛朗哥的墓

登基仪式开始之前，西班牙政府首相阿里亚斯·纳瓦罗曾含着眼泪向

胡安·卡洛斯一世宣誓成为西班牙国王

全体西班牙人宣读佛朗哥的遗嘱，他要求西班牙人对西班牙和基督教文明的敌人保持警惕，呼吁人们“像爱我和忠于我一样去拥戴西班牙今后的国王胡安·卡洛斯·德·波旁”。

到场参加仪式的有议会的全体议员，有特邀人士，还有以政府首相阿里亚斯为首的全体政府成员。欢呼历时2分钟。随后，大家跟着即将成为国王和王后的胡安·卡洛斯王储和索菲娅公主就座。

议长庄严地向新国王胡安·卡洛斯递出一本《圣经》，并问道：“陛下，您愿意手扶《圣经》向上帝起誓，自己将履行并要求人们也履行王国的‘基本法’，并忠于‘国民运动’的原则吗?”

胡安·卡洛斯将一只手放到《圣经》上，用同样的措词宣了誓。

议长转过身子，以更大的声调向会场中的人们宣布。他的声音通过电波传向了整个西班牙的国土。

以西班牙议会和王国委员会的名义，我们向西班牙全国宣布，胡安·卡洛斯·德·波旁即位为西班牙国王，他将以胡安·卡洛斯一世的名义进行统治。议会代表先生们，委员先生们，让我们以怀念佛朗哥的激动的心情高呼：国王万岁！西班牙万岁！

场内又一次响起长时间的欢呼和《国王进行曲》。接下来，议长宣布，请新国王胡安·卡洛斯一世讲话。

胡安·卡洛斯一世国王以平稳的语调开始了他的登基演讲，全文如下：

此时此刻，满怀激情与希望，亦为我们刚刚经历过的事件而痛楚，我登基为国王，负起对西班牙人民的全部责任，负起要求我恪守法律、尊重王朝百余年来的传统的神圣义务。

西班牙国王的头衔是历史传统、王国“基本法”和西班牙人民立法机构对我的信任，作为国王我有幸第一次代表王权向你们发表讲话，这些话都发自我内心深处。

一位特别的人物已经成为历史。弗朗西斯科·佛朗哥的名字已将成为西班牙重大事件的路标，是想要理解我们当代政治生活的关键所不能不提及的。我怀着尊敬与感激的心情缅怀他，他那么多年以来一直肩负着治理国家的重任。对他的缅怀将敦促我严格律己，忠于为祖国服务的职守。伟大而高尚的民族善于牢记曾为一种理想而奋斗的人们。西班牙永远不会忘记那位鞠躬尽瘁的战士和国务活动家。

我很清楚，所有西班牙人都理解我最近的心情。但是，履行自己的义务是至高无上的。这是我父亲从小教给我的原则，是我们这个愿尽全力为西班牙服务的家族始终恪守不渝的原则。

今天，开始了西班牙历史的一个新时期。我们必将共同走过的这个新时期在安宁、劳动与繁荣中开始，这是坚定不移的集体意志和共同努力的结果。君主国将忠诚捍卫这些遗产，并努力在任何时候都同人民保持紧密的联系。

以我为代表的政体使一切西班牙人统一，我在如此重要的时刻向你们呼吁，因为我们所有人都同样负有为西班牙服务的义务。希望大家宽宏大量并高瞻远瞩地认清，我们的前途在于切实有效的全民和解。

国王是第一个要履行自己义务、追求这些目标的西班牙人。在我生命的这一决定性时刻，我庄严宣布：我的有生之年和按我意愿要做的每件事情都将是为了履行自己的义务。

上帝在我们面对命运无法避免地做出艰难决定的每一时刻保佑我们。有上帝的恩典，以无数为西班牙各民族统一、安定和振兴而奋斗的先辈为榜样，我希望有能力成为协调者，成为宪政体制的捍卫者，成为社会公正的促进者，使所有人都不担心他的事业被遗忘，也没有人寻求优先或特权。人人都得到应得的机会，我们才无往而不利。我的权力来自公共服务，公正是我的准则，我将遵行法律，并使法律得到普遍的遵行。

我确信，像我们这样伟大的民族，必须不断深刻地完善其文化发展、世代更迭和物质增长。听取、沟通、鼓励这方面要求，是我坚决接受的义务。

祖国是我们大家共同的集体事业，因此其巩固与发展应该建立在所有认同于她的人们的共同意志之上。但只有尊重自身的历史才能成为最伟大昌盛的民族，秩序、自由、公正才能发扬光大。

司法是尊严、幸福与崇高的自由的保障。我们坚决主张建立一种公正的秩序，在它之中无论公共活动还是私人活动都处于司法保护之下。

人人平等的公正秩序允许在统一的王国和国家之内承认各地区的特殊性，这是西班牙由多种民族构成这一神圣现实的体现。我希望既成为它们共同的国王，又成为其中每个民族的国王而毋悖其文化、历史与传统。

西班牙这一伟大的共同体应当包括：王室，军队，政府，劳动者，企业家，职业阶层，私人机构以及全体公民。大家共同组成权利与义务的牢固结构。只有这样我们才会感到既强大又自由。

这风云激荡的时代要求有创造性的能力使各种不同的意见统一到共同的目标上来，即给西班牙人民以财富与个性，西班牙人民赋有优秀品质，能够奋不顾身地去完成既现实又崇高的使命。

承认和保护精神财富是国王的义务。

西班牙武装力量是爱国主义和遵守纪律的典范，作为国家第一士兵我将全力以赴地致力于使它有能力满足我国人民的要求。

今天，与以往一样，思想界、科学界、文化界、艺术界、技术界对社会负有义不容辞的伟大责任。社会在发展中，比任何时候都更迫切地寻求新的方向。对于如此崇高的使命，我绝不吝于支持与鼓励。

承认社会与经济的权力同样是国王的基本义务，以保证全体西班牙人都有物质条件去实现其完全的自由。

所以，我们想在此宣布，但愿没有一个西班牙人没有工作，没有一份工作不能体面地维持他本人及其家庭的生活，并增进他和他子女的文化和经济的财富。

一个自由的现代社会要求所有人都参与重大决定、信息传播、各种不同层次的教育以及国家财产的控制。使这种参与一天比一天更加确实、有效，应当是大家的共同事业和政府的一项任务。

国王是虔诚的天主教徒，谨向教会表示崇高的敬意。教士们的光彩使已经牢固扎根于我国民众的天主教教义鼓舞全体教徒。尊重人的尊严，意味着信仰自由的原则，是使我们的社会得以和谐共处的实质因素。

我坚信西班牙人家庭的优秀，它负责最初的教育，始终是社会的新鲜而可靠的基本细胞。我也坚信我们的未来是有保障的，因为我们有品质优秀的后代。

非常高兴在此向所有外国来宾表示敬意。有着古老传统的西班牙君主国向各国人民表达其和平与理解的愿望。我们一向尊重民族差异，承认各国有权根据自己的个性去进行组织的政治权益。

西班牙是一个由众多兄弟民族组成的大家庭的发祥地。假使能够有利益的共同体、思想的交流、相互间的合作，那是一种应当鼓励的共同兴趣。

欧洲的概念，如果不讲西班牙人的事，如果忽视了我许多先辈的作为，会是不完整的。欧洲应该包括西班牙，我们西班牙人是欧洲人。双方都如此理解，都接受如此理解的后果，这是现时的需要。

一代又一代的西班牙人一直为恢复我们祖国的领土完整而斗

争,如果在此不提及就是对我血统的不忠。国王将以更坚定的信念担负这一使命。

王国的大臣先生们和议会的代表先生们，奉我从本次朝会起成为西班牙人民的国王。上帝保佑你们。我向你们保证,我必坚定而谨慎。我坚信我们能够完成自己承诺的使命。

团结起来,未来属于我们。

西班牙万岁!

第十章
改革，走向新时代

一、改革初启
二、关键步骤
三、“2.23 政变”
四、探望我们的国王

一、改革初启

1975年11月20日，独裁近40年的佛朗哥终于在马德里病逝。11月22日，胡安·卡洛斯一世登基，在国会举行宣誓仪式并发表演说。那是一篇呼吁团结、安定，强调民主、法制、平等和维护国家统一的演说。可是，它只是一篇“漂亮话”，还当真是他作为国王的施政纲领？当初恐怕没有人能够弄得清楚。但日后的事实表明，国王在这里所说的大多成为了日后改革的目标。即使在当时的情况下，有一点是毫无疑问的，那就是新国王希望所有人的支持，无论老长枪党人还是正在组织罢工或学潮的左翼反对派。

当年的平安夜，国王发表广播电视演说，借向全国人民祝福的机会再次呼吁团结，他说：

> 我们面对的问题不容易，但只要精诚团结，未来属于我们。我对青年一代充满信心，我了解他们背负使命的伟大情怀……即将来临的是在团结的路上奋进的一年！

刚刚登基的胡安·卡洛斯一世期冀团结、憧憬未来的迫切心情溢于言表。

之前的经济改革所带来的最大好处这时体现了出来：没有人愿意再如40年前那样发生内战。而保持和平的最佳途径莫过于切切实实地拥戴新国王，并响应他的号召实行全民和解。

于是，国王胡安·卡洛斯一世说：

> 我属于内战结束时或稍后出生的那一代。这一代占西班牙人口的80%。他们并不生活在他们不了解的过去时代，而是生活在他们希望的未来。
>
> ——【法】让·德科拉著《西班牙史》，管震湖译

这就是胡安·卡洛斯一世的心声，表明了他意图改革的心迹，也代表了大多数西班牙人民向往改革的心愿。“过去时代”指内战及内战后的严重不和，对左翼反对派的残酷镇压和迫害等；“希望的未来”，即政治和社会的民主与平等，人民生活的富裕与安宁。

胡安·卡洛斯一世正式登基成为西班牙国王，标志着西班牙一个新时代的开始和旧时代的终结。但是，他毕竟是“佛朗哥的继承人”，或者说是佛朗哥为西班牙选择的国王，而且被选择是有前提的，即必须保证忠于佛朗哥的“国民运动”，必须保证延续佛朗哥体制。为此，胡安·卡洛斯一世是宣过誓的。所以，无论怎样锐意改革，胡安·卡洛斯一世都必须谨慎从事，采取一种极为妥当的形式，至少需要一个尽量平稳的过渡。

国王十分理智地从佛朗哥的王国咨议会(相当于国务委员会)拟定的3人名单中挑选了原先由佛朗哥指定的阿里亚斯担任首相。可以看出，这样的过渡是顺理成章的，只有这样西班牙才能保持安定。然而，过渡性的阿里亚斯政府在其执政时期无所作为也完全是在情理和意料之中的。

不过，阿里亚斯并非无功可言：第一，他基本保持了全国的安定局面；第二，他上台伊始(1976年1月28日)在议会发表演讲，宣称要进行改革，尽管没有具体措施，但要进行改革这一点是肯定的；第三，在他任内通过了一项承认政治结社权(共产党、暴力组织、地方分离主义组织除外)、集会权、示威游行权和劳动自由权的法案，在开放党禁方面走出了第一步。但是，这毕竟离真正的改革还差得太远，而且根本无法指望他的政府能够推行真正的改革，事后有学者批评他试图推行的是一种“西班牙式的假民主”。

1976年4月8日，胡安·卡洛斯一世在萨尔苏埃拉宫接受美国记者波什格拉夫的采访，后者随后发表文章披露了国王对阿里亚斯首相的不满，但他同时写道：“然而，除非阿里亚斯自己要求辞职，否则，胡安·卡洛斯一世很难把他从这一位置上调开。”

不久，胡安·卡洛斯一世在美国独立战争200周年之际应邀访问美国，并在6月2日向美国国会发表了演讲。这是有史以来第一次有西班牙国王到美国国会发表演讲。他在演讲中强调了要进行改革的坚定决心。

1976年7月1日，阿里亚斯辞职。7月3日国王决定由阿道夫·苏亚雷斯（以下简称苏亚雷斯）组织新政府。

苏亚雷斯，1932年出生于塞布雷罗斯，马德里大学法学博士。在佛朗哥体制下，他靠个人奋斗取得成功，从阿维拉地方政府一部门长官开始政治生涯，曾经担任许多重要的政府或“国民运动”公职：1965—1968年任西班牙电视台第一频道部主任，1968—1969年任塞戈维亚地方政府行政长官，1969—1973年任西班牙广播电视总局局长，1975年任“国民运动”全国副总书记，1975—1976年任“国民运动”全国总书记。可见，他是在佛朗哥末期忽然受到重用的年轻一代“国民运动”干部。他比国王年长6岁，两人都属于具有这样认识的一代西班牙人，即：西班牙内战是老人们的一段历史，佛朗哥的统治从来不是人民选举的，而是强加于人的，是应当改变的。苏亚雷斯个人生活很俭朴，为人非常和蔼亲切，具有坚定的信念，是一位政治实干家。

8月8日，公布了新政府名单，共20个部长职务，一半是新任部长，包括内政部长和外交部长。苏亚雷斯本人44岁，新部长们也大多属于“60年代的一代”，即佛朗哥体制中较年轻的改革派。当时西班牙最资深的政治家之一曼努埃尔·弗拉加后来说：“国王任命苏亚雷斯当首相是为了让我们这些老一辈人不要管改革，而把事情交给更年轻的人去做。”

二、关键步骤

苏亚雷斯的上台标志着真正改革的开始。他采取的几个最关键的步骤和措施包括：①出台一部《政治改革法》；②彻底解除党禁，包括给西班牙共产党以合法地位；③建立与传统反对派组织的直接对话；④根据《政治改革法》试行全民公决和大选，并建立新的国会；⑤制定新宪法；⑥组建以民族或地区为基础的自治区。

20世纪70年代的能源危机曾经加剧佛朗哥独裁体制的总危机，但同时也在佛朗哥身后对民主改革造成了巨大威胁。苏亚雷斯政府既要面对巨大的政治压力，承担巨量的政治改革工作，又不得不采取种种强硬的、必然得罪人的经济政策，以应对经济危机的挑战。苏亚雷斯的法宝还是通过在首相官邸蒙克洛阿宫与各党派、集团的直接沟通，达成全社会、至少是各主要政治力量间的相互谅解、信任与合作。

阿道夫·苏亚雷斯

1977年10月8—21日，蒙克洛阿宫里政府代表与各党派、集团的领袖，就时任副首相的著名经济学家富恩特斯·金塔纳起草的一份很长的文件进行了一系列谈判。10月25日，文件以协议形式由富恩特斯·金塔纳等10人签字；两天以后就得到了国会的批准。这就是著名的《蒙克洛阿协议》。协议包含了货币、金融、财政、工商、劳工等许多方面的短期经济政策；同时规定了制订国家预算的标准。协议还包括一些其他方面的改革措施和政策，包括教育体制、工会职能、社会保障制度以及工资和税收等，甚至也包括一些司法问题，其中最重要的是《政法诉讼程序》，它涉及言论自由和新闻自由的问题，同时涉及一些适用法律的改革问题。《蒙克洛阿协议》不啻《1978年宪法》颁行之前的某种预演和试行法，不过，它最主要的还是一套应对能源危机的经济政策。这些政策当时在抑制通货膨胀、缓解经济危机方面曾经起到了很好的作用。《蒙克洛阿协议》后来随着新宪法的颁行和富恩特斯·金塔纳1978年2月的离职而渐渐失去了作用。

关于《政治改革法》的出台，有学者评论说："实际上，对佛朗哥身后的西班牙改革的一切政治来说，关键都在于这个法律文献。"最初主持起草这份文件草案的是议长费尔南德斯·米兰达。草案提出要建立参众两院。众议院350个席位，由政府组织民众选举产生；参议院250个席位，其中102个席位由投票产生，其他的直接任命。草案中直截了当地使用了“政党”一词。1976年8月24日，这份草案被提交给了部长会议。苏亚雷斯立即组织了一个专门的委员会对草案进行修订。修改主要集中在三个方面：第一，参议员也由民众直接选举，但国王有权任命一部分，数额不超过20%；第二，删除了“政党”等敏感、有争议或刺激性的语言；第三，更换了法案名称中的一个前置词——由“Ley de Reforma Política”改为“Ley para la Reforma Política”，修改前的原意为“政治改革的法律”，修改后则是“为了施行政治改革而制订的法律”，或者是“通向政治改革的法律”，其区别虽然细微，但用意之深是有目共睹的。

9月8日，苏亚雷斯出席了一个最高层军事首脑会议，向高级将领们解释未来改革的目标，并向他们保证：共产党不会合法化，大选不会失败。10日，《政治改革法》得到部长会议的通过。并通报“全国运动委员会”(Consejo Nacional del Movimiento)。苏亚雷斯本人还到电视台发表了陈述改革计划的讲话，公开了有关《政治改革法》的事情。“全国运动委员会”经过一个多月的审查后于10月21日进行了投票表决，80%赞成、13%反对、6%弃权，发表了公告。之后，法案被移交给国会。国会首先在“基本法委员会”之下任命了一个专门的“起草委员会”，其成员大都是改革派人士，他们的实际工作主要是逐个否决一些人提出的修改意见。11月16—18日，国会召开全体会议，围绕《政治改革法》展开辩论。会上的辩论与会下的谈判同时紧张进行。该法最终以425票赞成、59票反对、13票弃权通过。谁也不曾预料会有如此成绩。可以肯定，议员们得到了一些必要的承诺。当时任内政部长的马丁·比利亚回忆说：“我们这些政府成员以及一些特别接近的人士，早在(投票)前几天就已经在下功夫逐个说服议员们。”议员埃雷罗·德·米尼翁也肯定说：创建参议院正是为了要说服议员们，保证他们可以在其中拥有席位。

解除党禁，包括给西班牙共产党以合法地位；实行真正的结社自由，建立政党制。《政治改革法》的正式文本中虽然没有直接使用“政党”一词，但即将根据该法实施的大选却不能没有政党参加，而且不能没有传统的反对派政党参加，那样就不是一次改革而仅仅是一场骗局了。所以，苏亚雷斯政府很快就给予了所有政治组织以合法地位，唯独排除在外的只有西班牙共产党和一些极端主义暴力组织，如“埃塔”等。

事实上，最让苏亚雷斯头痛的就是西班牙共产党的合法化问题。反对共产党合法化的不仅是佛朗哥的遗老遗少，还包括大多数军官、几乎所有的右翼和很大一部分中右翼政治家，甚至也包括不少公众舆论。人们普遍担心过去的冲突会重演。许多人主张此事应当暂缓，推迟到民主制度已经确立和巩固以后。而在西班牙共产党内部，是否应当争取和接受合法化，也是一场严重的争论。当西班牙共产党真的提交了要求合法化的申请文件时，政府敦请最高法院进行裁决，但最高法院拒绝受理。

就在各反对派组织纷纷获得合法地位、政治犯也获大赦纷纷出狱的时候，秘密回国的西班牙共产党总书记卡里略却遭到逮捕入狱。此事披露后在社会上引起强烈反应，怀疑、不信任和抨击明显加剧。毕竟，西班牙共产党是传统反对派组织的“领头羊”，是遭受镇压和迫害最重、反抗最顽强，也是最具有影响力的左翼反对派组织。西班牙共产党得不到公正待遇，改革、民主、大选……一切都是假的，至少是不彻底的。苏亚雷斯虽然刚刚向军界首脑们保证，不给西班牙共产党以合法地位，可是这件事他还是不得不做。

苏亚雷斯于是采取了特别手段。他背着大多数部长们，尤其背着军人们，拟定了批准和宣告西班牙共产党合法化的法令，在后来被称为“红色圣周末”(圣周即复活节周，是天主教国家最重视的宗教节日。相传耶稣周五受难，周日复活。1977年的耶稣受难日是4月8日，复活日是10日)的1977年4月9日，趁军队司令部里几乎空无一人之机，予以颁布。法令引起了很大的震动与不满。军队最高权力机构——最高军事委员会发表了一份谴责声明；海军上将皮塔·达·贝加宣布辞去部长等职务。不过，实际的反对行动仅此而已。而在更加广泛的社会层面上，人们看到了政府的决心，确认了改革的真诚。

为了保证改革能够平稳、顺利地进行，苏亚雷斯采取了一个非常有效的手段，就是建立与传统反对派组织的直接对话，实现民主协商。反对派政治组织逐步合法化，进行了许多新的组合或改组；更有一大批新生政党涌现出来，仅1977年登记的就超过了100个，形成了异常活跃的政治局面,为大选做好了必要的准备。可是,在同一过程里,反对派的声音也越来越高涨。关键的问题是,改革虽势在必行,但怎么改就众说纷纭了。归纳起来,是“决裂”和“改革”两大派。一般来讲,在野反对派大多主张与旧体制决裂,1976年至少有30个反对派组织发表了主张“决裂”的声明。一时间,“决裂”成了反对派最响亮的政治口号。可是,政府中的改革派断然拒绝,他们坚持要在原体制的基础上进行改革。这种矛盾一度十分尖锐,而且愈演愈烈。

反对派利用他们擅长的传统斗争方式,组织各种各样的罢工、游行,向政府施加压力。政府中的强硬派则采取十分激烈的镇压手段与之针锋相对。1976年3月的维多利亚总罢工就曾遭到严厉镇压,导致数人丧生。内政部长曼努埃尔·弗拉加在镇压一次示威时说过一句激怒公众的名言:“大街是我的!”再加上一些极端组织的暴力行动,使局势显得特别紧张。1976年12月11日至1977年2月11日,“十月一日反法西斯革命组织”(GRAPO)绑架了国务委员会主席安东尼奥·马利亚·德·奥利奥尔·乌尔季霍。1977年1月24日,右翼杀手在马德里阿托查大街的一间办公室里杀害了几位与西班牙共产党有联系的律师,目的显然是在左派中制造恐慌。此外,还发生过其他一些恐怖主义暗杀事件。

面对这样的局面,苏亚雷斯的办法是进行最直接的沟通。苏亚雷斯组阁伊始,就与一些反对派领袖进行了秘密接触。8月10日,苏亚雷斯接见了工人社会党(PSOE,简称工社党)总书记费利佩·冈萨雷斯。不久,他委托内政部长马丁·比利亚会见了加泰罗尼亚民族主义领袖霍尔迪·普霍尔。之后,他本人又会见了人民社会主义党主席恩里克·铁尔诺·加尔万,以及基督教民主派左翼领袖华金·鲁伊斯·西门内斯等人。1977年2月27日,苏亚雷斯还在一位律师家里与西班牙共产党总书记卡里略举行了秘密会谈。那时,西班牙共产党还完全处于地下状态。也正是这次会谈使苏亚雷斯痛下决心,一定要给西班牙共产党以合法地位。到了3月份,就形成了首相官邸蒙克洛亚宫与各党派的代表直接会谈、协商的惯例。苏亚雷斯还曾经组织一个“十人委员会”,专门负责此事。当时各党派都非常重视在这种同政府的谈判中是否得到平等待遇的问题。尖锐对立的局面得到了极大缓和。

1976年12月15日《政治改革法》付诸全民公决。左翼反对派们由于还在坚持“决裂”主张，所以大都采取不支持的立场。不过，他们也并未与之对抗，而仅仅采取了弃权的方式。结果，约有30%的选民弃权，而在投票选民中赞成的达到81%。公决结果在1977年1月4日的《政府公报》中发表，《政治改革法》随之生效。

《政治改革法》生效以后，改革的方向和路线就被确定了下来，左翼反对派再坚持“决裂”也就不再有多少实际的意义，摆在他们面前的问题是，作为合法的政党要不要参加大选？可是，就连斗争最顽强的西班牙共产党都决定走“议会道路”，那么对于其他反对派政治组织来讲就更不成问题。因而，大家所面临的真正的紧要任务便是必须为大选做尽量充分的准备。可以说，几乎所有的反对派这时都全力以赴地走上了《政治改革法》所规定的改革道路。

1976年夏季以来，西班牙政党组织雨后春笋般涌现出来，政党的改组、联合或结盟更令人眼花缭乱。

到1977年6月大选时分野已基本确定，最强大的右翼政党是以弗拉加为首的“人民联盟”(AP)。左派方面最突出的是西班牙工社党和西班牙共产党(PCE)，同时还有一批新出现的政治组织，包括：人民社会主义党(PSP)、劳动者革命组织(ORT)、西班牙劳动党(PTE)、共产主义运动(MC)、共产主义革命联盟(LCR)等。不过在后来的选举中凡是比西班牙共产党更左的组织都没有获得过任何议员席位。出现了很多地方民族主义政党，左翼的如巴斯克民族主义党(PNV)、加泰罗尼亚左翼共和党(ERC)等；右翼的如“加泰罗尼亚民主大会”(CDC)和“加泰罗尼亚民主联盟”〔UDC，它们后来又联合成“大会—联盟”(CiU)，至今仍是加泰罗尼亚民族主义右翼的轴心〕等。不过当时最引人注目的还是随后成为执政党的“民主中心联盟”(UCD，亦译为“民主中间派联盟”，其原文是：Unión de Centro Democrático)。它以首相阿道夫·苏亚雷斯本人为主席，正式成立于1977年3月下旬，是一个由许多小规模政党构成的政党联盟，政治倾向属于中右翼。

1977年6月15日大选如期举行，79.92%的选民参加了投票，即在总共2350万选民中，有1820万人登记并投票，540万人弃权。投票结果，民主中心联盟获胜，得到6309991选票，占34.0%；165议席，占47.1%。其次是工社党，5371466票，占28.9%；118议席，占33.7%。两个政党的政治主张和立场都比较温和。真正的左派西班牙共产党，联合了加泰罗尼亚统一社会党之后，只得到1709870票，占9.2%；20议席，占5.7%。而右派“人民联盟”则得到1488001票，占8.0%；16议席，占4.6%。1977年7月4日，苏亚雷斯组织了民主中心联盟的第一届政府。

西班牙学者大多认为，1977年6月“民主国会”的产生和佛朗哥时期延续下来的“组织国会”的解散，标志着佛朗哥体制的完结。但是，如果不用一部新宪法来取代佛朗哥时期的所谓“基本法”，那么佛朗哥体制的完结恐怕仍然无从谈起，大家所看到的恐怕还只能是没有佛朗哥的佛朗哥体制。所以，尽管《政治改革法》并未规定第一届国会为制宪国会，但是它实际上扮演了这样的角色。

新国会首先通过了一个《各党派协作》(consenso de los partidos)议案，规定所有党派在本届国会工作期间必须采取合作态度，不得采取过激行为。随后于1977年7月26日组织了制宪委员会，又于8月2日在其内部任命了一个起草委员会。起草委员会尽量具有广泛的代表性，其成员包括：民主中心联盟3人、工社党1人、人民联盟1人、西班牙共产党1人，以及加泰罗尼亚代表1人。但巴斯克民族主义在该委员会中未获代表名额。

1978年1月，宪法的初步草案制订完成。当年7—8月制宪委员会及国会全体会议对宪法草案进行讨论。10月20日，确定了最终文本。10月31日，两院分别对文本进行最终表决，并以压倒性多数通过。11月6日，文本发表；12月6日，付诸全民公决，获87%赞成票通过。

12月27日，西班牙国会在议会大厦举行新宪法颁布仪式，国王胡安·卡洛斯一世出席，发表讲话并签署宪法。他说：“今天，作为西班牙国王和国家安定、统一的象征，在批准宪法并要求所有人履行宪法之际，我向西班牙人民表示我服从宪法和效忠宪法的坚定意志。”“这部宪法反映了王朝的希望，即我们人民的意志已经得到充分体现，所以这部属于所有人并服务于所有人的宪法，就是全体西班牙人民的国王的宪法。”他感谢了以不同方式对宪法的产生有所贡献的人，并感谢全国人民，他说：“西班牙人民是祖国现实的缔造者，其代表就是议会中的各派力量；西班牙人民通过公投表明了拥护宪法的意愿。宪法必须约束我们所有的人，我们所有的人必须服从它。”

在参众两院主席在宪法文本上签字以后，国王挥笔签署宪法：

> 命令所有西班牙人，无论是个人还是权力机构，遵守本宪法并确保其作为本国的基本法律来奉行。

宪法在官方公告上发表后正式生效，至今仍是西班牙王国现行宪法。

《1978年宪法》共有169条，还有一些附加条款，包括一个宣布废除之前一切“基本法”的条款。宪法宣布：“西班牙是社会和民主的法治国家，其最高秩序准则为自由、公正、平等和多元政治”；西班牙是一个“牢不可破的统一的”民族，主权在于西班牙人民，政体形式为议会立宪君主制；西班牙“国土由市、省和自治区组成”，“它们全都享有自治的权利，以维护其地方利益”。卡斯蒂利亚语为国语，各自治区可另有自己的官方语言，是谓“西班牙其他语言”。宣布公民享有广泛的权利与自由，使用了“基本人权”的概念。在社会经济方面，宪法宣布实行完全自由的市场经济，但国家在必要的时候有权为保护共同利益而进行一定的干预。

全部制宪程序完成以后，1978年12月29日苏亚雷斯宣布解散国会，并于1979年3月1日举行新一轮的大选。这一次，68%的选民参加了投票，32%弃权，弃权比率增加了很多。民主中心联盟获得168个议席，工社党联合了社会主义人民党共获121席，西班牙共产党的席位上升至23席，右翼“人民联盟”仅剩下9个议席。

苏亚雷斯在大选后组建了新政府，使本党其他一些领袖进入内阁。新政府在新宪法的基础上进行了大量的立法工作。1979年6月，宣布了

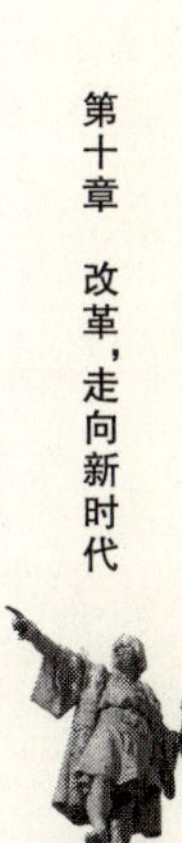

对54个现行法规的修正；1980年通过了“劳动条例”和“就业法”。

另一项特别重要的事情是，按照新宪法创建“自治区国家”。西班牙目前实行的是以17个自治区为基础的某种联邦制，但他们并不承认是“联邦”，而是一种自创的“自治区国家”，主要是强调自治区非国家，主权只是在一定程度上分散。换句话说，不是自治区的联合，而是自治区的“国家”。但换个角度又应说明，自治区完全不同于省，自治区拥有独立的立法、行政和司法机构，在某种程度上拥有独立主权，并非完全隶属于国家。西班牙学者普遍认为，创建这一制度乃是西班牙这次改革的主要功绩之一。它既保持了西班牙领土和国家的完整统一，又大大缓解了西班牙国内民族矛盾。但还须指出的是，自治区制的创建既非某种周密计划的安排，又非少数伟人的英明决策，而是改革后第一届国会期间《各党派协作》的结果。

第二共和国的《1931年宪法》曾承认地方自治权，当时加泰罗尼亚和巴斯克分别根据该宪法制定了各自的自治章程，获得了自治权。内战后，佛朗哥建立独裁统治，不断加强中央集权，实行绝对的统一政策，不单取缔了地方自治就连地方语言也不准在包括学校在内的正规场合使用。所以，争取地方自治权一直是绝大多数反对派所坚持的。不恢复《1931年宪法》对地方自治权的承认，反对派们是坚决不同意的。

事实上，改革开始以来，由中央集权向分散主权过渡的主张已经成为各党派的共识。出现了各式各样的分权方案和计划，从联邦主义到纯粹的行政改革应有尽有。曾有不少人主张，只允许那些使用不同语言，尤其是历史上有过自治传统的地区实行自治，也就是只允许加泰罗尼亚、巴斯克和加利西亚自治，其他地区不可。但是，执政的民主中心联盟却主张允许所有的地区按照宪法规定申请建立自治区。

后来通过的宪法将自治区的问题集中在第八章进行阐述；规定国家由自治区组成，各自治区应当拥有自己的自治章程、政府机构和高级法院；各自治区的疆域可以是因历史原因而确定，也可以是由彼此相邻的若干省份联合组成，前者的条件在第151条做了规定，后者的条件在第143条做了规定。但是，宪法的规定并不明确、严谨，以致各自治区的建立过程甚至手续都不尽一致。另外，在创建自治区的过程中，还出现了“单省自治区”，如马德里、纳瓦拉、拉里奥哈、穆尔西亚等。

一场全面而深刻的改革是不可能一帆风顺的。

《1978年宪法》颁行以后，更多的社会经济事务等待苏亚雷斯政府处理。独裁时期留下来的官僚机构显得臃肿而无能，政府渐渐陷入琐碎、繁忙的事务当中，被讥讽为“事务政府”。与此同时，民主中心联盟组织涣散、思想主张不统一的固有弱点也显露出来。到1980年，民主中心联盟的内部分歧已经公开化。5月21日，首相遭到国会工社党议员的弹劾；28日进行了激烈的辩论；在之后的表决中，苏亚雷斯勉强过关。9月重组了内阁，但局面毫无改善。

1981年1月26日，苏亚雷斯在党内提出辞职；27日，向国王递交了辞呈；29日，电视台披露消息，全国感到震惊。民主中心联盟常务委员会会议决定由原副首相卡尔沃接替他的职务。

三、“2.23政变”

1981年2月23日下午6时许，国会正准备就授权卡尔沃为首相事宜进行表决，近200名全副武装的宪兵在特赫罗中校指挥下冲进会议大厅。表决被打断。有人开枪恐吓，要求在场的全体议员和内阁成员趴到地上。现场只有梅利亚多将军(时任总参谋长和国防部长，是唯一坚决支持改革的高级军事将领，在改革过程中扮演了重要角色)、西班牙共产党总书记卡里略和刚刚辞职的首相苏亚雷斯3人拒绝趴倒，并提出严正抗议。政变者忽略了在场的记者，结果广播电台进行了现场直播，电视台也录制了电视报道。

巴伦西亚军区司令米兰斯将军下令让装甲车开上大街，并发布军事管制令，宣布接收所有政权。但是，其他部队没有做出响应。

现场的政变军人宣称要等待一位军人出面组织军政府恢复秩序。他们要等谁呢？总参谋部第二长官、国王的前军事秘书和教师阿尔马达将军来到国会会见了特赫罗中校，建议成立一个军人和文官、左翼和右翼混合的临时政府,并由他本人出任首相。可是,特赫罗拒不接受,并且不准许他同议员们讲话。看来政变并非经过周密的计划和严密的组织。

无论现场的政变者,还是在幕后策划和鼓动政变的将军们,无一不声称自己忠实于国王。事实上,在煽动政变的过程中,他们一直散布流言说国王支持政变行动;政变的主要后台包括阿尔马达这位国王身边的人物,就说明了国王的态度。

其实,政变的主要策划者和幕后领导人是巴伦西亚军区司令米兰斯,阿尔马达也与这次政变有着扯不清的联系。米兰斯的动作比特赫罗还快,并且他派出的部队还一度占领了首都的广播电视中心。然而正是他派去执行控制首都任务的那个装甲师的师长打电话到国王的萨尔苏埃拉宫,使国王明白了所发生的事情。

国王命令阿尔马达留在总参谋部不准外出,打电话与各军区司令沟通,明确表示坚决反对任何破坏宪法的行为,要求保障各地区安定。国王指派陆军参谋长何塞·加维拉斯和马德里军区司令吉列尔莫·金塔纳两位将军负责平息政变的军事活动,并亲自打电话给米兰斯命令他撤回部队。在议会大厦近旁的国王宾馆设立了反政变部队的临时指挥部,由治安总局局长阿兰布鲁·托佩特将军坐镇指挥。政变军人的现场指挥特赫罗曾经是他的部下,但此时特赫罗说他只听命于米兰斯将军。国王指示阿尔马达前往议会,面见特赫罗,劝其投降并提供两架飞机让他带领他的人离开西班牙,去任何他们想去的地方。阿尔马达此前曾向国王建议由自己前往议会,进行协调。不想阿尔马达在现场又节外生枝地搞出了他自己的投机动作,提出应该在宪法允许的范围内建立由他自己为首的临时政府。特赫罗非常气愤,争持之下反而忽视了提供飞机令其撤离之事。

凌晨1:14时,国王通过电视发表了简短的讲话,坚决反对政变,反对反宪法行为,不允许违反人民的意志。他说:

> 我已命令地方当局和总参谋部采取一切必要措施,避免出现任何混乱……王朝是祖国稳定和团结的象征,决不容忍那些企图

用暴力手段破坏民主进程的人的行为和态度……

政变所选择的时机是政府更迭的过程中，即政府空缺。国会是他们冲击的目标。国王的态度此时正是事态发展的关键。一经国王代表王室表明了态度，政变就再无前途可言。米兰斯将军几经犹豫终于放弃了主张，现场的特赫罗中校在放下武器之前只求免除对其追随者们的法律追究，声明那些人不明就里，是无辜的。

事态平息后，卡尔沃被正式授权组阁。这是民主中心联盟的第二次执政。卡尔沃政府坚持既定的改革路线，各方面表现都算不错。可是，1981年发生的两件事使它很快陷入了危机。首先是那年4月7日通过的《离婚法》(以及其他一些问题)，造成了联盟内部社会民主派团体与基督教民主派团体的反目。其次是国家中部地区爆发了一种流行病，一度被称作“毒性综合征”(síndrome tóxico)，很长时间政府都无法控制，甚至连病因和确诊的方法都找不到，致使大量人群感染，并造成一些死亡。1982年7月，苏亚雷斯脱离联盟，组建了一个新党——社会民主中心(CDS)。民主中心联盟濒临崩溃。8月，卡尔沃决定解散议会，举行新的大选。

大选在1982年10月28日举行。结果，政治立场已经大大右倾了的西班牙工社党取得了压倒性的胜利，获得202个议席，在国会形成绝对多数。同年12月3日，费利佩·冈萨雷斯组织了工社党的第一届政府，进入内阁的本党成员包括副首相阿丰索·格拉和15名部长。工社党政府克服了以前政府涣散、不团结的弱点，而且更加年轻，绝大多数成员都只有40多岁，显得朝气蓬勃，是改革以来最强有力的政府。这一点在那百废待兴的年月显得特别重要。在极端反共的佛朗哥苦心经营近40年的西班牙产生了社会党政府，这表明了改革的彻底性；而一个年富力强的工社党政府的上台，更表明西班牙民主改革必将克服重重困难，逐步得以巩固。而且，工社党这次执政的主要成绩和特点也正是从各个方面深入和完善了改革的成果，使民主得到了切实的巩固。

1986年工社党在大选中再次获胜。同年，西班牙正式加入了欧洲共同体。这两件事为这次改革画上了一个圆满的句号。

四、探望我们的国王

几年后，我参观王宫，工作人员检查了护照之后向我收取门票钱。我身后一对老年夫妇见状连忙也搜找自己钱包准备门票钱。我做安检的时候听到工作人员与老年夫妇的对话：

“你们也不是西班牙人？”

“我们是，是西班牙人。”

“国王是西班牙人的国王，西班牙人参观王宫不用花钱。”

老夫妇脸上充满自豪与幸福的微笑，话匣子也打开了：“乡下人，过去穷……第一次来马德里。一到马德里就想来王宫。来王宫就当是来探望我们的国王……”

附录一

1492年统一以来的西班牙历代国王

特拉斯塔马拉王朝(1369—1516年)

伊莎贝尔一世(1451—1504年)	1474—1504年在位 卡斯蒂利亚国王胡安二世的女儿;与丈夫共享“天主教王”尊号。
费尔南多二世(1452—1516年)	1474—1516年在位 阿拉贡国王胡安二世之子;与妻子共享“天主教王”尊号;作为卡斯蒂利亚共治国王(1474—1504年) 和摄政王(1504—1506年,1506—1516年),称费尔南多五世;作为阿拉贡国王称费尔南多二世;实际统治西班牙至1516年。
胡安娜一世(1479—1555年)	1504—1516年在位 “天主教双王”的女儿,绰号“疯女”;因病不能亲政,由父亲摄政。
菲利普一世(1478—1506年)	1504—1506年在位 神圣罗马帝国皇帝马克西米里安一世的儿子,“疯女” 胡安娜的丈夫和共治国王,但1506年曾单独亲政。

哈布斯堡王朝(1516—1700年)

卡洛斯一世(1500—1558年)	1516—1556年在位 “疯女”胡安娜夫妇之子。1520年成为神圣罗马帝国皇帝,称查理五世。
菲利普二世(1527—1598年)	1556—1598年在位 查理五世与葡萄牙的伊莎贝尔之子;1580年以后兼为葡萄牙国王菲利普一世。
菲利普三世(1578—1621年)	1598—1621年在位 菲利普二世之子;作为葡萄牙国王称菲利普二世。
菲利普四世(1605—1665年)	1621—1665年在位 菲利普三世之子;作为葡萄牙国王称菲利普三世。
卡洛斯二世(1665—1700年)	1665—1700年在位 菲利普四世之子。

波旁王朝(1700—1808年)

菲利普五世(1683—1746年)	1700—1746年在位 法国王储路易(路易十四的儿子)与巴伐利亚的玛丽娅娜之子。1724年曾将王位让与其子路易斯。
路易斯(1707—1724年)	1724年1月14日—8月31日在位 菲利普五世之子。
费尔南多六世(1713—1759年)	1746—1759年在位 菲利普五世之子。
卡洛斯三世(1716—1788年)	1759—1788年在位

	菲利普五世之子；费尔南多六世的异母兄弟。
卡洛斯四世(1748—1819年)	1788—1808年在位 卡洛斯三世之子。
费尔南多七世(1784—1833年)	1808年3月19日—5月6日在位 卡洛斯四世之子；适逢拿破仑占领,使其在位时期分成两段。

波拿巴王朝(1808—1813年)

约瑟夫一世(1768—1844年)	1808—1813年在位 拿破仑·波拿巴的哥哥

波旁王朝(1814—1868年)

费尔南多七世(1784—1833年)	1814—1833年在位 卡洛斯四世之子；适逢拿破仑占领,使其在位时期分成两段。
伊莎贝尔二世(1830—1904年)	1833—1868年在位 费尔南多七世之女；被1868年革命推翻，但流亡期间仍坚称“国王”并于1870年将王位传给她的儿子阿方索十二世。

空位时期(1868—1870)

萨沃伊王朝(1870—1873年)

阿马德奥一世(1845—1890年)	1870—1873年在位 属意大利萨沃伊王室，意大利国王维克多·曼努埃尔二世之子。

第一共和国(1873—1874)

波旁王朝(1874—1931年)

阿方索十二世(1857—1885年)	1874—1885年在位 伊莎贝尔二世之子。
阿方索十三世(1886—1941年)	1886—1931年在位 阿方索十二世之遗腹子；被第二共和国推翻。

第二共和国(1931—1939)

佛朗哥独裁(1939—1975)

波旁王朝(1975年至今)

胡安·卡洛斯一世(1938年—)	1975年至今在位 阿方索十三世之孙，巴塞罗那伯爵唐·胡安之子。

附录二

参考文献

1.王中和编著、秦海波审校《新编西班牙葡萄牙王室史话》,百花文艺出版社2003年。

2.贾诚先、刘迎红著《旧梦重温的西班牙王室》,黑龙江人民出版社1999年。

3.卡门·恩里克斯·梅迪娜、埃米利奥·奥利瓦·奥尔多涅斯著《索菲亚——西班牙王后的生活智慧》中文版,人民出版社2010年。

4.卡尔顿·海斯著《近世欧洲政治社会史》中文版,中国政法大学出版社2007年。

5.让·德科拉著《西班牙史》中文版,商务印书馆2003年。

6.雷蒙德等著《西班牙史》中文版,上海东方出版中心2009年。

7.许昌财编著《西班牙通史》,世界知识出版社2009年。

8.潘灯、单艳芳译《西班牙宪法典》,中国政法大学出版社2006年。

9.费尔南·布罗代尔著《菲利普二世时代的地中海和地中海世界》中文版,商务印书馆1996年。

10.萨尔瓦多·德·马达里亚加著《西班牙现代史论》中文版,中国社会科学出版社1998年。

11.朱庭光主编《外国历史名人传》,重庆出版社1982年。

12.朱庭光主编《外国历史大事记》,重庆出版社1985年。

13.《新编剑桥世界近代史》中文版,中国社会科学出版社2008年。

14.阿·米尔著《德意志皇帝列传》中文版,东方出版社1995年。

15.安东尼娅·弗雷泽著《历代英王生平》中文版,湖北人民出版社1985年。

16.J.H. 萨拉依瓦著《葡萄牙简史》中文版,中国展望出版社1988年。

17.A.H.德·奥里维拉·马尔格斯著《葡萄牙历史》中文版,中国文联出版公司1998年。

18.纳忠著《阿拉伯通史》,商务印书馆1997年。

19.华盛顿·欧文著《阿尔罕伯拉》中文版,上海文艺出版社2008年。

20.乔纳森·德瓦尔德著《欧洲贵族1400—1800》中文版,商务印书馆2008年。

21.弗里德里希·希勒著《三十年战争史》中文版,商务印书馆2009年。

22.福斯特著《美洲政治史纲》中文版,人民出版社1956年。

23.E. 布拉德福德·伯恩斯著《简明拉丁美洲史》中文版,湖南教育出版社1989年。

24.谢里尔·E.马丁、马可·瓦塞尔曼著《拉丁美洲史》中文版,海南出版社、三环出版社2007年。

25.保罗·斯特拉森著《美第奇家族——文艺复兴的教父们》中文版,新星出版社2007年。

26.马克·T. 胡克著《荷兰史》,上海东方出版中心2009年。

27.路易吉·萨尔瓦托雷利著《意大利简史——从史前到当代》中文版,商务印书馆1998年。

28.乔治·杜比主编《法国史》中文版,商务印书馆2010年。

29.沈炼之主编《法国通史简编》,人民出版社1990年。

30.陈文海著《法国史》,人民出版社2004年。

31.丁建弘、陆世澄主编《德国通史简编》,人民出版社1991年。

32.迪特尔·拉夫著《德意志史——从古老帝国到第二共和国》中文版,波恩Inter Nationes,1987年。

33.肯尼思·O. 摩根主编《牛津英国通史》中文版,商务印书馆1993年。

34.詹姆斯·W. 汤普逊著《中世纪晚期欧洲经济社会史》中文版,商务印书馆1996年。

35.Transición Española, Delegación de cultura de Exima. Diputación Provincial de Córdoba 1992.

36.Antonio Fernández García, Alfonso Bullón de Mendoza, etc.: Documentos de historia contemporánea de España. ACTAS. Madrid 1996.

37.Pedro Voltes: Carlos III y su tiempo, Barcelona, 1975.

38.Diccionario de Historia de España, Alianza Editorial, S.A. Madrid, 1979.

39.Personajes de la Historia de España, ESPASA CALPE,1999.

40.José—Luis Martín, Carlos Martínez Shaw, Javier Tusell: Historia de España, Madrid 1998.

41.Historia de España, ESPASA CALPE,1999.

42.Clemente Muñoz, Josep Carles: La Educación de Don Juan Carlos y otras crónicas de la Transión, Madrid 2000.

43.Pedro Aguado Bleye: Manual de Historia de España, ESPASA CALPE, 1975.

44.Galíndez de Carvajal: Anales breves del reinado de los Reyes Católicos don Fernando y doña Isabel,B.A.E.

45.Calvo Poyato, J. :La vida y la época de Carlos II Barcelona. 1996.

46.González Cremona, J. M. : La vida y la época de Carlos I. Barcelona. 1996.

47.Ríos Mazcarelle, M. : Carlos V. El Emperador (1500—1558). Madrid. 1996.

48.Vidal Sales, J. A. : La vida y época de Felipe V. Barcelona. 1997.

49.Ríos Mazcarelle, M. : Isabel I. La reina católica (1451—1504). Madrid. 1996.

50.Vaca de Osma, J. A. : Carlos III. Madrid. 1997.

51Cabot, J. T. : La vida y la época de Felipe II. Barcelona. 1997.

52.Ríos Mazcarelle, M. : Reinas de España. Casa de Austria. Madrid. 1998.

53.Fusi, J. P. : Franco. Madrid. 1996.

54.Olaizola, J. L. : La Segunda República. Madrid. 1996.

55.Díaz•Plaja, F. : Dos de Mayo de 1808. Madrid. 1996.

56.Juan Eslava Galán, Diego Rojano Ortega: La España del 98, el fin de una Era. Madrid 1997.

57.Ortiz Heras, M. : Partidos políticos y sindicatos en la sociedad contemporánea. Madrid. 1996.

58.Josep Carles Clemente, La educación de Don Juan Carlos y otras crónicas de la Transición. Madrid, 2000.

59.Matheopoulos, H. : Juan Carlos I, el rey de nuestro tiempo. Madrid. 1996.

60.Rico, E. G. : La vida y la época de Isabel II. Barcelona. 1997.

61.Cierva, R. de la. : Don Juan de Borbón: por fin toda la verdad. Las aportaciones definitivas. Madrid. 1997.

62.Juan Carlos I, Discursos 1975—1995. edición de Cortes Generales. Madrid 1996.

63.Juan Aróstegui: la Transición (1975—1982), Madrid 2000.

64.Álvaro Soto Carmona, La transición a la democracia España 1975—1982, Alianza Editorial, S.A., Madrid, 1998.

（京）新登字083号

图书在版编目（CIP）数据
大国无疆：西班牙皇室/秦海波著. —北京：中国青年
出版社，2013.1
（皇室与大国丛书）
ISBN 978-7-5153-1392-4

Ⅰ.①大…　Ⅱ.①秦…　Ⅲ.①皇室-史料-西班牙　Ⅳ.①K551.06

中国版本图书馆CIP数据核字（2012）第315361号

出版发行：中国青年出版社
社　　址：北京东四十二条21号
邮政编码：100708
网　　址：www. cyp. com. cn
策　　划：韩亚君
编辑电话：(010) 57350519
责任编辑：张皓　cypzhanghao@163.com
营　　销：北京中青人出版物发行有限公司
电　　话：(010) 57350517　57350522　57350524
印　　刷：三河市国新印装有限公司
经　　销：新华书店

开　　本：700×1000　1/16
印　　张：16
插　　页：2
字　　数：220千字
版　　次：2013年3月北京第1版第1次印刷
定　　价：33.00元

本图书如有印装质量问题，请与出版部联系调换
联系电话：(010)57350526